邹俊 著

北宋变革风云

中国财经出版传媒集团

经济科学出版社

Economic Science Press

图书在版编目（CIP）数据

北宋变革风云 / 邹俊煜著. —北京：经济科学出
版社，2018.3

ISBN 978-7-5141-9112-7

Ⅰ.①北… Ⅱ.①邹… Ⅲ.①中国历史—史料—北宋
Ⅳ.①K244.06

中国版本图书馆 CIP 数据核字（2018）第 045248 号

责任编辑：范　莹
责任校对：杨　海
责任印制：李　鹏

北宋变革风云

邹俊煜　著

经济科学出版社出版、发行　新华书店经销
社址：北京市海淀区阜成路甲 28 号　邮编：100142
总编部电话：010-88191217　发行部电话：010-88191522
网址：www.esp.com.cn
电子邮箱：esp@esp.com.cn
天猫网店：经济科学出版社旗舰店
网址：http://jjkxcbs.tmall.com
北京季蜂印刷有限公司印装
710×1000　16 开　14.25 印张　200000 字
2018 年 4 月第 1 版　2018 年 4 月第 1 次印刷
ISBN 978-7-5141-9112-7　定价：58.00 元

多年的基层工作使我有了不少经历，也积累了不少经验，这也让我有机会走上了行政学院的讲台。每次讲完课我都会留些时间与学员们交流。他们跟我一样，没有一个是靠做学问吃饭的，更没有一个是研究宋史的学者，这倒使得他们的发问更有样本空间上的随机性、普遍性和"市场"意义上的适应性。这些非专业的提问让我沉思。

老师，你为什么这样偏爱宋朝？宋朝真的离我们很近吗？

在"唐强宋弱""梦回大唐""重振汉唐雄风"等语境下，唐朝普遍成为国人心中不可逾越的巅峰和虽不能至、心向往之的精神家园。在此巅峰之下，宋朝活像是一个孱弱的老妇人，它没有"贞观之治"那样的盛世奇迹，有的只是积贫积弱的无奈；它没有君临天下、万邦朝贺的盛世气象，有的只是割地赔款、花钱买平安的屈辱。就算是战争，它也没有那种"不教胡马度阴山""不破楼兰终不还"的剑笔昂扬的豪气，有的只是偏隅一方的英雄气短和扼腕悲愤。这样的强弱对比还可以找出不少。但是，如果你真的钻进了北宋世界，在里面细品细嚼的话，你就会发觉原来它别有洞天，风景不比唐朝差。如果唐朝是一个刚健高大的帅哥，那么北宋就是体弱多病的西施；如果唐朝是"骏马西风塞上"，那么北宋就是"杏花烟雨江南"。北宋之美在于文弱柔静，这对我的胃口。

北宋的天空星光灿烂，是知识分子的伊甸园。宋太祖一介武夫，却创制了"不杀士大夫与上书言事者""与士大夫共治天下"的崇文制度和执政理念。宋词是这个王朝对中华民族最大的奉献，它与唐诗一起成为华人成长的文化初乳。范仲淹、王安石、苏轼、欧阳修、黄庭坚、秦观、柳永等每一个名字都是一座高峰，群星闪耀，滋养后世。唐宋八大家有六家花落北宋，文章大家傲视千秋。《清明上河图》登峰造极，北宋的绘画艺压千秋，前后诸朝难望其项背。书法王国有苏轼、黄庭坚、米芾等，风骨俊朗，大家云集，其艺术高峰后世无有比肩者。生活在北宋的知识分子是幸福的、自由的，不用害怕写文章掉脑袋，才华才是王道，也正因为有这样宽松的环境，才有了王朝文化昌明的盛况。

北宋的思想光芒万丈，直抵终极关怀。春秋战国是中华民族文化的轴心时代和人文哲学的巅峰，由此而降千余年，百家沉寂，哲思荒冷。即便是盛唐，也没有创立过什么思想流派，也没有出现过什么思想大家。可是到了赵宋王朝，程氏兄弟、张载、周敦颐、王安石、司马光、石介、邵雍等思想大家横空出世，他们探究宇宙之本源，思辨儒道之精微，提出"为天地立心，为生民立命，为往圣继绝学，为万世开太平"的终极关怀和思想使命。他们不尚权谋尚礼义，追求内圣修身，即便是敌人枪炮临门，或是颠沛流离于千里贬途，也不放弃格物致知的独立思考。他们着眼于心性，重构儒学，关学、洛学、朔学、濂学、王学（荆公新学）等流派纷呈，百花齐放，经朱熹集大成而创立了宋朝理学，成为先秦以下的思想孤峰。此外，"宋贤史学，古今罕匹"，司马光的《资治通鉴》彪炳千秋；宋祁、欧阳修等人编写的《新唐书》；欧阳修的《新五代史》等，历代治史莫盛于宋。难怪陈寅恪评价说："华夏民族之文化，历数千载之演进，造极于赵宋之世。"

北宋崇文且尚技，科学之花绚丽绽放。古代四大发明中，火药、指南针与活字印刷三大技术花开宋代，为后世的军事、航海及文化传播的革命性突破开辟了一个全新的时代。仁宗朝官修的《武经总要》，书写了王朝关于军事理论与军事技术的内容达到巅峰。变法主将沈括的《梦溪笔谈》涵盖天文学、数学、物理学、地学、生物学、医药学和工程技术诸多领域，是古代中国的百科全书。南宋的杨辉三角、秦九韶《数书九章》等的数学成就比西欧数学大家们的同类发现约早五百年，创造了中国数学发展史的高峰期。宋朝是一个崇尚理性思维的王朝。

北宋社会幸福感高，是最市民化的朝代。宋朝人除了不会打仗，什么都会，尤其会享受生活。《清明上河图》彰显了王朝繁华竞逐与市井怡然的时代生活气息，没有一个朝代可以与之比民富、民乐，即便是盛唐的帝都长安也难望其项背。真宗朝宰相王旦就不无得意地说："京城资产百万者至多，十万而上，比比皆是。"唐朝有个叫韦楚老的诗人，写了一首炫富的诗："十幅红绡围夜玉"。但宋朝的沈括嘲笑他没见过世面："十幅红绡为帐，方不及四五尺，不知如何伸脚？此所谓不曾近富儿家。"换而言之，唐朝所谓的富贵奢侈到宋朝已成了百姓的家常便饭了，真可谓"旧时王谢堂前燕，飞入寻常百姓家"。假如你幸运地生活在北宋，如果你怀揣梦想，那么这里遍地是黄金，只要你勤奋，开个铺面做点小本经营，赚钱很轻松；如果跑运输搞贸易，陆地、海上丝路全通，帝国的商品举世称羡，那商机就不用多说了。如果你不想那么拼，想过点慢生活，那这里就是人间天堂，工作累了，约几位朋友上茶坊品茗，到酒馆把盏低吟，到瓦舍勾栏看表演，到公园流连山水，远足看风景，或是骑马、斗鸡、踢蹴鞠，或是小资小调地养个宠物，插个花，荡个秋千，哼个柳永的流行曲等，什么乐子都有，只要你有兴致、有闲钱，生活便是无限美好。如果你好吃懒做，生存能力又差，那也不要紧，王朝的军营在等着你，朝廷不会遗弃每一个流民，军营就是收容所，养你到老，说句良心话，历史上没有哪个朝代的社会托底工作做得有北宋这么好、这么人文关怀。当然，最惬意的还是在朝廷当差。首先是节假日多，据宋人庞元英的《文昌杂录》记载，宋代的节假日一年有七十六天，其中元日（春节）、元宵、寒食、冬至、天庆节各七天；夏至、中元节等七个节日各三天；立春、清明、端午、七夕、重阳、立冬等二十个节日各一天。另外，每月一旬休一日，叫休沐日，一月三旬全年就是三十六天，加在一起共为一百一十二天。如果再加上皇帝、皇太后等人的生日或忌日等所放的天数不等的假期，那么宋代一个官员公休的时间超过全年的三分之一，也就是两天打鱼，一天晒网。其次，在朝廷做事的收入待遇很好。朝廷实行养士制度，官员的每月固定收入有正俸、禄粟、职钱、春冬服、从人衣粮、茶酒、厨料、薪炭以及牲畜饲料等，衣食住行，甚至家眷从人的开销，全部由国家埋单，除此以外，还有一份减免赋税的职田。再次，官员工作压力小，想做事，如王安石那样当个县长找事做也有"舞台"，不想做事混日子也很悠闲，反正三年一轮岗一升迁。哈哈，压力山大的你是不是有点后悔没有投胎在北宋呢。美国学者罗兹·墨菲称宋朝是中国的"黄金时代"；日本学者薮内清感慨地说："北宋时代可以和欧洲的文艺复兴时期相比"；英国史学家汤因比说"如果让我选择，我愿意活在中国的宋朝"，看来想穿越的不仅仅只有中国人。

怀旧是一种诗意的批判，是无聊文人浸泡在酒杯里的隐忧和无奈。北宋你是回不去的，但它绝没有走远。GDP上天，不一定带来国势强盛。据学者推测，北宋人口过1亿，经济总量约占世界的23%，有的甚至说占比超过一半（不足信），就算是23%，那也绝对是世界头号的经济强国，跟当今的美国差不多。2004年诺贝尔经济学奖得主美国经济学家爱德华·普雷斯科特说："宋朝的时候中国很富裕，比世界平均水平富裕一倍。"可是，就是这样一个人口众多、经济强大、文化先进、科技发达、腹地广阔的泱泱大国却长期被周边蕞尔小国玩弄于股掌之间，割地赔款，苟且偷安成了帝国外交常态和基本策略。今天，我们比历

史上任何一个时代都更接近中华民族的伟大复兴，但是我们丝毫也不
比任何一个时代轻松，统一大业还没有完成，外部环境危机四伏，步
步惊心，容不得我们有半点苟且偷安和人为闪失，国歌里的"中华民族
到了最危险的时刻"绝不仅仅是为了唤起我们的忧患意识，而是我们每
天面对太阳升起所必须正视的现实。"暖风熏得游人醉，直把杭州作汴
州。"和平年代久了，歌舞升平惯了，很容易忘记历史深处的忧伤。

　　不仅赵宋王朝没有走远，而且王安石的变法也没有走远。没有一
成不变的什么"祖宗家法"，也没有数典忘祖的瞎折腾，王安石没能有
效地把"祖宗家法"与当时的社会具体实践相结合，在改革进入深水
区时，最终倒在以"祖宗家法"为旗帜的各种利益格局调整的绞杀中，
走极端从来就没有成功的案例。世界已经进入网络时代，各种思潮竞
相泛滥，在各种利益集团之间寻找代言人……谁又能说历史的影子已
经远去了呢？

　　苏东坡与王安石你更喜欢哪一个？如果加进司马光会改变你的选
项吗？

　　这个问题，如果是以前你们问我，我会毫不犹豫地回答你，苏东
坡！因为他是我心中的神。现在要回答，我会想想他们各自的历史存
迹，"横看成岭侧成峰，远近高低各不同"，答案会变得不那么确定了。
评判他们要放到五千年的大历史中去比对，还会涉及政治、经济、文
化、历史乃至私德等多个维度。其实，评价他们就是重新审视自己的
价值取向，是在审视当下。

　　首先，这三位圣贤学问一流、建树一流、私德一流，放在中华民
族的历史长河中都是标杆性的人物，都是真君子，都是泰斗级的思想文
化大家，某种程度上说，他们的才能高度决定了赵宋王朝的历史高度。

　　其实，他们三人骨子深处的东西是高度一致的，人格的底色基本
相同。他们都有天纵之才，都是笃信孔孟的旷世大儒，都是忠君爱民、

视大宋为生命的超级忠臣，都是只认死理、绝不拿原则做交易的倔人。王安石和司马光，一个是"拗相公"、一个是"司马牛"，他们的固执空前绝后，就不多说了。倒是苏东坡，两边不讨好，在王安石如日中天的时候，王安石有意拉苏东坡到变法阵营中来，可苏东坡不仅一口拒绝，还大批王安石的变法这错误那错误；后来元祐更化，司马光全盘否定王安石变法，老司马心想你苏东坡是王安石变法的反对者和受害者，拉你进来支持更化事业应该没问题，可是苏东坡不识抬举，居然当着司马光的面说王安石的新法也有好的，不应该一股脑儿地加以废弃，气得老司马直捶胸。苏东坡就是这样一个不知眉高眼低、不会看风使舵、只认死理的主儿，一肚子的才华，也一肚子的不合时宜。他们三个政治上是死敌，但彼此相互欣赏，惺惺相惜，甚至斗到残酷处还会暗暗保护着对方，君子争理争义不谋私不泄愤，斗争能有这样一种格局也让后世颇有几分惊叹。

苏东坡照亮了北宋的天空。如果宋词没有苏东坡，宋词就失去了灵魂；如果宋朝缺了苏东坡，宋朝就暗淡无光，文不起来；如果五千年文化长河里少了苏东坡，中华文化就少了一份诗意的精彩。苏东坡就是这样一位千年难得一出的人物，他的卓然超群的诗词文赋，他的多才多艺，他的幽默睿智，包括他的坎坷人生以及乐观以对的人生态度，征服人心，温暖千年。苏东坡、王安石、司马光三人中，苏东坡官职最小，仕途也最坎坷，他"一蓑烟雨任平生"，无论浮沉悲喜，他都是淡然一笑，"也无风雨也无晴"。此种境界，千古高标，无人能及。有多少人还在宦海中蝇营狗苟，不能自拔，参不透"失意是人生的本源"之哲理。我曾和朋友打趣说过：我们不能学屈原一死了之，不能学陶渊明一走了之，也不能学李商隐一混了之，而应学苏东坡一笑了之。苏东坡的魅力是无法抵挡的，如果不是有其他方面的专业偏好的话，那么对于绝大多数中国人来说，成为他的粉丝是一种宿命。苏东

北宋变革风云

坡是我心中永远的神。

王安石可没有那么命好，一千多年来，他一直在神与鬼之间飘荡，任人抬打。他是宋朝孤峰绝顶、独步云天的大政治家，却被打成乱臣贼子；他是思辨深邃、儒法兼济的大思想家，却被骂为离经叛道的思想疯子、专制者；他是比肩苏轼、无出其右的大文学家，却常常由于政治偏见对他褒有不足、暗贬有余；他私德高洁，近乎圣徒，却污其为伪善。他"以不世出之杰，而蒙天下之诟"，他活着的时候不修边幅，死后鬼模鬼样。直到近千年之后，同样身处乱世的变法先驱者梁启超先生读着《宋史》拍案而起，愤愤不平，为其作了一次史上最彻底的翻案，王安石才又开始人模人样起来了。他称王安石"其德量汪然若千顷之陂，其气节岳然若万仞之壁，其学术集九流之粹，其文章起八代之衰，其所设施之事功，适应于时代之要求而救其弊。其良法美意，往往传诸今日莫之能废：其见废者，又大率皆有合于政治之原理，至今东西诸国行之而有效者也。呜呼！皋夔伊周，遐哉邈乎，其详不可得闻。若乃于三代下求完人，惟公庶足以当之矣。"一句话管总，中国数千年历史长河中，堪称圣人完人者孔孟之后也就只有王安石了，仅此三人。这高度就是神了，而且是超级大神。

王安石空前孤独，他就像一位来自天国的预言家，思想穿越千年，有如空谷梵音，知音稀少。他在别人都还在酣睡的时候就早早醒了，并且看见了地球另一端升起的太阳。他太超越他的时代，因此，千百年来被误读、被误解不是时代的错，是他脱轨跑得太远太快。当社会主义的萌芽还在西方世界刚刚初放枝头的时候，梁启超竟然从他的身上看到了国家社会主义的影子，后来列宁在地球上进行第一个社会主义实验的时候，大赞王安石是"十一世纪中国的改革家"；二十世纪三四十年代，凯恩斯主义在西方如日中天，罗斯福新政在美国大行其道，1944年夏，美国副总统华莱士访华，他发现在近千年前的中国有个叫王安石的宰相已经在推行王氏凯恩斯主义，惊叹不已，崇拜有加；当代孟加拉国有个"穷人的银行家"尤努斯，在农民的青黄不接时段，学着王安石的青苗法的做法，开办小额贷款银行，居然得了诺贝尔和平奖，引得国人无限感慨王安石早生了九百多年。在重农抑商的封建社会，王安石用政府干预与市场调节两手强力推动了一场商业与金融的革命，官僚资本刺激着商品的生产与流通，重商主义借助"周官新义"这个古典政治经济学牌子在贫瘠的土壤里扎根开花，帝国的商业繁华前无古人。王安石的确太超前了，青苗法是在常平法这个政府计划管理的基础上引入市场经济的思维，建立官办小额担保贷款公司，是现代银行的雏形；他既反对富豪兼并，也反对国家垄断，在推进青苗法中始终强调抑配，力主自由经济，尽管执行有偏差，但他的思想是理性的、超前的。均输法与市易法打破僵硬的计划管理体制，发挥了经济杠杆作用，用政府资本参与流通，平抑物价，激活市场，这是几百年之后才真正被领悟的操盘手法。免役法强化了社会职业分工，保马法体现了军民融合的理念。以十八世纪亚当·斯密的《国富论》为标志，西方经济学才初步诞生，王安石的变法思想基本上都可以在西方经济学里找到它的理论影子，可是，王安石比西方圣哲亚当·斯密早七百多年呀。假如王安石的变法思想能够一以贯之地实施下去，很有可能地球上资本主义的萌芽最早会在中华大地开花结果的，这并非是无端的梦呓，应该说北宋王朝所呈现出来的商业繁华、技术进步以及初具资本主义经济学思想的理论和实践的前沿探索，具备了蝶变的初始环境和条件。

王安石最有理想主义情怀。王安石、苏东坡、司马光三人都是理想信念坚定的人，视儒家道义为生命，都有内圣外王的精神人格，而且道德情操冰心玉洁，高山仰止。所不同的是王安石既致力于理想的实践（熙宁变法），又致力于梦想的理论构建（荆公新学），孔子的理想是克己复礼，他的理想是梦回西周，以求天下大同。陆九渊评价他说："英迈特往，不屑于流俗声色利达之习，介然无毫毛得以入于其心，洁白之操，寒于冰霜，公之质也。扫俗学之凡陋，振弊法之因循，道术必为孔孟，勋绩必为伊周，公之志也。"王安石扫俗学，振弊法，全部理想就是"理论上道术必为孔孟，实践上治绩必齐伊周"。是的，王安石变法最终还是失败了，他的王氏新学也多有批判，但是他的道德文章和理想主义情怀无人能及，也无人能够抹杀。宋人张芸叟说："王介甫如空中之音，相中之色，欲有寻绎，不可得矣。"清朝大儒曾国藩也感慨宋儒宽于责小人而严于责君子，王安石是诋毁不了的存在。他如山谷之音，镜中之像，可见不可寻，只能仰望不可企及，因为他不属于尘世，是高居云天的智慧大神。

司马光就不细说了，尽管他也是一位深得世人景仰的圣贤，但他的加入并不会改变我对苏、王的排位。

他们三人如果站成一排的话，司马光在右边，只向过去看，他活在历史里；苏东坡居于中间，活在当下；王安石在左边，遥望远方，活在未来。他们代表着宋王朝的三种思想方向和三维精神高度，构成了王朝最灿烂的风景。就我个人而言，我不太喜欢活在过去的人，我喜欢并天然亲近苏东坡活在当下的飘逸洒脱，也欣赏王安石仰望星空的情怀和睿智，他们两人双峰并峙，是我心中并列第一的神。

如果宋神宗不进行变法，或者能像仁宗那样自我终止变法，是不是可以延缓北宋的灭亡？

历史是不能假设的。历史没有不灭亡的朝代，不管是变革还是守成，后浪推前浪，前浪死在沙滩上，这是没有办法的事情。一个王朝的消亡固然有其内在的因素，但也带有很多的偶然性。假如胸怀大略的神宗没有英年早逝，不是只活到 38 岁，而是多活十年到 48 岁（这不算长寿吧），那么哲宗就是成年临朝了，就不会有高太后的八年执政所带来的元祐更化了，变法事业也就不会有颠覆性的折腾了。又假如子承父志的哲宗不是25岁就撒手西归，而是能活到35岁或45岁，哪怕活到他来得及生出个龙子，也许就没有轻佻浪荡的徽宗接班的故事了，因而也就没有蔡京之流投其所好、不务正事的乱政了。当然，这一切也仅仅是假说而已，老天爷可不管这些，他的任性、他的随心所欲就是尘世当下的宿命。

至于神宗如果能够像仁宗那样对改革及时进行点杀，那历史会不会发生逆转，这很不好说。但必须要说的一点就是，仁宗皇帝天性柔弱，他一看到改革阻力大，党争纷扰，就立马刹车，终止了为期一年的庆历新政。帝国所面临的积贫积弱的社会深层次的矛盾并没有随他的改革转向而消失，相反而且越积越深，从量变向质变转化，正是由于他的不担当和不作为，错失了改革最佳时机（凭他的政治威望和政治资源，推行改革比神宗所面临的阻力小多了），隐性加大了改革的成本。所以，当政权的接力棒传到神宗手里时，他不改革是等死，而要改革的话是找死或者找活路，现实就这么残忍，没有什么温情脉脉的。平心而论，神宗和王安石的改革总体还算是成功的，当时就有人评价："祖宗法惠民，熙丰法惠国，崇观法惠奸。"暂且不去细究祖宗法惠民与熙丰法惠国的事，但崇观法不同于熙丰法是不争的事实。一代人只能管一代人的事，神宗和王安石不可能，也管不了他们的身后事。他们的后来者假借他们的旗子，假改革真贪腐瞎折腾，最后把个王朝折腾没了，跟神宗和王安石变法没关系。不能因为败家者举的是改革的旗子，就把亡国的账就算到他们两人身上。我也知道，很多历史学家们都是这样算账的，但我不认这个账。

其实，一个王朝的精彩并不在于它在历史上存活了多久，而在于它给后世奉献了什么，苟延残喘地多活几年或少活几年，对于历史长河来说无足轻重，能决定自身轻重的是身后留下的风景。北宋王朝如果没有熙丰变法，不可想象，她只能沦为丑太婆而不会成为病西施，更不会有什么诸如法国学者埃狄纳称宋朝为"现代的拂晓时辰"、美国学者斯塔夫里阿诺斯称为"黄金时代"等域外超级点赞了，更不会有英国剑桥大学研究所名誉所长、英国科学院院士李约瑟博士诗一般的称羡"深奥的散文代替了抒情诗，哲学的探讨和科学的描述代替了宗教信仰，在技术史上，宋代把唐代所设想的许多东西都变成了现实"。想不到在洋人的眼里，宋朝竟是那样的诗意流淌。狄更斯在《双城记》里评价法国大革命时期的欧洲时说："这是最好的时代，这是最坏的时代；这是智慧的时代，这是愚蠢的时代；这是信仰的时期，这是怀疑的时期；这是光明的季节，这是黑暗的季节；这是希望之春，这是失望之冬；人们面前有着各样事物，人们面前一无所有；人们正在直登天堂，人们正在直下地狱。"如果把狄更斯的这段名言套在北宋王朝身上，那是再恰当不过的。北宋就是这样永远让人琢磨不透，永远让我着迷的王朝，当然，你们着不着迷那是你们的事。

纵览中国历史上的变法，你如何评价王安石变法以及对当下的启示？

历史的长河因改革的洪流而波澜壮阔，春秋时期的管仲改革，战国时期的商鞅变法，汉武帝时期桑弘羊改革、西汉王莽改制、北魏孝文帝改制、唐永贞革新、北宋王安石变法、明朝张居正变法、清末洋务运动及戊戌变法等，每一次改革都风云激荡，不管是非成败如何，都成为推动历史前进的强大动力。其中，非常有意思、有影响、有标高的改革有商鞅变法、王安石变法及清末的戊戌变法，这三次变法分别处于中国封建社会的源端、中端及尾端，都是相隔千年才拔地而起的，某种程度上它们三者的改革决定了中国封建社会的走向。

春秋战国是中国的轴心时代，诸子百家争鸣绽放，各自竞相寻找理论能落地生根的国度，战国中后期发生的商鞅变法就是一次法家理论在秦国的综合实践。在战国七雄争霸的竞争格局中，秦地处西北偏远地带，国势相对较弱，秦孝公为加速崛起启用商鞅。商鞅吸取了李悝、吴起等法家在魏、楚等国曾经实行的变法经验，结合秦国的具体情况，实行以"废井田、开阡陌，实行郡县制，奖励耕织和战斗，实行连坐之法"为主要内容的"商鞅变法"。在经济改革方面，首次从法律上废除了公有性质的井田制度，确立了土地私有制，土地作为私有财产可以自由买卖，政府按照各人所占土地的面积多少来平均负担赋税；重农抑商，对农业奖励耕织，生产越多可享受的劳役和赋税减免就越多，而对商业则征以重税。此外，还统一度量衡制，以便于市场交易等。在军事改革方面，制定了二十等爵制度以及奖励办法，爵位依军功授予，将卒在战争中斩敌人首级一个，授爵一级，可为五十石之官，以此递推，明确各级爵位的奖励标准。其次，废除世卿世禄制，规定官吏从有军功爵的人中选用，宗室中的贵族子弟也不例外。在政治体制改革方面，废除分封制，普遍推行了郡县制。以县为地方行政单位，通过它的设置，把领主对领邑内的政治特权收归中央，极大地巩固了中央集权的封建统治。此外，还建立户籍制，鼓励分户，扩大家庭作为社会细胞组织的社会面，在社会管控上实行连坐法。规定居民都要进行户籍登记，以五家为"伍"、十家为"什"，将什、伍作为基层行政单位进行编组，责令互相监督，群防群治。一家有罪，九家同罪连坐。在意识形态文化领域，推崇法家思想，制定秦律，焚烧诗书，铲除儒家思想的干扰，实行文化高压政策，使法令得以贯彻执行。

商鞅变法历时二十余年，秦国在战国七雄中迅速崛起，雄视天下，为此后秦问鼎中原，统一全中国奠定了雄厚的物质基础和先进的制度基础。正如汉代王充所说的："商鞅相孝公，为秦开帝业。"商鞅变法一百年之后，随着秦王扫六合，建立第一个统一的封建王朝，中国进入了漫长的封建社会，变法所确立的郡县制和土地私有制成为封建社

北宋变革风云

会的政治经济制度基石，绵延千年而不变。但是，也正由于秦王朝的短命，让后世看到了法家自身致命的内伤，法家思想铁鞭下的文化专制主义扼杀了社会精神生产力，冰冷的法治撕裂了社会的和谐，如果没有道德涵养和文化滋润，即使一时抢夺了政权也管治不好到手的政权。秦王朝的短命开启了后世政治道路的选择问题，汉朝推翻秦朝之后最初尝试的是道家的无为而治，但最终经汉武帝之手定格在儒家。儒家文化是在各种思想不断试错中成为主宰封建社会千年的精神支柱。因此，商鞅变法站在一个划时代的当口，决定了一个漫长社会形态的下半身，而放弃了它的上半身，经济基础有其基因，上层建筑则是别人的血脉。

王安石变法就不细说了。在封建社会的中期所进行的这场半儒半法的改革，开始动摇了千年不变的封建社会固有的经济基础和上层建筑，商业文明的微风吹拂自然农耕的大地，历史新的变化悄然而生。日本文史家内藤湖南认为"唐代是中国中世纪的结束，宋代则是中国近代的开始"。清代学者王夫之更是扼腕感慨："汉、唐之亡，皆自亡也。宋亡，则举黄帝、尧、舜以来道法相传之天下而亡之也。"也就是说，即便是汉、唐的灭亡，也仅仅是一个朝代自身的灭亡而已，而宋的灭亡则远不是一个朝代自身的消亡问题，是千年道统的断裂消亡也，是历史长河的大转折点。

与九百年前的熙宁变法相比，发生在清朝末年的戊戌变法是士大夫一次集体情绪的宣泄，它终结的不仅仅是一个王朝，更是一个漫长的社会形态。鸦片战争，外夷以坚船利炮把天朝帝国打得措手不及、晕头转向、无力还手，危局前所未有，用张之洞的话来说，就是三千年来未有之危局，面临亡国亡种亡教（孔教）的灭顶之灾，此种危机之深度绝非赵宋王朝的边患困境所同日而语的。几千年来，都是夷劣夏优，啥时候冒出这样一群怪夷！经过长时间的心理调整，才由曾国藩、李鸿章等儒臣大吏喊出要搞洋务运动，师夷之长以制夷。可是，甲午一场海战把天朝帝国近半个世纪经济改革所积累的家当打个粉碎，输个精光。面对屈辱，康有为、梁启超等一群进京赶考的士子血泪陈词，公车上书，要求清王朝进行政治体制改革，变祖宗旧制，全盘西化。其后不久，朝廷便开始了百日维新，史称"戊戌变法"。一个有趣的事实是，熙宁变法是由神宗主导的、由上而下的改革，而戊戌变法是由一群激愤的知识分子自下而上推动当局者的被动改革；熙宁变法主张"祖宗不足法"，而清王朝坚守祖宗法度万不可更改；熙宁变法有"不杀士大夫及言事者"的环境，而清王朝以杀异己者和士大夫为快意。所以，戊戌变法刚刚开始，变法的诏书还在路途上，改革的措施还没来得及实施，便人头落地、血雨腥风、草草收场。梁启超也许就是在逃亡的途中回望中原大地，才看到王安石是一座绕不过去的高山，后来他石破天惊地为王正名，其实是乱世求变之中的他心头滴血的呼喊。戊戌变法失败后，晚清洋务重臣张之洞等以高超的政治权谋游走在政治改革和经济改革之间，提出"中体西用"的改革策略。不知是历史巧合还是有意仿效，张之洞以武汉为基地，大搞湖北洋务新政，他祭出的三板斧与王安石当年变法的三板斧如出一辙，也是经济、教育、军事三领域。张之洞主政湖北经济上办实业，修铁路，汉阳造名扬天下；教育上废科举，兴办新式学校，大量官派学生到国外留学；军事上摒弃八旗旧制，引进德、日等外国教练操练新军。张之洞督鄂十八年，他的洋务事业风生水起，成就了武汉这座伟大的城市，却埋葬了一个封建王朝。后来，辛亥革命在武汉打响第一枪，二百六十余年的清王朝灭亡了，历经两千余年的封建社会也寿终正寝。史学家们把清朝灭亡的账算在张之洞身上，说辛亥革命是他"种瓜得豆"的结果，这跟王安石背上北宋灭亡黑锅的命运是一样的。

今天，我们已经站在历史的风口上，站在一个全新的社会形态的入口处，正进行着一场史无前例、后启来者的伟大改革。我们无祖宗家法可鉴，也无外国模式可搬，我们每前进一步都在创造，创造意味着某种不确定性。历史从来不提供现成答案，如果你们非要我回答"王安石变法对当下有何启示"之类的问题，你们就有点为难我了，我除了"砥砺前行，别无选择"这点依稀隐约的感悟外，别的真说不上什么。历史深处那些淡淡的忧伤以及忧伤里散发出来的脉脉幽香从来都是个人体验、私人感悟，如果你们想要找，你们就自己去找吧。

目录

北宋变革风云

第一章 前朝背影

　　历史总是以钟摆的方式展示着它波浪式前进的魅力。公元960年，在河南一个叫陈桥的小地方，历史戏剧性地把赵匡胤推到了时代的风口，一群士兵在风雪中哗变，"硬"将黄袍加身于他，一个王朝三百余年的基业就这样由他而肇始。历史应该记住陈桥那个风雪夜，赵匡胤约法三章，要求善待后周少帝及太后、不辱旧臣、不杀掠城中百姓，主动抢占着道义的制高点。赵匡胤是一个表演的高手，他长袖轻舞，把黑云压城演绎得行云流水，云淡风轻，波澜不惊。其实，这都是表象，那一晚他内心波涛汹涌，难以入眠。是的，幸福来得太突然（尽管有所预谋），突然得让他心里不踏实，一股诚惶诚恐笼罩周身。在那个城头变幻大王旗的乱世，短短五十余年的五代十国时期，就更换了五个朝代、八姓帝王、十四位君主，乱哄哄你方唱罢我登场。更为可怕的是，这期间由士兵拥立的皇帝之前就有三位（后唐明宗李嗣源、后唐废帝潞王李从珂、后周太祖郭威）。事不过三，到他这儿已经是第四位了，他不是空前，但他必须绝后。历史的风云扑面而来，让他陷入了深深的沉思……

第一节　盛唐转衰

伟大的李唐王朝是中国封建社会长河中的巅峰，是同时代世界的轴心，也是后世帝王心中筑梦的坐标和警醒的铜鉴。在近三百年的历史中，以安史之乱为分界线，国运由盛转衰，大唐气象，风华不再，"无可奈何花落去，天上人间"。何以如此？历史在叩问，那一晚赵匡胤也在叩问。

佛说，一切诸果，皆从因起。改变了王朝命运走向的诸"因"还是存在于王朝自身，应了那句"自作自受"的佛理。

一、兵役制的调整和"虚内实外"军事战略转型动摇了政权的基石

唐朝尚武，李世民父子南征北战，深谙军事战略，在借鉴前朝兵役制度的基础上形成了具有唐朝特色的府兵制度。府兵制的关键词有二，一是"军府"，二是"兵"。军府是一个军事建制，一个军事组织，唐贞观年间，全国设置的军府约有600多个；而军府中的"兵"则是从拥有田地的老百姓中挑选而来，他们平时耕种，农隙训练，平素例行戍守任务，战时从军打仗。府兵在籍家庭不纳赋税，但也没有薪水，作战武器和马匹需要自备。每逢战争，朝廷根据需要临时选派将帅，持旌节调兵；战事结束，将帅交回兵权，参战部队各回自家兵府。

这种兵制的好处是：兵农合一，藏兵于民，而且兵与将之间没有固定的隶属关系，兵不识将，将不识兵；用兵之时则召之即来，来之即战。另外，还节省了国家的军费开支，保障了国防事业与农业经济发展两不误。

任何制度都有它的两面性，特别是制度适应的环境在变，制度内在的弊端就会随着承袭久远而日益显露出来。唐朝疆域辽阔，北部边疆战事日频，朝廷需要大量的军队守卫遥远的边疆，由于兵府多设于内地，朝廷临时任命将帅，临时征调兵马显得不合时宜。另外，唐初府兵制所设计的一些优抚政策在执行中也大多没有兑现，原来规定戍边的府兵三年一轮换，后来延至五六年，甚至长期不让归还。杜甫有诗为证："或从十五北防河，便至四十西营田，去时里正与裹头，归来头白还戍边。"[1]因此，兵怨很大，府兵大量逃亡，战斗力也不足。天宝八年（公元749年），唐玄宗下诏宣布停止使用征调府兵用的"鱼书"，标志着府兵制的终结。为了应对这一现实困局，朝廷在兵役制度上改府兵制为招募制，由此雇佣兵、职业兵取代了征兵制的义兵。

同时，在军事战略上也进行了两次大调整，其一是虚化内地军府，充实边疆军府；其二设立边疆节度使，允许其统领军事、财政及辖区内州县行政的权力，还可以随时调兵。到天宝年间，朝廷逐渐形成了平卢、范阳、河东、朔方、陇右、河西、安西四镇、北庭伊西、剑南、岭南共十个节度使区。边疆地区兵力部署达到四十九万人，占当时全国总兵力五十七万人的百分之八十五。其中，仅安禄山一人就统辖平卢、范阳、河东三镇，拥兵达十八万之众。过去中央"举关中之众以临四方"的重内的军事格局被彻底打破。

"虚内实外"的战略转型在当时是有其现实性的，但唐王朝在推进这一军事战略转型的过程中顾此失彼，缺乏统御全局的战略谋划。其致命的失误是，在注重"实外"的同时没有配套的"防"外措施跟进，"虚内"又过激过度。如果此时中央最高统治者政策失误，对外失去对时局的理性判断，对内怠政失民，那么酿成历史大祸就不可避免。"安史之乱"就是在这样的历史背景下上演的，从此，一个王朝伟岸的背影便渐行渐远。

---

[1] 选自《兵车行》。

二、以藩制藩的策略进一步加剧"藩镇割据"

"安史之乱"从爆发到剿灭前后历时七余年，期间平叛也几经反复，朝廷基本的策略是剿抚并用，以藩制藩。安禄山、史思明集团的主将大多是胡人，他们在文化基因上压根就没有什么忠君事主的臣节，只有投机钻营的机会主义思想。朝廷也许是对自身力量评判缺乏自信，对叛军主将大打招安牌，只要愿意归顺朝廷，一切都好说，甚至还不得不允许他们在所辖区域内实行高度自治。这样叛军的主力不是被消灭了，而是被招安了。朝廷在"安史之乱"的重灾区河北地区，形成了卢龙、成德、魏博三个藩镇，它们名义上是唐朝的地方组织，而实际割据一方，不受朝命，不输贡赋。毕竟，仅有招安这一手是远远不够的，迫在眉睫的任务是尽快强化内地军事力量，一则是抵御叛军进攻的需要，二则也是为了积累反攻平叛的实力。在此背景下，内地军镇化迅速扩展，根据战略地位的重要程度，在内地州分别设立节度使、防御使或团练使，在今陕、晋、豫、皖、鲁、苏、鄂等地出现不少节度使、防御使、团练使等大小军镇，后来又扩充到全国。以藩制藩是一剂饮鸩止渴的毒药，它虽然勉强把"安史之乱"平息了下去，但却留下了一个严重的后遗症——藩镇割据由此开始，并渐成燎原之势，尾大不掉。一些藩镇倚仗自己实力对中央跋扈不驯，短期叛乱割据的现象时有发生；藩镇之间相互攻伐，抢占地盘的现象屡见不鲜；更有甚者，他们为了各自的私利，暗中勾结，相互结盟，或明或暗地挑战中央。如此境况有如东周列国的诸侯割据局面，让朝廷苦不堪言。

唐王朝对藩镇割据的危害是心知肚明的，期间也采取了一些措施进行削藩，有的也取得了一些短期成效，但都没有力量从根本上扭转乾坤。永贞元年（公元805年）八月，唐宪宗即位，便着手实施削藩政策。在他执政的十四年间，先后平定了剑南西川节度使刘辟、夏绥节度使杨惠琳、镇海节度使李锜等的叛乱，特别是实力强大的河朔

北宋变革风云

三镇长期割据的局面也在他艰难的平叛战斗中得以最后解决。自平定"安史之乱"近半个世纪，唐王朝难得出现一统疆域的中兴局面，史称"元和中兴"。但是好景不长，曙光初露，便风雨骤至，元和十五年，唐宪宗被宦官毒死，随后，河朔三镇复叛，藩镇复活并延续的局面再度笼罩全国。至晚唐，社会矛盾激化，全国范围内大规模农民起义的爆发，与藩镇割据的局面扭结在一起，直接推倒了王朝这座"大厦"。

三、宦官专权毒化朝政

宦官专权，古已有之，但尤以唐为甚。

历史应该记住公元820年，就在宪宗皇帝推进中兴大业如日中天的关键时刻，宦官毒杀了他，并拥立穆宗为帝，开启了宦官废立皇帝、诛杀皇帝的先河。在唐王朝随后苟延残喘近百年中，由宦官所立的皇帝有穆宗、文宗、武宗、宣宗、懿宗、僖宗、昭宗七位，被宦官所杀的皇帝有宪宗、敬宗两位。皇帝不再由前任皇帝所立，即使立了没有宦官点头也上不了位，皇帝的废立完全掌握在宦官手里，就连身家性命也无力自己做主。此种乱象，在中国历朝历代中堪称奇葩。公元835年（大和九年），年轻气盛的文宗皇帝不甘为宦官控制，和大臣李训、郑注等密谋"削宦"，以观露为名，欲将宦官头目仇士良等诛杀，以夺回皇权，但计划败露。仇士良等宦官疯狂反扑，血溅长安，以一千多人头落地宣告"削宦"失败，史称"甘露之变"。从此，宦官擅权有恃无恐，朝野上下敢怒而不敢言。

何以如此？

还得从"安史之乱"说起。宦官本来只是皇帝的家奴，不得干预朝政，但"安史之乱"期间，肃宗委派大宦官李辅国担任天下兵马大元帅府行军司马，另一宦官鱼朝恩任观军容宣慰处置使，统率十个战区的节度使，宦官第一次涉足军权。宦官不再像过去那样只是单纯管理君主生活起居事务，而是开始逐渐渗透到政治、军事、经济等领域之中，全面干政。德宗皇帝经历泾原兵变后，决定组建神策军等禁兵以加强护卫。他对朝臣将领疑心很重，便交由宦官统领，军中的护军中尉、中护军等要职均由宦官担任。这是一个划时代的错误，宦官在完整意义上掌握了国家武装力量。从此，握有兵权的家奴，就不再是普通的家奴了。

如果说把禁军组织交由宦官统御是一个历史大错，那么把监军大任交由宦官遂行则是另一个大错。藩镇割据严重威胁政权的稳定，在藩镇之间建立监军制度势在必行，制度设计没问题，但交错了人。安史之乱以后，王室内部不稳，皇位频繁更迭，皇权削弱。那些由宦官扶立起来的君主又大多昏庸无能，不能很好地行使皇权，宦官养子制度的存在使得"起用身边的家奴去承担监视和牵制藩镇割据将帅的任务"便成为皇帝的本能选择。还能说什么呢，有时候我们还真不得不相信历史因果的宿命。宦官们利用皇权与藩镇割据势力之间的矛盾，趁机而入，势力日益壮大。一方面，藩镇割据势力为了掩盖他们对抗中央政府的事实，同时也为了在朝中培植自己的代言人和耳目，对前来监军的宦官大兴贿赂，全力收买；另一方面，宦官们也借机培植自己的地方势力，结党营私，借力打击朝中异己，有时不惜陷害忠良，以巩固和壮大自身的力量。宦官与外藩相互勾结，互相利用，加剧了宦官专权和藩镇割据两股毒瘤相互浸淫、交织共生局面的兴起和发展。

但凡一个王朝处于上升通道之中的时候，往往阳气十足，社会充满着正能量；相反，如果处在下降通道中，则阴气弥漫，社会负能量上升。宦官地位的畸形提升，他们不再只是家奴而是与"入仕"官员一样，并且职业化、官僚化，成为官僚集团特殊的一部分。这种转变误导着社会，人们不是去怒言宦官的非为，而是隐隐感到不用读书发奋也同样可以飞黄腾达，接近宦官、巴结宦官竟成了直达天庭的仕宦捷径，此风弥漫便变成了社会对宦官专权的一种病态默认。

四、党争遗祸，朝政颓废

风雨飘摇的晚唐，地方上有藩镇割据，与中央暗中较劲；宫廷内宦官内斗，擅权霸政；朝臣之间也不寂寞，一场因科考而起于青萍之末的私怨迅速发酵，酿成了党同伐异的政治风暴。在这场政治角力场上，主角分别是以牛僧孺、李宗闵等为领袖的牛党，以李德裕、郑覃等为领袖的李党；配角便是随之起舞的官僚、宦官、藩镇将领三方力量。主角之间相互倾轧，彼此恶斗，配角们推波助澜，致使舞台上的诸多角色暗中勾结，合纵连横，各自选边站队，或寻找和培植自己的代言人，或寻求和投靠各自的后台，或趁乱收编壮大各自的支持力量，从宪宗朝到宣宗朝乱哄哄地闹腾了将近四十年，史称"牛李党争"。

事情的起因是这样的。唐宪宗元和三年（公元808年），一年一度的科举考试跟往常一样举行，举人牛僧孺、李宗闵、皇甫湜等在策论中批评朝政。考官杨于陵本来就对宰相李吉甫（李德裕的父亲）执政下的朝政不满，认为他们文锋犀利，切中时弊，是众多考生中佼佼者，于是便把牛僧孺、李宗闵两人推荐给宪宗皇帝。本来策论考试就是要考生分析时政，提出建议来的，在考试中批评时政（当然不能批评皇上）是常有的事，没什么大惊小怪的，但这件事在当朝宰相李吉甫那里就不是这样解读的。他认为是考官联合考生牛僧孺、李宗闵等合伙毁谤、攻击他，是借考试行打击他的政治阴谋，于是在唐宪宗面前告状，哭诉要皇上为自己做主。这事要搁在太宗朝，压根就算不上事，那时谏官常常把皇帝老儿批得下不了台也没事，别说是影射一个宰相，这叫盛唐气象、盛唐格调、盛唐胸怀！可现在是晚唐气息，宰相肚里撑不了船。其实，不管皇帝怎么判，总归是要得罪一方的。皇帝在情感上总得要给宰相一个面子，于是，惩罚了考官和考生牛僧孺、李宗闵。但让宪宗始料未及的是，一宗看似平常的事情却引起了朝野轩然大波，大臣们认为宰相小题大做，皇上处置不公，争相为牛僧孺等人鸣冤叫屈。迫于压力，皇帝只好又反过来打了宰相李吉甫一板子，把他贬为淮南节度使。"牛李党争"由此而肇始。

唐穆宗长庆元年（821年），礼部侍郎钱徽主持进士科举考试，一批高官的亲属登科及第，其中包括宰相裴度的儿子、中书舍人李宗闵的女婿、考官杨汝士的弟弟等，朝野对此议论纷纷，喧嚣尘上。前宰相段文昌认为官官相护，如此不避嫌疑，实在令人发指，于是一状告到穆宗面前，称礼部贡举不公。穆宗责成翰林学士李德裕、元稹、李绅予以核实，本来段文昌所揭发的就是实情，加之李德裕对当年科举中讥讽其父的牛僧孺、李宗闵等忌恨在心，今天复仇的机会竟然送上门来了。于是，他们在皇帝面前如实参了一本。穆宗派人复试，结果原榜十四人中，仅三人勉强及第，钱徽、李宗闵、杨汝士都因此被贬官。"牛党"领袖之一的李宗闵就认为这是李德裕借机报复，公报私仇，因此，"牛党"们愤然反击。一场由科举考试而起的党派争斗迅速扩大化、白热化，双方各从派系私利出发，互相排斥，互相倾轧，水火不容，在其后四十余年的政治斗争中，对人看党派，遇事标签化，一党在朝，便排斥对方为外任，各有胜负，交替进退。文宗帝曾感叹"去河北贼易，去朝中朋党难"。《唐鉴》对此也有很精辟的总结："唐之党争，始于牛僧孺、李宗闵对策，而成于钱徽之贬，皆自小以至大，因私以害公……穆宗以后，权移于下，朝无公政，仕无公论，爵赏僭滥，刑罚放纷，士之附会者不入于牛则入于李，不忧国家之不治，而唯恐其党之不进也……唐之党趋势利，势穷利近而止，故其衰季，士无操行，不足称也。"[①]一言以蔽之，很有点像千年之后的台湾，只问蓝绿，不问是非，为斗而斗。

面对国家生死存亡的大是大非，朋党所争者是一党之私利，一个

---

① （宋）范祖禹：《唐鉴》（第十卷），中华书局2008年版。

北宋变革风云

王朝如果士大夫党争炽盛，那么王朝的政治抱负和精神格调也高不到哪里去，王朝也走不了多远。很不幸的是，"牛李党争"落幕不久，唐朝就灭亡了。之后，北宋元祐党争落幕，北宋随之灭亡；明朝东林党与阉党斗争落幕，明朝也灭亡了……历史就是这样耐人寻味。

第二节 乱雄逐鹿

公元882年，当朱温从黄巢起义阵营投降朝廷的时候，僖宗赐名他为全忠，意为全心忠诚于朝廷。可是，具有讽刺意味的是，这位名叫全忠的藩镇大人，不仅对朝廷全然不忠，而且成了王朝的掘墓人。公元907年，朱温篡唐建立后梁，开始了中国历史上长达半个世纪的军阀混战、乱雄逐鹿的黑暗时期，史称五代十国。

一、藩镇割据是乱源

五代十国的政治乱象是晚唐藩镇割据政治恶性发展的怪胎。唐末的藩镇割据经黄巢起义后，中央政府已经完全失去对地方的控制，而地方诸侯林立，完全无视朝廷的存在，或明或暗地自立为王。部分实力雄厚的藩镇更是称王逐鹿，剑指中原，以图霸业。在黄河流域的中原地区，梁王朱全忠（宣武节度使）、晋王李克用（河东节度使）、岐王李茂贞（凤翔节度使）三大实力藩王彼此虎视眈眈，相互争夺。朱全忠挟天子以令诸侯，一方面借朝中的势力打压李克用，不让其做大；另一方面又利用和助推李克用与李茂贞等人之间的矛盾冲突，坐山观虎斗，并趁机扩张势力范围，威服河北各藩镇，并吞河中军、淄青军等节度使领地，实力快速蹿升。机会终于来了，唐昭宗执政期间政权内乱纷争，相府与宦官集团之间为争夺对皇帝的控制权一直争斗激烈，公元901年，唐昭宗被宦官韩全诲幽禁，宰相崔胤"引狼入室"，紧急召唤朱全忠驰援。韩全诲不得已挟天子投奔凤翔节度使李茂贞，朱全忠打着勤王的旗号杀奔凤翔。李茂贞终因实力不济，于公元903年与朱全忠议和，被迫奉送皇帝返京，并杀害韩全诲等一批宦官。昭宗回到长安便成了朱全忠的掌中玩物，朝政大权尽落朱全忠手中，宦官大量被杀，守卫皇上的神策军被废，长安被军事管制。一切布局完毕后，次年朱全忠把有功于自己的宰相崔胤给杀了，把不大好掌控的唐昭宗也给杀了，另立懦弱无为的昭宗之子李柷为帝，即唐哀帝。三年后逼迫唐哀帝禅让，建立后梁帝国。唐王朝本来就是一具徒有中央政府其名的空壳，朱全忠把它夺过来，只不过是把藩镇的招牌换了一下，节度使改称帝王，镇区改称帝国，还是一个藩镇型的朝廷，无力统御全国，相反，还落了一个弑君篡位的罪名。其他藩镇本来也没把唐王朝放在眼里，现在他们一面指责朱全忠，一面如法炮制，纷纷自立，称王称帝。强者借机征讨，以图取而代之；弱者结盟保境，偏安称藩。由此，一幕"礼乐征伐自诸侯出"，闹哄哄乱雄逐鹿，你方唱罢我登场的大戏在中原大地轮番上演。

后梁立国，晋、岐、前蜀与吴拒绝臣服，依旧尊奉唐室，不改年号。晋国的李克用与后梁太祖朱温是一对宿敌，积怨久远，压根就不服后梁这个所谓的新主，而朱温自开国后也把弹压李克用作为收拾河山，威服四方的头等大事，挥师伐晋，双方连年征战，难分胜负。李克用因忧劳去世后，其子李存勖扛过父亲的大旗，继续战斗，终于在公元923年消灭后梁，以光复唐朝为号召建国号唐，史称后唐。

终结后唐命运的是其内部的藩镇。河东节度使石敬瑭以割让燕云十六州为代价向契丹借兵叛变，于公元937年消灭后唐，在太原称帝，史称后晋。

后晋立国，成也契丹，亡也契丹。公元947年契丹消灭了后晋，但压制不了局面，以天气炎热为由率军北返，河东节度使刘知远乘势而上，自立称帝，建国后汉。四年后，郭威造反称帝，建国后周。

主要偏安于长江流域的十国，虽没有黄河流域那么烽烟滚滚，战火弥漫，但也是在一片打打杀杀之中上演着军阀混战的闹剧。

二、没有文化作灵魂的霸业难逃短命的归宿

五代的朝代都很短命，后梁两主十七年，后唐四主十四年，后晋两主十一年，后汉两主四年，后周三主十年。皇帝走马灯似的换，改朝换代如演戏。

乱世也许可以一时"枪杆子里面出政权"，但要坐稳坐久往往靠文道而非武道，特别是创国者的政德水准和历史抱负尤为关键，没有"内圣"涵养的"外王"走不了多远。后梁的创建者朱全忠就是一个毫无忠节操守的地痞流氓，先是投靠黄巢，后又被朝廷招安叛变，最后又趁机弑君篡位，自立为王，思想深处全无"忠义"二字。立国之后又荒淫无度，常与儿媳乱伦，最后儿子也来了一个弑父弑君，从他手里夺得大位。后唐的开国者李存勖打江山时英武骁勇，登基之后沉溺后宫，酷爱看戏，朝政落在妻子、宦官乃至戏子手中，最终在兵变中毙命。后晋的石敬瑭更是毫无国格，人格也低下，自己叛变夺权，还主动卖国，献出燕云十六州，恬不知耻地自称儿国，遗臭史册。

外族文化的消极影响也是王朝短命的重要因素。五代之中就有后唐、后晋、后汉三个王朝的统治者是沙陀族的，他们的血液里流淌的是马背民族的尚武、逐利、享乐的价值观念，心怀天下苍生的家国情怀比较淡薄，儒家的忠义臣节比较缺失，见利而动、叛变失节是常有的事，包括对孝悌廉耻的伦理观念的混乱失序也见怪不怪，享乐优先的成功观比较普遍。如果统治者把这种文化基因带进朝廷，带进后宫，那肯定走不了多远。马背文化也许可以一时在马背上夺天下，但要问鼎中原坐天下，就必须主动、谦卑地走下马，接好中原文化的地气，否则，就水土不服，自取灭亡，短命也就只能是必然的归宿。

三、脱缰的禁军是掘墓人

五代的禁军制度源于唐朝，但又有很大的不同。第一，禁军直属于皇权，不再由宦官掌控；第二，禁军由立国前的藩镇军发展组建而来，它不再是简单的皇家禁卫军，其职责除保卫京师和皇宫安全外，还要担任大量的出征作战任务，是直属于朝廷管辖的中央正规军。

强大的禁军既是保卫皇权的专政工具，但若管理失控则又是皇权的埋葬者。五代时期的禁军将领内备宿卫，外领藩镇，权力很大，但又缺乏管束。换而言之，军事政变的概率很大，风险成本又偏低，成功了自不必说，万一失败了，再低头认罪，俯首称臣，多纳贡赋，割让地盘，还基本上可以自保，甚至继续带兵。在五代十国，由禁军哗变而导致江山易帜，人主异位的事件时有发生，毫无君臣义节，道德底线可言。其实，也并非是当政者不懂得治军要严的道理，而是乱世治军宽严不好拿捏，特别是周边虎狼环伺，政权也不够稳，军事上的优势也未必呈现好的效果，如果管束过严，弄不好就促成哗变，阴沟翻船。

第二章 祖宗家法

　　历史好像有其周期性，每一个强大的王朝前面都有一个混乱而短命的朝代，大汉的前面是秦，盛唐的前面是隋。现在混乱而短命的五代已经消亡了，赵宋王朝能否像汉唐那样振衰起疲，基业长续？历史选择了赵匡胤，也在考验着赵匡胤。他站在前朝的肩膀上，进行着深度的历史性反思，一场全局性的大变革在他手中大刀阔斧地展开了，其所建立起来的新规新制，后世称之为"祖宗家法"。

第一节　君臣问对

一代雄主赵匡胤行伍出身，从一个基层兵卒一步一个脚印做到后周的殿前都捡点，到最后登基立国。战火硝烟历练了他驾驭复杂局面的控盘能力和操盘艺术，加之他天资聪慧，勤奋好学，其政治思辨能力也是当时一流的水平。良好的个人品德修养，丰厚的实践底蕴，善于反思的认知能力，使他具备了超越历史的必要条件。

天才看少年。公元927年3月21日，赵匡胤出生于洛阳夹马营（今河南省洛阳市瀍河回族区东关），其父赵弘殷曾在后唐、后晋、后汉、后周四个王朝带兵打仗，可谓军人世家。从小在军营长大的赵匡胤爱习武，性豪爽，经常打架闹事惹麻烦，天生就是个孩子王，有统御他人的禀赋。为了管束他的放荡不羁，父亲找来当时洛阳久负盛名的大学者来教他，可他吊儿郎当，在他幼小的心里认为"先生"不过是一些摇头晃脑的腐儒，没什么本事，因此见了先生也不拜。这招致了父亲一顿训斥，好在先生并不在意，慧眼识珠，从他的叛逆中看出了一丝逼人的王者霸气。于是，先生不仅收了他，还在课堂上讲解什么是有真本事之人，他说道："夫大丈夫生于天地之间，当察天文，知地理，分阴阳，辩正邪。以浩然正气营百千功业，用无上正法成万世奇勋。若更兼教民以行之，则比之仲尼也不遑多让矣。世间之事自由世间人为之，但凡欲以一己之力驱使众生，或者因一时强盛而欲以人力抗天命者，皆非正道"[①]赵匡胤天资聪慧，虽不尽懂，但一下就触动了他的慧根，心中油然而生敬仰，开始认真跟着先生求学问了。后来他问先生：方今天下大乱，很多人失去亲人，无数百姓惨遭兵祸，您

---

① 何昆：《宋太祖》，长江文艺出版社2014年版。

以为当以何法济之？老先生心中窃喜，认定眼前这小子绝非凡夫俗子，于是放慢语调回道：天下大乱之根源，在于一个"兵"字。自唐末以来，天下群雄皆拥兵自重，而骄兵悍将又因一己私欲而妄行废立，致使九州分裂，战乱连年。故此，若要结束乱世，安邦定国，还需有大力量、大智慧之人一统天下兵马。只有三军畏服不作乱，中国方可安稳。

天降大任于斯人，担当大任的精神种子就这样在少年赵匡胤身上播撒下来了。

后汉初年，赵匡胤到处游历，开始寻找自己的人生事业，足迹遍布华北、中原、西北等地，但都未遂愿。据说，他在湖北襄阳巧遇一位老和尚，老和尚不仅热情收留、款待他，与他纵论天下，而且还慷慨解囊，资助他大量的钱物，并叮嘱他往北去发展会有奇遇。赵匡胤往北去以后，正赶上后汉枢密使郭威在河北招兵买马，他投奔到了郭威的帐下，由此开始了他职业军人的革命生涯，那一年他二十一岁。赵匡胤武功高强，英勇善战，又好结天下豪杰，在随郭威征战中，冲锋陷阵，战功卓著。公元951年，一群士兵哗变推拥郭威称帝，后汉灭亡，后周建立。三年后郭威去世，养子柴荣即位。赵匡胤又深得柴荣赏识，执掌禁军。柴荣是五代乱世中难得一见的明主，雄才大略，又有一统江山的抱负。他在军事上制定了"先南后北"的统一战略，即先平定南方实力较弱的西蜀、南唐，再集中力量北伐，收复燕云十六州，完成统一大业；在国家治理上提出了"十年开拓天下，十年养百姓，十年致太平"的治国战略，其作为政治家的战略视野和胸襟在当时无出其右。赵匡胤作为柴荣帐下的主力战将，不仅从内心深处敬佩和忠于柴荣，而且能深刻领会和践行柴荣的战略构想，冲锋在前，屡建奇功。柴荣登基初始，北汉来犯，赵匡胤随柴荣挥师北上，在出师不利的情况下英勇战斗大败北汉军队。公元956年，他又跟随柴荣三征南唐。期间，在攻打滁州的战斗中，赵匡胤几度陷入困境。当他正一筹莫展之时，一位重要的历史人物来到了他的身边，他就是赵普。赵普是经宰相范质的举荐，被柴荣任命为军事判官来到滁州的，协助赵匡胤管理州政。由此，也开启了两赵之间并肩战斗，共创大业。公元959年三月，柴荣在基本平定南方之后，开始雄心勃勃地挥师北上，致力收复燕云十六州。就在革命形势大好，战争处于决胜的关键时刻，一代雄主柴荣却不幸英年早逝，让人扼腕。随后，在赵普等人的精心策划下，"陈桥兵变"上演了，历史的重担压在了赵匡胤的肩上。

江山易主，一些拥兵自重的旧有势力并不臣服，其中，尤以后周旧臣李筠、李重进等人的反抗最烈。赵匡胤集中优势兵力一举击溃这两股后周残余势力，初步稳固了新生的政权。此刻，有两个致命的问题始终困扰着他：一是如何驾驭那些军权在握的实力派将领，以防政权被颠覆，从而确保皇权延续，江山永固；二是如何尽快结束藩镇割据的纷争局面，收复燕云十六州，统一天下。他站在柴荣的肩膀上，总不能做得比柴荣还差吧。这两个问题简单一点说，一个是安内，另一个是攘外，两者都很重要。为此，他寝食不安，绞尽脑汁。

赵普对此是心知肚明的，他明了圣上的心思。一天，他故作沉思状，请教圣上："陛下，臣思量唐末以来天下大乱之根源，竟不得其解，故此烦恼。"

赵匡胤哈哈一笑，明明对方打着了自己的痛处，却故意卖着关子，把一个本来沉重的话题说的云淡风轻，笑道："朕道是什么难事，原来竟是此事。朕以为根源就在于一个'兵'字。"他把当年读书时先生说过的那段刻骨铭心的话也说了一下。

赵普道："陛下虽知其表，却不知其里，只能看透世间，却无法驾驭众将。"

　　赵匡胤把控话题的能力超一流，见火候差不多了，便趁势把球踢了回去，反问道："天下自唐末以来，数十年间，帝王凡易八姓，战乱不息，其故何也？朕欲息天下之兵，为国家长久计，其道何如？"

　　赵普掏心窝子地说道："陛下之言及此，天地人神之福也。此非他故，藩镇太重，君弱臣强而已。今所以治之，也无他奇巧，惟稍夺其权，制其钱谷，收其精兵，则天下自安也。"

　　赵匡胤神色凝重地看了一下赵普，这既是高度认可，又还带着一丝疑问。作为一位从硝烟弥漫中走来的帝王，他又何尝不知道"藩镇太重，君弱臣强"对于帝王的危害呢，又有哪个帝王不愿意削藩呢？但他所看到的削藩成功的没几个，阴沟翻船的倒不少，远的不说，五代时期就有好几例。后唐愍皇帝李从厚刚一登基，为了牵制实力雄厚的凤翔节度使李从珂（系皇帝李从厚的义兄），决定把他调离凤翔老巢到太原当河东节度使，但李从珂拒绝接受，并且起兵攻到都城，把皇帝给废了，自己当了皇帝。可是，他当皇帝以后也如法炮制，也决心削藩，下手的对象就是其姐夫河东节度使石敬瑭，他要把石调到山东郓州当节度使。但是，石敬瑭也同样拒不接受，并依靠契丹的力量起兵叛乱，把后唐给灭了，自己当皇帝，建立了后晋。至于赵匡胤本人，也多少与削藩有关。柴荣后期对赵匡胤也是有所提防的，只是由于柴荣死的早，也死得突然，没有来得及实施。柴荣死后，符太后就一心要削夺赵匡胤的兵权（也许这是柴的临终嘱托），赵便开始密谋反击了，于是演出了一出"陈桥兵变"的历史大戏。这削藩不削不行，削得不好更不行，本来君臣之间还有一种脆弱的平衡，但平衡一旦打破，操控不好就会引来灭顶之灾。当下，那些手握重兵的实力派不都是跟着自己出生入死的阶级兄弟吗，这藩如何削得。赵匡胤不仅是战略家，更是操盘手，他要考虑战略落地的问题。他再次发挥他的表演才能，站在道德的高地，有意试探赵普，说自己是靠这帮兄弟们称帝的，现在一当皇帝就收他们的兵权，未免有点不近人情。

赵普急了说："陛下，今石守信、王审琦、高怀德、慕容延钊等人皆为禁军统帅，执掌天下精锐，陛下不可不早做准备，陛下当授这帮将军高官厚禄，奇珍异宝，将其兵权收回，如此方能保大宋江山万世永固"。

赵匡胤轻描淡写地回了一句："他们对朕绝无二心。"

赵普高声道："臣也不忧其变也。然臣历观数人，皆非统御之才，恐不能制伏其下。苟不能制伏其下，则军伍间万一有作孽者，彼时亦不得自由也……陛下，臣所言尽为大宋江山，也是为了天下苍生不再受兵戈之苦。臣自滁州追随陛下至今，始终认定您就是拯救苍生之人。臣的话说完了，何去何从，陛下自处之。"赵普把话说穿了，意思是说，皇上您的那些阶级兄弟对您确实忠心不二，但他们都不是统御之才，驾驭不了部下。万一下面兵变作乱，只怕他们也身不由己了。弦外之音，当年您对柴荣也很忠诚呀，可后来还不是身不由己。话都说到这份上了，皇上您就看着办吧。

赵匡胤默不作声，陷入了深深的沉思。

第二节　军改风暴

"杯酒释兵权"是宋太祖赵匡胤的天才之作。之前大约一千年前的项羽演过鸿门宴，席间舞剑，四面埋伏，结果还是把戏演砸了。可是，赵天才以柔克刚，仅凭眼泪和酒就搞定一切，让后人深为叹服。

那一天，赵普离去之后，赵匡胤就在思考有何妙计来实现赵普的建议（当然，也是他内心的本意），他想到了酒。遂传旨宴请石守信、高怀德、王审琦、张令铎、赵彦徽、罗彦环诸高级将领，要君臣叙旧，兄弟同乐。众大将见皇帝大哥召见无不欣然前往。赵匡胤拿出自己珍藏多年的好酒，要大家开怀畅饮，不醉不归。然而，正当大家推杯把盏，酒兴高涨的时候，宋太祖的表情来了一个一百八十度的大转弯，先前的笑意变成了一脸的哭丧，众将大惑不解。赵匡胤悲从心来，哭道："我非尔曹不及此。然吾为天子，殊不若为节度使之乐。吾终夕未尝安枕而卧"。大意是说，我羡慕你们呀，别看我今天贵为天子，但我还不如当年当个节度使快乐，我整天都寝食不安。此话令石守信等众将大惊失色，诚惶诚恐地回道：陛下何出此言？今天命已定，江山稳固，谁敢复有异心。太祖就等着他们这句话，趁势往深里一哭："人孰不欲富贵，一旦有以黄袍加汝之身，虽欲不为，其可得乎？"太祖这下直接抖出了病因，石守信你说的不对，谁不想富贵呢，一旦你有了黄袍加身的机会，你虽无异心，但你的部下逼你上位你又做得了主吗。一语点睛，一箭穿心。石守信等将领急忙谢恩："臣愚不及此，惟陛下哀矜之。"宋太祖借机给他们出路，药方就是放弃兵权。他说得很温情但又不给退路："人生驹过隙尔，不如多积金，市田宅，以遗子孙。歌儿舞女，以终天年，君臣之间，无所猜嫌，不亦善乎？"话虽是规劝，却杀气逼人，众将不寒而栗。第二天，各位大臣就打来辞职报告，称病求退，太祖一一诏准。就这样太祖不费一兵一卒、一枪一炮，在举杯把盏间解除了六位与他一起出生入死又手握重兵的大将的兵权，史称"杯酒释兵权"。赵宋王朝具有划时代意义的军事改革由此拉开序幕。

一、收权整编，先改禁军

借着"杯酒释兵权"之机，赵匡胤首先拿禁军高层人事开刀，陆续裁撤了殿前都点检、殿前副都检、侍卫亲军马步军都指挥使、副都指挥使、马步军都虞侯共五个位高权重的禁军高级军职。禁军是环伺于卧榻之侧的武装力量，把手握兵权的实力人物的兵权先解除再说。

至于殿前都指挥使一职暂时没有裁撤，由石守信保留着，那是因为他实在是阶级兄弟太铁了，开国第一功勋，总得给点面子，所以位子暂且虚留，但却没有什么实权。石之后这一职位长期空缺，未再授人。古人云："兵熊熊一个，将熊熊一窝""强将手下无弱兵"等，那是强调在带兵打仗上配好配强"将"的重要性，太祖在军队人事安排上是逆向思维的，他刻意弱顶层强基层。在解除禁军宿将的兵权后，太祖另选一些资历浅，个人威望不高，容易控制的人担任禁军将领，他要的就是"将熊"，要的就是皇权对军队的绝对掌控。

随之而后的便是拿机构编制开刀。太祖首先砍掉的就是自己曾担任过的殿前都点检这一职位，"点检做天子"的民间童谣已经在自己身上应验了，今后再也没有后来者的可能。禁军的统帅机构主要由殿前、侍卫两司组成，对侍卫军在机构上进行拆分，按马军和步军一分为二；对殿前军在指挥关系上延伸下管一级，殿前军的三大主力部队（殿前诸班直、铁骑、控鹤）直接听命于皇帝，这等于把原来殿前军的指挥权收归皇上了。经过改造后的禁军统帅机构由过去的两司并立转变为殿前司和侍卫马军司、侍卫步军司三足鼎峙，三衙统领，而且三者之间互不隶属，分别直属于皇帝本人。

太祖是一个善于总结实践经验的顶层设计高手。他在整编禁军三衙制的同时，吸取唐末五代以来枢密院独掌中央禁军大权的弊端，对国家军事最高权力机构进行了大胆改革，重新确立了枢密院、三衙统兵体制，相互制衡，不让任何一方独揽军权。首先，按照位高权虚、位低权实的原则，理顺领导体制。枢密院是国家最高军事领导机关，负责决策和复核，并且多由文臣统御；三衙兵权在握，但被置于枢密院之下，是其属下的执行机构，在组织层级上以上御下，在领导干部上以文制武。其次，分解兵权，皇帝统领。将调兵权和握兵权进行两权分离，枢密院掌管调兵权，但手中无一兵一卒，只有调发军队的兵符、令箭和大印等；三衙虽然三军大兵在握，但无用兵权，调动军队的权力在枢密院。这种两权分离的制度安排非常高明，行军打仗的事必须两权合一，枢密院和三衙都无法单方面成事，必须由皇帝居中统御，全面掌控。不得不佩服赵匡胤的治军智慧，在五代时期没有哪一位皇帝能有效解决的那又爱又恨的禁军问题，经他妙手一点化成了维系赵宋王朝的钢铁长城，心腹之患成了护国重器。

二、以文易武，移镇削藩

藩镇移镇类似于现代的军队换防，异地交流，其目的是防止藩镇久据一地，形成尾大不掉的割据势力。赵匡胤登基第一年就迫不及待地将功勋卓著的节度使李继勋、袁彦、杨承信、张永德、杨廷璋等移镇，第二年又接着将王景、慕容延钊、韩令坤等人移镇，同时免去慕容延钊和韩令坤的殿前司、侍卫亲军司统帅的职务。通过频繁移镇，藩镇远离了长期经营的根据地，失去了拥兵自重的资本。

除了移镇这一手之外，还采取了文臣渗透的办法，有计划、有步骤地替换掉统治地方的武将，收州郡之权。赵匡胤立国初年，就特派使者招抚后周重将潞州节度使李筠。谁知李筠不吃这一套，还联络北汉一起反宋，赵匡胤御驾亲征，一举平定李筠的反叛。照说新朝初立，对于潞州这样的北部军事重镇应该派一骁勇大将来镇守才是，可是，赵匡胤没有，他没有再派新的节度使，而是派一文臣来坐镇潞州，首开州府文官代替藩镇武将（节度使）之先河。敢在危险的地方下险棋，这就是赵匡胤的胆识和智慧。此后，凡节度使退休、死亡、迁徙、遥领的州府，皆以文臣治理，不再任命节度使。经过多年的潜心布局，加上多项组合拳的成功实施，藩镇势力得到有效控制。

为了彻底解决藩镇问题，赵匡胤觉得时机已经成熟了，便着手实施他的第二次"杯酒释兵权"。这一次更加云淡风轻，一挥而就。开宝二年（公元 969 年）十月，赵匡胤在后花园宴请来京觐见的节度使，君臣推杯把盏，酒酣兴浓后，赵匡胤开始表演了。他温情脉脉地说，你们都是国家的功臣，还长年在外操劳，京城的繁华也享受不到，我心中有愧呀，没有优待好你们这些功臣。凤翔节度使王彦超听出了赵匡胤的弦外之音，当场就表态，说自己没什么功劳，久蒙皇恩，如今年岁已高，身体也不行，恳望皇上恩准告老还乡。另几个节度使却很不知趣，竟然没有听出皇上的本意，顺着竿子表自己的战功，更有意思的是还表示愿意在外继续为国效力。如今的赵匡胤可不是当年立国初期的赵匡胤，在座的这几位藩镇节度使也不是石守信那样的拜把子的阶级兄弟，此一时彼一时。因此，赵匡胤对他们的沾沾自喜、自作多情很不耐烦。转天，参加宴会的节度使全被撤销职务，改任非领导职务。这次事件距第一次"杯酒释兵权"有八年之久，但干得干脆利落，不留余地，中唐以来尾大不掉的藩镇势力从此终结。

三、收其精锐，守内虚外

宋初的军队分为禁军、厢军、乡兵、蕃兵四种。禁军是直属中央的正规军，主要任务是守京师，备征戍；厢军是隶属于地方政府的武装力量，虽然也是常备军，但主要从事劳役；乡兵则相当于民兵组织，平时务农，闲时训练，主要维持地方治安；蕃兵是特指边塞地区少数民族的乡兵。禁军和厢军是国家的现役部队，乡兵和蕃兵是地方预备役部队。赵匡胤即位后实施强禁军弱厢军，强干弱枝，守内虚外的军事战略，政权稳定压倒了一切。首先从兵源上强化禁军。在全国范围挑选精壮充任禁军，赵匡胤还亲自挑选强壮士兵作为兵样，派往全国各地作为征兵的参照样本，后来改为木梃，并规定身高为五尺五寸至五尺八寸，由地方官依样挑选送往京师。禁军聚集在京师，并给予优于外州的俸禄。这样地方州镇的厢军只有标准以下的兵了，战斗力自然也低弱一些。其次从兵力部署上重内弱外。全国约半数以上兵力驻守京城及其附近，而分戍边境及内地若干重镇的兵力不到一半，唐玄宗

"虚内实外"酿成安史之乱的悲剧绝不会在他手里有重演的可能。

四、行更戍法，将从中御

太祖对禁军的心态极为复杂，一方面在军种上他是极度重视禁军的，另一方面又对统领禁军的将领极度不信任。为此，他别出心裁地设计了更戍法，规定禁军在一处驻防不得超过三年。兵换防，将轮岗，"仅及三年，又复更戍"。而且编制在更戍中往往会被重新编排。这种制度设计目的只有一个，那就是要使"兵不识将，将不识兵""兵无专主，将无属兵，不能萌其非心"。如此缜密的制度锁定，他还嫌不够，针对禁军出动作战的情况，他别出心裁地整出个"将从中御"的制度。啥意思？就是他对领导干部延伸下管一级的管控办法在行军打仗时也如法炮制。按常规皇帝管主帅，主帅管众将，但是他前线不设主帅，只在各分部设主将、副将、监军，这相当于主帅由他虚兼，只是不在前线而已，在前线的主将无权处置副将，遇事需与副将们实行集体决策，彼此既共同商议，又互相牵制。至于前线的战略战术、调兵遣将、战役部署等决策，都要驰报千里之外虚兼主帅的皇帝，并由皇帝裁断下令去执行。在通讯手段落后的古时，所谓"将在外，军令有所不受"是行军打仗克敌制胜的一个必要条件，现在不行了，皇帝对任何军事行动都必须"全天候、全方位、全过程"掌控，不给前方将领任何自由裁量权，防叛逆是第一位的，打胜仗是第二位的。

五、设皇城司，底线防范

宋太祖对于禁军的防范到了无以复加的地步。他当年就是凭借着对皇宫和宫城的安全保卫的掌控，才有陈桥雪夜的黄袍加身。禁军承担着皇宫的安全保卫，他本能地有着超强的防范意识，不能把鸡蛋放在一个篮子里。他从禁军的大篮子中挑选一批精锐，放在另外一个新篮子里，这只"新篮子"就是专门负责保卫皇宫安全的新的军事力量，它不归属于禁军系统，而是归皇城司指挥，由皇帝最贴身的宦官来担任主管。当然，为了防止宦官专权，皇城司之外的禁军兵权，宦官是无法染指的。宋太祖在治军上是不相信任何个人的，他只相信制度，他费尽心思在禁军体制之外另起警卫"炉灶"，还有一个不可示人的目的，就是加强对禁军的监视，充当特务角色。通过皇城司的特务活动，皇帝对禁军的控制无疑就得到了空前强化。

第三节　政治改革

赵匡胤是一个非常有谋略而又非常注重细节的政治家。他谋篇布局意志坚定如钢，但操作起来却又温情柔软，看不到任何刀光剑影。这种长袖善舞、绵里藏针、恢宏大度的行事方式和王者气质，空前绝后。他清醒地意识到，解决"君弱臣强"的问题，不能仅仅停留在军事领域，必须在政治领域同步配套推进。为了实施他的这一构想，他决定先从宰相下手，削弱相权，独制天下。为此，他精心导演了一出"偷撤凳子"的妙戏。

宰相是百官之长，掌控着行政、军事、财政等的权力，在朝中位高权重。一个富有标志性的小事情很能说明这点：在宋朝之前，宰相上朝是不用与其他朝臣那样站着，他有位子坐，还有茶水伺候。要说这事不大，何况也是历朝惯例，但赵匡胤心里不爽，他看到的是小事情背后的政治含义。于是，有一天早朝，朝臣们跟往常一样向皇上奏本，他听着听着，突然召唤宰相范质和王溥，说自己眼睛昏花，看不清楚，要他们把奏折拿到殿前来。其实，那一年，他大约35岁左右，说老眼昏花是有点过了，不过谁也没有在意皇上的这个小小的托词。两位宰相大人兴奋地迈步向前去递送奏折，等他们回去时发现凳子不见了，原来是赵匡胤事先安排好的内侍们趁机撤掉了，久经官场的范、王两位宰相心领神会。从此，宰相们就只能站着上朝，遂成为制度。赵匡胤通过"移凳"这个举动释放出他要收权的信号，朝臣们要主动看清大势，知趣地予以配合，免得撕破脸对大家都不好，这就是高手，举重若轻。

改革的序幕已经拉开，分权与制衡是赵匡胤政治体制改革的核心要义。

一、"三权分立"削相权

在宋之前皇权与相权是有较好的制衡关系的。以唐朝为例，中央权力机关由三省六部组成，即中书省、门下省、尚书省，以及吏部、户部、礼部、兵部、刑部、工部。在三省层面上中书省负责皇帝诏书等的起草和制发，有点类似于立法权；门下省负责对诏书进行审核，有点类似于审核监察权；尚书省是行政执行机构，有点类似于朝廷的行政办公室，下辖六部。权力在三省之间相互制衡。宋太祖赵匡胤没有在权力的横截面上按什么立法、监察、行政三权分立的套路出牌，而是把宰相的权力按事务分工进行拆分，让宰相的权力在纵向层面下降一格。所以，他废弃了三省制，直接把过去由宰相统管的军事权交由枢密院负责，把财权交由三司负责，宰相只管辖中书省，负责行政工作。这三大机构互不统属，直接向皇帝负责。特别是宰相还不是一个人，往往设有双宰相，甚至三宰相，不允许一衙独大，也不允许一人独大。这样的制度安排下，宰相权位很高，但没有军权和财权，干不了什么大事，当然也翻不起什么大浪。

二、"台院并立"强监督

赵匡胤提出"不杀言事者"，除了展现他的纳谏胸怀以外，很有可能是出于强化对官员的监控。他放开言路，挑起群众斗群众，让所有的官员都如履薄冰。一句话，防人是第一位的，求治是第二位的。赵匡胤有个特点，凡是他越重视的东西，他越防范。因此，在制度设计上必须做到监督之中有监督，就像电力供应要搞"双回路"一样。为了强化行政监督，同时又为了防止司法腐败，与行政同流合污，他设立了两个职权、级别、地位、任务完全一样的纪检监察机构，即御史台和谏院。他不怕机构重叠，就怕监督有盲区。御史台的首长是御史中丞，谏院的首长是知谏院，大约相当于今天的纪委书记、监察部长。这两个部门的权力很大，威风八面，掌握着帝国的话语权和对官员的生杀罢免大权，是帝国政治舞台上行使监督的左右鹰眼。

三、解构地方管治权

先是选派文臣知州，分化节度使的权力，解决过去节度使军、政、财权独揽一身的问题。太祖还嫌制约不够，他又创造性地设置了通判这一职位，以此对知州形成反牵制。本来知州（县）是地方州（县）的最高行政长官，拥有独立的地方行政权力，但是，通判设置之后权力格局发生了变化。通判是由中央政府派驻地方的官吏，一是辅佐地方政务，但又不是地方知州（县）的副手、属官；二是监察地方官员，直接向朝廷负责。朝廷规定"知府公事并须长吏、通判签议连书，方许行下"，也就是说，知州（县）的政令，如果没有通判副署同意，是一纸废文，不能生效；另外朝廷还要求通判"知州有不法者，得举奏之"，也就是赋予通判监察权，对发现的不法者有权提出弹劾。赵匡胤仍恐州郡长官专权，采取"三年一易"的办法，对州郡长官频频调动，轮岗交流，不管干好干坏，到点就得走人，不允许有例外。据说，当时青州北海军就发生过一起因官员调动而引发的群体性事件，事情的原委是北海军的知军杨光美是一个勤政廉洁，爱民务实，政绩突出的好官，深受百姓欢迎。三年任期满后被朝廷召回，当地百姓集体进京请愿，要求朝廷继续留任杨光美。照理说这是百姓对赵匡胤治下的官员的褒奖和肯定，也基本上是正面的诉求，算不得无理取闹。但是，赵匡胤就是不允许，下诏令百姓离去；百姓不肯，就严惩带头闹事者。

结果，把一件喜事活活变成了丧事。可见，赵匡胤在制度面前，没有任何法外开恩的事。

四、岗职分离重差遣

按照现代干部"定编、定岗、定责"的三定原则来看，宋朝的人事任用太混乱、太复杂，官员的个人政治身份很难与岗位和职责相对应上来。一个官员有官、职、差遣三种不同的身份，而且三者相互分立。"官"表示职位的品级高低，与等级奉禄待遇相挂钩，有如现在的省部级、司局级、县处级等；"职"是代表一种专业虚衔，有点类似于今天的职称，如教授、工程师、讲师等；"差遣"代表对官员实际工作的定岗定责，官员只有被差遣，才能承担相应的职务、行使相应的权力、履行相应的职责。打个比方，你是某省的省委常委、高级经济师，那么你的"官"就是常委，享受副省级待遇；高级经济师就是你的"职"，代表你的专业水平高低；只有上级党委给你分工，让你兼任组织部长，分管组织工作，你才有明确的岗位权限和职责，这就是相当于"差遣"。宋朝的官职设置比现在的复杂得多，简单来说，就是上至宰相，下到地方一般官员，头上戴的乌纱帽与屁股上坐的官椅往往都不相符，你所当的官不一定就是你管的事，只有皇帝差遣了你具体的工作岗位，你才能明了你真正所干的工作。如此烦琐的干部人事制度设计，彻底搞蒙了各级官员，也造成了官员人岗分离、人浮于事。更为奇葩的是，各地州县没有正式行政长官，州长都是临时的，称之为"知州事"或"判某州"，他们的本职官衔都挂在中央，州长只不过是暂时兼任或暂时代理的，随时都会被调走的。在此制度安排下，各级、各类、各地的官员们只有听命于皇帝的差遣，才能够真正执政理事，太祖不怕官员不干事，就怕官员生事。太祖赵匡胤的天才大脑都用在政治制度的玄机上。后世之人，除了搞专业研究的外，几乎看不懂一份宋朝官员的工作简历，服了吧，不服不行呀。

第四节　财经改革

赵匡胤的财政经济体制改革着眼点并不在发展经济，而在于如何控制地方诸侯、藩镇的经济命脉，上收财权与上收军权、政权是三位一体的，缺一不可。在中央与地方的经济利益博弈中，中晚唐以来，一些地方藩镇和州郡搞上有政策下有对策，常常编着故事，找着借口，耍着花样，玩着手段，想方设法截留应该上缴中央政府的财政收入，形成了财政上的"留使""留州"制度。到了五代时期，藩镇节度使更是直接把持赋税的征管权，征收人员是自己的，账目管理是自己，中央政府财权旁落，尽归节度使了，肥了藩镇，穷了朝廷。太祖不怕地方花钱享受，就怕花钱养兵对抗中央，心中早就想革除其弊。为此，赵普献策，制其钱谷。

乾德二年（公元964年），赵匡胤发布诏令，实施以"制其钱谷"为宗旨的财经体制改革，划定中央和地方的财权和利益分成的关系，规定地方政府能够留成的部分是其必要的工作经费，除此以外的全部财赋划归中央，并且要全部奉送到京，不得截留占用。也就是，中央对地方兜底保运转，保障日常工作经费，盈余全部上缴国库。另外，为强化中央财政监管权力，进一步明确和理顺中央财政管理体制和权限，把财权从宰相手里分化出来，由三司代表中央负责统筹各地贡赋和中央财政。

上收财权，利归中央。政策要求好提，但政策落地还是很难的，靠地方政府自动上缴是靠不住的，必须要有独立于地方、直属于中央的专门机构来承担"制其钱谷"的具体任务。赵匡胤采用"军转民"的办法，立国初期为推进统一大业，朝廷专门设立转运使司，承担军队物资筹措、运输任务，保障后勤供应。随着南方的平定，新的历史

北宋变革风云

任务就自然而然地落在转运使司身上来了，过去是军队的后勤部，现在转变为财政部门属下的运输部，专门负责把各州府剩余赋税收入全部运送至京城。后来朝廷扩大改革范围，将南方的经验推广到其他各路、各道（相当于省级行政区划）。转运使是京官，地方官员不得干预转运使职权范围内的事情。朝廷通过转运使司的设立，并赋予其独立的财税监管、运输及物资筹措的权力，收回了地方藩镇所控制的部分财权，有效控制了他们的经济命脉。赵匡胤权谋一流，从来不把事情做绝，大棒底下总不忘留点胡萝卜，这叫不把人逼到墙角。他通过转移支付给地方大藩一定的"公使钱"，既废除了"留使"制度，又适度弥补一点收权后的经济损失。

宋太祖不仅是一位战略家，更是一位出色的战术家。他在战略思想上实内虚外，但在具体问题上又善于根据具体情况区别对待。他在收回藩镇财权这个问题上没有搞"一刀切"，因为他要施行"先南后北"的统一战略，在统一南方之前要给北方诸侯一点甜头，对驻守在北、西边境的将帅予以优待，以免后院起火，四面树敌。他派自己信得过的大将驻守北部边疆，同时，明确给边境地区财政让利，免征贸易税，让边臣大吏有财力去招募精兵、谍者，强军习武。这些经济措施确保了西北地区十多年的平安，从而使朝廷能够集中力量平定南方诸国而无后顾之忧。

宋太祖在加强对地方诸侯财权控制的同时，对社会经济采取了比较开放的政策，如减轻徭役，赋税专收，兴修水利，发展生产，澄清吏治，劝奖农桑等。他在任内先后在广州、杭州、明州"置市舶司"（管理对外贸易机构），发展海上对外贸易。他注重兴修水利，下令疏通河道，重修运河，整治黄河水患，加强以开封为中心的汴河航运系统的建设，既促进商品流通，又提高了防洪能力。这一系列经济政策的推行，让长期以来饱受战乱创伤的百姓得以医治和休养生息，北宋王朝的经济出现繁荣的局面，史称"建隆之治"。

第五节　统一大业

据《宋史·赵普传》记载：太祖数微行过功臣家，普每退朝，不敢便衣冠。一日，大雪向夜，普意帝不出。久之，闻叩门声，普亟出，帝立风雪中，普惶惧迎拜。帝曰："已约晋王矣。"已而太宗至，设重裀地坐堂中，炽炭烧肉。普妻行酒，帝以嫂呼之。因与普计下太原。普曰："太原当西、北二面，太原既下，则我独当之，不如姑俟削平诸国，则弹丸黑子之地，将安逃乎？"帝笑曰："吾意正如此，特试卿尔。"这就是有名的太祖雪夜访普的故事。

那是太祖登基三年后的一个风雪夜，三年来他食不暇饱，寝不遑安，平定了后周残余势力的叛乱，"杯酒释兵权"，成功收回了禁军高级将领及地方藩镇的权利，新生政权得到了巩固。但是，乱世纷争的分裂割据局面并没有结束，四周外敌环伺，北面有辽国和辽扶植下的北汉，西有后蜀，南有南唐、吴越、南汉、南平（荆南）等割据政权。"卧床以外都是人家的地盘。"赵匡胤寝食不安，想起了周世宗柴荣的三个十年规划，其中，第一个十年就是要一统中华，革命远未成功。于是，风雪夜他带着弟弟来到了赵普的府上。君臣雪夜煮酒，纵论天下大势。赵匡胤率先抛出议题，说他要讨伐北汉，攻打太原。赵普则顺着当年柴荣制定的"先南后北"的思路，分析了当时的形势，南方经济相对发达，但各国军事力量相对较弱，北汉虽是小国但有实力强大的辽国的保护，打狗还是要先看一下主人的。于是，他建议不要先打北汉，而应先扫平南方。太祖哈哈大笑，其实，他心里想的也是这个计谋，毕竟，他也是柴荣的铁杆粉丝。就这样，君臣雪夜定策，确定了按照"先南后北""先易后难"的战略方针推进赵宋王朝的统一大业，是年为建隆三年（公元 962 年）。

为此，赵匡胤首先部署北部边境防守力量，以防腹背受敌；然后挥师南下，开始了统一战争。乾德元年（公元 963 年）正月，赵匡胤选择荆、湖为突破口，兵锋所指，势如破竹，三个月即荡平荆南和湖南。乾德二年（公元 964 年），赵匡胤又乘势向四川进攻，次年即灭后蜀。南唐、吴越见势不妙，主动表示臣服。但是，盘踞广东、广西一带的南汉政权却拒绝附宋，开宝三年（公元 970 年），赵匡胤发兵进攻南汉，第二年灭南汉。尽管南唐主李煜姿态很高，自动削去南唐国号，上表宋廷称臣，但赵匡胤还是不能容忍其政权的存在。开宝九年（公元 976 年），在宋军的强大攻势下，李煜出降，南唐覆灭。至此，"先南后北"战略中的"先南"部分完成了。赵匡胤开始把战略中心转移到解决"北方"问题上来。他心中念兹在兹的是北方，事实上在他南征期间，他已于开宝元年（公元 968 年）和开宝二年（公元 969 年）先后两次挥师北伐，攻打北汉，但都因辽国出兵参战，无功而返。这次，赵匡胤借着彻底荡平南方的威势，再度挥师北伐，以遂平生宏愿。可是，两个月后，也就是开宝九年（公元 976 年）冬，一代雄主赵匡胤突然撒手人寰，统一大业正曙光高照又戛然而止，身后留下的广漠北方成了王朝三百余年挥之不去的痛。

回望历史，有人感慨如果赵匡胤不那么急着搞杯酒释兵权，不那么急着重文抑武，那么统一大业也许就功德圆满了；如果赵匡胤在战略上不是"先南后北"，而是先集中优势力量解决北方问题，不给北方势力以喘气之机，那么统一大业也许会改写。历史无法假设，也没有假设的意义。赵匡胤一生行武，他抑武但不轻武，他懂得也重视军队，他所抑的只是手握兵权的将领，而不是士兵，更不是军队。在他看来，稳定政权是第一位的，统一从属于政权稳定居于第二位。如果我们能站在他的这个视点来审视他所进行的改革，就会深深感到一切都是历史发展的必然。

第六节　重文抑武

赵匡胤一介武夫，马背上夺天下，一经黄袍加身之后，思维逆转，防武如防贼，算是把抑武的功夫做到了极致。他曾与赵普论事，自言"朕与卿定祸乱以取天下，所创法度，子孙若能谨守，虽百世可也"。他所谓的法度核心就是重文抑武，而且重文是手段，抑武是目的。但是，他在留给子孙后代的政治遗产中只谈文不谈武，耐人寻味。这份遗产就体现在他所暗藏的石碑上，上云：柴氏子孙，有罪不得加刑，纵犯谋逆，止于狱内赐尽，不得市曹刑戮，亦不得连坐支属；不得杀士大夫及上书言事人；子孙有渝此誓者，天必殛之。就这么三条，第一条讲宽待柴氏子孙，是属于道德层面的，第三条是强调纪律的，只有第二条才是根本，为君者生杀黜免权对文不对武，这是一个重要的政治导向。后世治史者普遍认为赵宋王朝文治绵延三百余年，与这块神秘石碑所传导出来的立宪精神密切相关。

赵匡胤读书不多，文化底子也算不上深厚，但是，他看问题独到敏锐，其战略视野远非一般儒臣所及。也许他看到了五代十国"礼崩乐坏"的背后是文化的堕落，那些只有权力的私欲而没有家国胸怀的武夫们手里的枪杆子掌握得越多越危险，要管他们手里的枪就要管住他们的脑，用儒家文化来洗脑是一剂妙药，用文化洗掉那桀骜不驯的狼性。"抑武"要软硬兼施两手抓，"硬"就是直接收权，"软"就是文化收心。于是，赵匡胤一登基就礼敬儒学，扩修先圣祠庙，率群臣幸临国子监，拜谒孔庙，还亲自作文礼赞孔子。赵匡胤很善于从行为细

北宋变革风云

节中释放重大政治信号，某种程度上他也是作秀的高手。不要以为这只是礼节性的仪式而已，尽管历史上不少皇帝都拜谒过孔庙，但他此举非同寻常。新朝初立，百废待兴，而且武事不息，他急着参拜孔庙，就是要向外界传导一个重要信号，新的王朝要政治转型了，从武治转向文治。建隆三年他下诏对文宣王庙行使一品礼仪，还公开要求武将学习儒经，"今之武臣，亦当使其读经书，欲其知为治之道也。"此举的目的在于宣扬儒家的君臣之道和"崇文"的气象，而非一般性地鼓励武臣增进文化素养，或培植文人学子进入武将队列的意愿。经过这一系列的造势，以文抑武的思想解放工作已基本就绪了，出招的机会到了。

第一招，以文易武，文臣统御武事。赵匡胤在实施收回武将兵权的同时，大力推进文臣予以替代，从宰相、枢密院到地方州郡，领导层面的文人越来越多。以枢密院为例，这是掌管国家军事工作的最高领导机关，宋之前普遍都是由武将出任其最高首长，从赵普开始出任枢密使以后文臣就开始掌管兵权，武将逐步淡出领导层。

第二招，号召百官读书。赵匡胤初定天下，想要改元，让宰相定一个以前没有用过的年号，最终确定了用"乾德"。据说，乾德三年的某一日，赵匡胤无意间看到一宫女有一面铜镜，背面印着"乾德四年"几个字。这很让人诧异，难道铜镜会穿越？赵匡胤把宰相赵普等喊来看镜：现在才乾德三年，镜子竟然刻着"乾德四年"，怎么回事？宰相们无言以对。后来有两个翰林院学士（窦仪、陶谷）给出了答案，原来在西蜀有个后蜀国，曾经有一个亡国之君用过"乾德"这个年号，这面铜镜应该出自那个时期的西蜀。赵匡胤一听非常郁闷、窝火和尴尬。堂堂的大宋王朝竟然被宰相们取用了一个亡国之君的年号，简直是奇耻大辱。于是提出了"宰相必用读书人"，并号召百官读书，轰轰烈烈的官员读书活动由此拉开序幕。太祖带头学习，专门聘请饱学之士郭无为，到崇政殿给他讲授经书和史籍。后来把它固化下来成为一项帝王学习制度，后任皇帝都必须接受侍讲官的讲学，史称崇政殿说书。宰相赵普原本一名"官油子"，在皇帝的号召下也开始天天人前手不释卷，并博了一个"半部论语治天下"的雅号。太祖之后，赵宋王朝的宰执大臣基本上都是文臣了，王朝的文气鼎盛也是史上空前。

第三招，重视并改革科举制度。宋太祖为了尽快收拾五代十国"礼崩乐坏"的文化残局，收拾社会广大士人之心，同时也为了适应国家治理向文官制度的转型，他高度重视开科取士，不仅科举录取人数较以往扩大，而且对科举制度进行了一系列的改革。在他看来，文官"纵皆贪浊，亦未及武臣一人也"，也就是百个文臣贪腐也抵不上一个武将造反，所以国家治理还是交给文官队伍比较放心。"与士大夫共治天下"成为基本国策。

宋太祖所进行的改革有：一是废除"公荐"。唐朝的科举是考试与推荐相结合，考生为了能获得场外加分，争取到一个有分量的推荐，考前竞相奔走于达官贵人之门，投文送礼，而官员也乐意收养门生、门人。太祖用人喜欢五湖四海，不能容忍官员有自己的小圈子、小山头，他多次发诏不允许朝臣公荐考生，违者重置其罪。唐代以来的"公荐"制被废除了，官员不再有门生、门人了，凡贡举及第者都是"天子门生"。二是开启"殿试"，也就是天子亲自面考。科举考场向来是徇私舞弊的战场，开宝六年，落第进士徐士廉等就在京城上访，击鼓鸣冤，指控当时的主考官李昉徇私用情。这下撞到了太祖赵匡胤的枪口上了，他正要抓典型案例，于是亲自在讲武殿重新复试新科及第的进士。果然所录进士滥竽充数的多，其中有两个人"材质最陋，应对失次"，当场掉链子。宋太祖龙颜大怒，将主考官、翰林学士李昉降级处分，当时所录的11名进士有10人落选，而上访士人徐士廉经过皇帝亲自复试，被复活成为进士。皇上亲自廷试，开风气先河，民情振奋，大得天下寒士之心。从此以后，殿试便成为科举考试的常态。

三是创立"特奏名"。科考及第者"朝为田舍郎，暮登天子堂"，自然是春风得意马蹄疾；但落第者则黯然神伤，心中愤懑，难免一时冲动，铤而走险，剑走偏锋。唐末的黄巢，就是因为屡试不第最后走上起兵造反之路的，前车之鉴犹在。赵匡胤是很善于总结历史经验教训的，他要为落第者开天窗，给出路，存希望，不能让人绝望。为此，规定对那些长期参加科考已达到一定的举数和年龄的落第举人采取"直通车"，可以不经过解试和省试，由礼部核准上报，直接参加殿试，并对合格者赐出身或官衔，以安抚落第士人。太祖特意下诏说："朕务于取士，期在得人，岁命有司大开贡部，进者俾升上第，退者俟乎再来。"意思是说此举是国家广开取士门路，实施人才兴国战略，老而无成的举子不要灰心，一次科考失败了还有下一次成功的机会与希望。"特奏名"制度的设立，不仅意味着取士名额的扩招，而且又消除了某些不稳定因素，可谓一箭双雕。宋之前有唐朝的黄巢，宋之后有明朝的李自成、清朝的洪秀全，他们都是因科考久试不中而走上造反之路的，独宋一朝无此局面，"特奏制"功不可没。宋朝通过"特奏名"制度获取功名的士人约有五万人，几乎占整个科举及第人数的一半！宋人对此给予高度评价："故圣朝广开科举之门，俾人人皆有觊觎之心，不忍自弃于盗贼奸宄"。四是考试技术层面进行了一系列保障公平性的制度创设。如建立锁院制度、弥封制度、誊录制度等，也就是考前封闭主考官以防止他们向外界泄题，考后密封考生试卷上的个人信息，并重新誊录试卷，防止考生在试卷上书写标记、暗语等作弊现象。

第四招，文治精神法制化、制度化。太祖立国在位十七年，他充分汲取唐、五代弊政的历史教训，为防范诸侯割据、宦官干政、外戚专权等痼疾，制定出一整套针对武将、文臣、女后、外戚、宗室、宦官等六种人专权独裁的防控制度，形成了集中政权、兵权、财权、立法与司法权等于一体的"祖宗家法"。后世史家评价宋朝的善政，整肃宫闱，有女人听政但无乱政，没有女祸；抑止宦官，没有阉祸；睦好懿亲，没有宗室祸；防闲戚里，没有外戚祸；罢典禁兵，没有强藩祸。历朝历代以来，包括伟大的汉朝、唐朝，都没有解决好这五祸，但是赵匡胤开创的宋帝国做到了。

在社会层面上大力倡导儒学，推行仁道，大办教育，提高文人的政治地位，不杀大臣与言事官，与士大夫共治天下，构建了一系列的文治制度。这些治国治家的基本制度后经太祖之弟太宗皇帝的传承和深化，全面完成了具有宪法地位的"祖宗家法"理论体系，其内容大致包括事亲之法、事长之法、治内之法、待外戚之法、尚俭之法、勤身之法、尚礼之法、宽仁之法等，其核心要义是"崇文抑武"，基本原则是"事为之防，曲为之制"，基本手段是"分权与制衡"。

赵匡胤一代雄主，文治武功。《宋史》是这样评价的："昔者尧舜以禅代，汤武王、以征伐，皆南面而有天下。四圣人者往，世道升降，否泰推移。当斯民涂炭之秋，皇天眷求民主，亦惟责其济斯世而已。使其必得四圣人之才，而后以其行事界之，则生民奔驰之期，殆无日也。五季乱极，宋太祖起介胄之中，践九五之位，原其得国，视晋、汉、周亦岂甚相绝哉？及其发号施令，名藩大将，俯首听命，四方列国，次第削平，此非人力所易致也。建隆以来，释藩镇兵权，绳赃吏重法，以塞浊乱之源。州郡司牧，下至令录、幕职，躬自引对。务农兴学，慎罚薄敛，与世休息，迄于丕平。治定功成，制礼作乐。在位十有七年之间，而三百余载之基，传之子孙，世有典则。遂使三代而降，考论声明文物之治，道德仁义之风，宋于汉、唐，盖无让焉。乌呼，创业垂统之君，规模若是，亦可谓远也已矣！"应该说，这个评价是中肯的。赵匡胤一生最伟大的功业就两件大事，一是创立了赵宋王朝，二是创制了祖宗家法，前者是打江山，后者是守江山。

第三章 庆历新政

列宁有句名言：优点的过分延伸便变成了缺点。任何一项制度不管当时有多大合理性，如果长期将它固化并不断予以强化，那么它内生的制度缺陷就会随着时间的推移而累积膨胀，最终量变催生质变，旧制度就会走向时代的反面，新的改革也就在所难免了。"庆历新政"就是大宋王朝在祖宗家法体制下运行了八十余年后，由第四位皇帝仁宗皇帝所推动的一场不大不小的改革。如果说赵匡胤是对前朝的革命的话，那么庆历新政则是王朝内部第一次自我革新，革自己的命总是艰难的。

第一节 山雨满楼

一场失败的战争对于一个习惯于温水煮青蛙的王朝来说是一次很好的综合性的体检，对于失败者来说又往往是引爆思想解放的突破点。清朝末年的甲午海战是如此，而一千多年前北宋仁宗朝西夏脱宋建国所发生的战争也是如此。仁宗王朝的惨败震惊了朝野，一股反思的潮流在朝廷上下弥漫开来。

事情的原委是这样的。

仁宗景祐五年（公元1038年），宋朝的藩属党项政权首领李元昊感觉翅膀硬了，脱宋自立称帝，建立西夏国，并于次年将独立脱宋的外交文告送达宋政府，要求宋廷承认这一事实。偏隅一方的弹丸藩属之地，也竟敢藐视天朝，独立称帝，这颜面何在，必须兴师讨伐，以儆效尤。仁宗二话没说就下诏对叛逆李元昊削职夺爵，兴师捉拿。可是，李元昊压根就不把皇帝的诏书放在眼里，心想我修书要你承认独立你不承认，敬酒不吃吃罚酒，那就用拳头让你承认。公元1040年三月，亲自率兵进犯北宋边境，在三川口（今陕西延安西北）与宋朝守军展开激战，结果宋军大败，大将刘平、石元孙被俘。消息传至京师，朝野震惊。仁宗咽不下这口气，迅速调整前线领导班子，任命夏竦为陕西经略、安抚使，韩琦、范仲淹为副使，加强备战，抗击叛军。西夏李元昊哪把宋军当回事，于第二年（公元1041年）二月，再次率领十万大军大举南下攻宋，在好水川一带与宋军展开厮杀，战斗很惨烈，结果宋军有十六名将领阵亡，折兵万余，再遭惨败。仁宗闻知后震怒，贬韩琦、范仲淹。西夏李元昊心想，老子两战两胜，还没把你这个仁宗狗皇帝打到谈判桌上来，那就接着打。庆历二年（公元1042年）闰九月，西夏再度出兵攻宋，在定川寨（今宁夏固原西北部）会战，结果宋军有十六名将领战死，丧师近万余人。定川寨之战，宋军第三次大败。宋夏之战牵动了北方另一强敌契丹的贪婪而敏感的神经，为了各自国家的利益博弈，于是上演了宋、夏、辽之间新版的"三国演义"。西夏虽然在局部战场上连连取胜，但毕竟地小国势弱，于是主动向辽投桃送李，争取支持以对抗宋；澶渊之盟后一直相安无事的辽也趁机向宋敲诈勒索，摆出一副"聚兵幽燕，声言南下"的态势；而仁宗王朝历经三战三败，也从之前的信心满满跌落到自信不足，对付一个弱小的西夏都搞不定，再加一个辽国就更加力不从心，因此，也只能是识时务者为俊杰。仁宗派遣富弼出使辽国，最终以岁增银十万两、绢十万匹为代价才得以摆平。辽国的问题解决了，便开始面对现实，同西夏走上谈判桌了。庆历四年（公元1044年），双方达成协议（史称"庆历和议"）。其主要约定有：西夏放弃独立，向宋称臣并取消帝号，李元昊接受宋的封号，称夏国主；宋朝每年赐给西夏银五万两，绢十三万匹，茶两万斤；另外，每年还要在各种节日赐给西夏银二万二千两，绢二万三千匹，茶一万斤。

战争给仁宗朝上了一课。当时宋朝国土面积二百八十万平方公里，人口数量过亿（1.1亿多人），总兵力一百二十六万人；而西夏国土面积七十七万平方公里，人口约三百万人，军队约五十万人。无论是军力还是经济实力，两者都不在一个层面，但表面强大的宋王朝却被一个边陲小国打得三战三败，最后还得赔款讲和，真是颜面扫地。兵多何以战无力？将广何以战无能？范仲淹当时就说："纲纪制度，日削月侵，官壅于下，民困于外，敌人骄盛，寇盗横炽，不可不更张以救之。"不少朝臣也指出朝政的弊端在"三冗三费"，反思先从军事开始并弥漫于全局。

首先，"冗兵"问题。宋初实行守内虚外策略，奉行"养兵"之策，形成了日益庞大的军事体系。第一，废除府兵制，改为招募。过去兵、农合一，国家养兵费用不高。现在改招职业军人，除正常招募适龄、健壮青年入伍以外，还有大量照顾性招兵，如军中子弟顶替父兄从军的，社会上的无业游民、地痞流氓、负罪亡命者，以及灾荒之年的饥民等，这些社会上不稳定的因素都尽数招入军中，花钱买稳定。第二，募兵不复员，终身在营伍。自二十岁以上至衰老者，真正为军队服务的有效时间至多不过二十年，其后至死就基本上是躺在国家身上养老，无用而仰食。孙洙谓："谓之兵而不知战，给漕挽、服工役、缮河防、供寝庙、养国马，乃至疲老而坐食者，皆兵也。"第三，实行"更戍法"，兵将分离。为防武将专权，兵将"三年一易"，使得兵将不相习，将多文气而不精武，兵士虽多但不精，削弱了军队的战斗力。此三者中，前两点使得兵员数量裂变膨胀，后两点又使得兵力素质直线下降。太祖打天下时兵力不过二十万人，至仁宗时，总兵力已达一百二十六万人，国家财政百分之七八十用来养兵，兵员和军费翻了好几番，但天下还守得艰难无比。

其次，"冗吏"问题。宋朝冗官泛滥、弊端丛生，为历朝所不及。其原因大致有三：其一，官僚机构重叠，官职混乱。宋朝采取分化事权、以官牵官、层层设防的措施，实施官、职、差遣相分离的制度，一官三人共之。其二，恩荫泛滥。朝廷每遇大礼，就在官僚体系之内泛发官帽，皇亲国戚、臣僚之家争相奏荐，也不问个才德贤愚，也不限个指标个数，都予官予禄。好政策当然要用好用足，权贵们子弟举荐完了，就荐孙子、亲属、姻亲甚至门客，官僚链条不断扩展，近亲繁殖，恶性膨胀。至于皇族宗室，政策就更优厚宽松，过去孩子要到了七岁之后才可授官，现在孩子还没断奶，官帽就送来了。朝廷如此恩荫，导致官员队伍大量超编，坐食禄米的权势子弟塞满"仕路"，"大约三员守一缺，略计万余人"。仁宗时官僚队伍两倍于真宗，而真宗时又十数倍于宋初。官员人多还不说，工资待遇还很高，一个宰相、枢密使这样的国家级领导一年的俸禄收入约相当于两万四千亩土地的收入，这意味着国家财政收入中有很大一部分要用来养官。其三，科举取士越来越多。为推动文官政治建设，科举大量扩招，而且一经录取，即被授官。有学者做过统计，太祖朝赵匡胤执政十七年共取士四百五十五人，平均一年二十六人；到仁宗朝时，从天圣元年（公元1023）到庆历二年（公元1042），不到二十年的时间里已取士八千二百三十五人，平均每年四百三十三人，是太祖朝的十七倍。正如蔡襄所说："今世用人，大率以文词进"。从大臣、近侍到知州郡，从一些专业性很强的钱谷之司、转运使等到边防大帅，无不由文士充斥，庞大的士人阶层极大地造成了官僚队伍的膨胀。

最后，"冗费"问题。"冗费"是"冗官"和"冗兵"的衍生产品。庞大的军队数量和官员队伍带来了财政开支的急剧增加，加之战争对外赔款，以及统治者大兴土木修建寺观，道场法事仍频，开支无度，使得政府财政状况更加拮据，赤字膨胀，"冗费"严重。三"冗"紧密地联系在一起，最终形成北宋积贫积弱的局面。

"三冗"是经济问题，也是政治问题，朝廷要转嫁矛盾就只得加重百姓负担，造成民不聊生，最后官逼民反，危及政权稳定。在如此局面之下，农民起义风起云涌，兵卒暴动此起彼伏。仅庆历年间，就有京东路沂州（今山东临沂）、光化军（今湖北老河口市北）等地兵卒暴动哗变，商州（今陕西商县）农民千余人起义，内忧外困，版图震荡。是该改弦更张、变法图强了，一个声音在仁宗心中呼唤。

第二节　对策求变

乾兴元年（公元1022年），真宗驾崩，年仅十二岁的仁宗即位，成为宋王朝的第四位皇帝，刘太后临朝听政。十一年后，也就是明道二年（公元1033年），太后去世，仁宗亲政。仁宗对过去刘太后把控朝政不满，想通过政治上的革新，而有所作为。宰相吕夷简是个"官油子"，他猜到了年轻皇帝的心思，于是便向皇上提出八条规劝，即正朝纲、塞邪径、禁货贿、辨佞壬、绝女谒、疏近习、罢力役、节冗费。应该说，吕夷简的八条规劝切中了时弊，仁宗心里是接受的。吕夷简精于权术，是个做官第一、做事第二的政治人物，他向皇上所提的那些建议不过是他在皇上面前应景的锦绣文章，并不是心怀江山社稷的政治抱负。所以，当宫廷内斗对他有所不利的时候，他便把这些改革建议抛到了脑后，一门心思搞权力斗争去了。具有讽刺意味的是，后来朝廷真要推行改革（与他当年的改革建议基本一致），他常常是打压改革，只要位子坐稳了，一切都不愿意变，成为改革的阻力。

播下去的种子迟早还是要发芽的。宋夏战争的失利，使得仁宗对变革有了更加迫切的需求。庆历年间，新任谏官蔡襄抨击宰相吕夷简，指出国家积弱、西北军事失败、朝政涣散，吕要负担全部责任。在群臣的责难声里，年迈体衰的吕夷简终于上书，自求罢相。庆历三年四月，吕夷简罢相，改革的最大阻力得以清除。其实，在此前后，宋仁宗已悄然开始了人事调整，为改革铺路。他把宋夏战争中的主战派，也是反思时局的急先锋，具有强烈改革意识的范仲淹、富弼、韩琦一班人调到中央，出任宰执，主持改革。同时，又擢拔支持改革的欧阳修、蔡襄、王素、余靖同为谏官。宋仁宗责成他们尽快拿出改革方案来，更张朝政，推动改革，以期达到"兴致太平"。

数月来，范仲淹、韩琦、富弼等人连上了不少奏疏，谈论国政，但大多是行政性的事务，大到西线军务，小到盐茶税务，无一涉及改革的总体方案。仁宗皇帝着急了。他想起了太祖赵匡胤皇帝，谋大事要善于从细节入手，说教不如策划特定的活动，以达到无声胜有声的效果。庆历三年九月初三，仁宗帝学着太祖的工作方法，策划了一个载入史册的活动，以倒逼改革。这一天，他下诏所有在京的宰臣以及御史以上级别的官员一起瞻仰天章阁，并召开紧急军政大会。宋朝每一代皇帝去世后，都会设置一处馆阁来陈列供奉先皇画像、文告、诏令、遗墨、御集等，天章阁则是存放宋真宗朝相关圣迹的，有着神圣的意义。仁宗带着群臣参观瞻仰诸位先帝的御容和圣迹，缅怀他们创业的丰功伟绩。此举非同寻常，等于是要致力于复兴王朝的集体宣誓和思想解放的总动员。仪式之后，他开始开会了。一番动员之后，他给每位在座的官员发放纸笔，现场写出各自心中的改革方案，是命题作文。写完后大家互评，不必拘泥于官品等级，畅所欲言。他还给宰相级的官员赐座。从宋太祖朝开始宰相是不能与皇帝平坐论道的，仁宗此举动，看是天恩，实则是把压力传导到大臣上来。群臣们顿感压力巨大，诚惶诚恐，不敢就座，仓皇告退，回去认真写作业去了。

会后，宰相章得象、晏殊以及枢密使、三司使、御史、谏官、翰林学士等军政大臣都向皇上交来作业，献上各自的新政之策。在数十份奏议中，范仲淹的对策最系统、最深刻、最有操作性，当然文采也最好，仁宗大加赞赏，被确定为改革的行动指南和总体方案。

范仲淹首先痛陈时弊，引经据典论证改革的必要性。他开宗明义提出："臣闻历代之政，久皆有弊。弊而不救，祸乱必生。何哉？纲纪浸隳。制度日削，恩赏不节，赋敛无度，人情惨怨，天祸暴起。惟尧舜能通其变，使民不倦。《易》曰：'穷则变，变则通，通则久。'此言天下之理有所穷塞，则思变通之道。既能变通，则成长久之业。我国家革五代之乱，富有四海，垂八十年，纲纪制度，日削月侵，官壅于下，民困于外，夷狄骄盛，寇盗横炽，不可不更张以救之。然则欲正其末，必端其本；欲清其流，必澄其源。臣敢约前代帝王之道，求今朝祖宗之烈，采其可行者条奏。愿陛下顺天下之心，力行此事，庶几法制有立，纲纪再振，则宗社灵长，天下蒙福。"

范仲淹不愧是文章大家，一开始就把"为什么要变"的问题谈透了，"变"意味着改祖宗法度，这不容易。"久皆有弊"是普遍规律，那么当下有何弊？他指出有四弊：官僚壅塞，百姓贫困，外敌骄盛，内乱猖獗。只有求变才能通而久，尧舜明君也是因变而通的。接着，他提出了"如何变"的十项举措。

一曰明黜陟。"今文资三年一迁，武职五年一迁，谓之磨勘。不限内外，不问劳逸，贤不肖并进，此岂尧舜黜陟幽明之意耶！"文官三年一迁，武官五年一迁，也不问个德能勤绩廉，这样的干部人事制度怎么能调动积极性？他特请皇上要加强绩效考核，对政绩突出、德才兼备的可以破格提拔，对混日子的庸官不能到期就转迁，要加大处罚。

二曰抑侥幸。"臣闻先王赏延于世，诸侯有世子袭国，公卿以德而任，有袭爵者，《春秋》讥之。及汉之公卿，有封爵而殁，立一子为后者，未闻余子皆有爵命。其次宠待大臣，赐一子官者有之，未闻每岁有自荐其子弟者。"远古明君以德任官，耻于袭爵。从汉朝开始，皇上封荫大臣也不过一臣一子而已。可是，当下的宋朝不限子弟数量，每年都有当官的为其子弟向上求官，恩荫泛滥，致使官家子弟充塞铨曹，与孤寒争路。为此，他建议严格恩荫制，对各级官员的任子特权分别提出了具体的限制条件，防止权贵子弟亲属垄断官位。

三曰精贡举。他对照《周礼》，特别指出当朝的教育问题：朝廷科考专以辞赋取进士，以墨义取诸科，而地方各级学校都是围着科考指挥棒转，缺乏可传治国治人之道的老师，因此，国家虽然士人济济盈庭，但都是舍大方而趋小道，真正有才有识、善于治国理政者很少。为此，他建议地方各路州郡大办学校，广揽通经有道之士来担当教授；科举考试要改革，取士之科，进士先策论而后诗赋，诸科墨义之外，更通经旨。

北宋变革风云

四曰择官长。"臣闻先王建侯，以共理天下。今之刺史、县令，即古之诸侯。一方舒惨，百姓休戚，实系其人。"历代盛明君主都重视地方长官，可当下对于地方官员，不问贤愚，不问能力，只问资历，这是十分有害的。为此，他提出慎选地方长官，由中央政府慎选各路、州的长官，由各路、州长官慎选各县的长官，层层把关，分级负责，把那些心怀社稷、爱惜百姓的好官员逐级选拔到地方上去，为陛下分忧，为百姓谋利。

五曰均公田。养贤之方，必先厚禄。厚禄然后可以责其廉节，督其善政。为此，建议朝廷对外官职田，有不均者均之，有未给者给之，确保官员的合法利益，使其安于地方为官理政，服务百姓。

六曰厚农桑。"德惟善政，政在养民。"他主张梳理古代有关农桑知识的典籍制度，编成册子，以加强对地方官员的业务培训学习，增强为政养民的本领。

七曰修武备。"今西北强梗，边备未足，京师卫兵多远戍，或有仓卒，辇毂无备，此大可忧也。"士兵长期远戍边陲，如若京师有急，回防又不及且边防空虚，而招募新兵又多为社会游手好闲者，不管用不说，还增加国家财政负担。为此，范仲淹主张恢复府兵制，建议在京城附近地区招募强壮男丁，充作京畿卫士，他们平时务农，闲时训练，寓兵于农，节省给养之费。

八曰减徭役。范仲淹主张适当合并户口稀少的县邑，裁减官府的奢侈耗费，以均赋税，宽徭役，减轻人民负担。

九曰覃恩信。"今大赦每降，天下欢呼。"但朝廷所承诺的宽赋敛，减摇役，存恤孤贫，振举滞淹之事，都没有真正施行，使天子圣恩虚悬，百姓没有得到实惠，反失民心。范仲淹要求取信于民，朝廷出台的惠民政策及优抚措施必须全面、及时、不打折扣地执行，主管部门要履职尽责，对有违者要依法从重处置。朝廷要加强对政策落地的督导、巡视工作，向地方各路各州派遣巡视组，巡察地方上是否有阻隔皇恩的行政行为，监察要严。

十曰重命令。"慎乃出令，令出惟行。"现在朝廷出台诏令文书轻率而为，烦而无信，上失其威，下受其弊。为此，范仲淹首先建议朝廷出台政策法规、文件条令要有严肃性、严谨性，要先行充分认证，广泛听取意见，"删去繁冗"，审定成熟后再颁行天下。然后，有令必行，有禁必止，政策法规一经颁行，就必须严格遵守，不能政策多变，也不能玩上有政策下有对策，严肃朝廷的命令，违者必究。

范仲淹天章阁对策所提出十项改革措施，以吏治整顿为中心，涵盖政治、经济、军事、法制各个方面。其中，澄清吏治的措施有五项，包括明黜陟、抑侥幸、精贡举、择官长、均公田；发展经济的有两项，包括厚农桑、减徭役，强军的有修武备一项；厉行法治的有覃恩信、重命令两项。欧阳修等人也纷纷上疏言事，向皇上进言，大意是说：当今君臣上下同心协力，是难得的政治局面，范仲淹等推行改革一定会触犯一部分人的利益，引起小人们的怨恨，陛下您应当全力支持、充分信任，拒绝听信谗言，让改革者放开手脚来干。欧阳修预见到了改革的阻力，所以为即将拉开的改革提前向皇上打了预防针，要了保护伞。

第三节　风雨新政

庆历三年九月，以天章阁对策范仲淹呈献仁宗《答手诏条陈十事》为标志，一场以仁宗为主导，以范仲淹、富弼、韩琦、欧阳修等为操盘手的庆历新政拉开序幕了。仁宗发布了一系列改革诏令，序次推进范仲淹的十大新政措施。

地方官吏的品德贤愚与否关乎一方百姓的休戚，范仲淹要求把那些身体不好、品德不好、能力不好的不合格官员一律罢免。庆历三年（公元 1043 年）十月，朝廷任命张温之为河北都转运按察使、王素为淮南都转运按察使、沈邈为京东转运按察使、施昌言为河东都转运按察使，按察本路州县长吏，专门奉命搜集各州县地方官的过失，相当于今天的中央派出巡视组对地方进行专项巡视。这样，十条中的第四条（择长官）首先见之于行动。范仲淹个性耿直，见不得庸官靠走后门上位，眼睛里容不得沙。景祐三年（公元 1036）年，他就把京官晋升情况绘成一份《百官图》，讥讽宰相吕夷简不能选贤。范仲淹意气风发，把各路巡视组汇总上来的名单，亲自审查，见有不合格者，抑或也有不顺眼者，就大笔一挥毫不留情地圈去，被圈掉的名单一大排。富弼觉得有点过，苛刻到了不近人情的地步，于是就提醒他"你大笔一勾容易，可你知不知道那被勾去的笔后是一家子人的哭？"范仲淹理直气壮地回了一句堪称经典的话：一家哭总比不上一路人哭吧！

十月二十八日，仁宗下诏，施行磨勘新法，明黜陟也就见之于行动。新法规定：除有特殊功德和政绩的，不得破格升迁任命官员，有问题被罢免的，不许转官带职。京官任职三年，无犯罪记录且有五位清望官员保荐的，才可获准晋升，否则就要延迟等待。候选的官员要参加考试，并有京官三人保举才可以补官。没有才干、贪赃枉法、年老体衰、胆小怕事的官员须革除不用。

十一月十九日，朝廷按照"荫亲""荫贵"的原则对恩荫制度作出新规定，以抑制"旁及疏从"，荫补过泛。如皇帝生日不再荫补；官员长子以外的子孙需年满十五，弟侄需年满二十，才有荫补资格；官阶较低官员只能荫子或孙一人，减少了名额；荫补子弟必须通过礼部考试才能入仕为官，其补授官阶的高低视受恩赏官员的政治地位的高低而定，等等。

庆历四年（公元 1044 年）三月十三日，朝廷颁布贡举新法，下诏兴学，以"精贡举"为主要内容的教育改革全面推开。范仲淹、宋祁、欧阳修等八人向皇上合奏："教不本于学校，士不察于乡里，则不能核名实；有司束于声病，学者专于记诵，则不足尽人材"①。也就是说，教育游离于学校之外，士子考察不问乡里的情况，科举考试只注重辞赋、记诵，考不出品德，考不出才能。他们的奏议是一项旨在把科举与学校教育结合起来以选拔培养合格人才的教育改革的宣言书。庆历兴学包括如下举措。第一，号召州县立学。选好宿学之士来充任老师；规定学时，参加应举士子必须在学校习业三百日以上，是全日制的，不是走读的，如此才允许参加考试；参加州县考试的士子要考察品德，并有人为此予以担保。第二，振兴太学。在"教"的环节上坚持德才标准，选用拥护新政的名师学者石介、孙复等主持太学讲席；在"学"的环节上扩招生源，允许八品至庶人子弟入学，生源名额从七十名增至四百名，进入前所未有的发展期。第三，改革科举考试。调整考试内容，突出时事政务，强化策论，弱化诗赋，取消贴经墨义（贴经即以纸贴盖经文，让考生背诵；墨义即背诵经文的注疏）。庆历兴学激发了地方办学的热潮。据欧阳修《吉州学记》记载：庆历兴学诏下之日，"吏民感悦，奔走，执事者以后为羞"。可见，官府和百姓都拍手称快，以兴学为荣，落后为耻。官府出资给力，社会贤达捐资赞助，百姓出工出力，多方合力共建，各地争先恐后，办学热情空前高涨。范仲淹等人力图将学校教学、科举取士和经世致用三者统一起来，形成一个以学校为载体、科举为手段、社会需求为归依的教育体制，这是自科举制度创设以来，第一次针对学校教育片面附庸于科举而不注重社会功能的状况所进行的改革尝试，其目标虽因后来改革的中断而未能达

---

① 《续资治通鉴》，中华书局 1957 年版。

到，但对历史发展产生了深远影响。

庆历三年十一月，朝廷下诏"限职田"（"均公田"）。地方官的职田制的定额数量、等级标准等还是在真宗朝时制定的，历经四十多年的运行，产生了多寡不均、苦乐悬殊的情况，挫伤了地方下层官员的积极性。这次改革主要是适度降低各级地方官的职田标准，缓解多寡不均的矛盾；对标准线以下不足的部分要限时补足数额，政策向基层倾斜，确保地方官员，特别是基层官员待遇有保障，乐于在地方、在基层干事创业。对此，朝廷还派员检查督办，力促地方州郡抓好落实，调动地方官员的积极性。

经济方面的改革共有两条：其一，兴修水利以"厚农桑"。具体做法是在每年秋收以后，朝廷行文诸路转运使，督导州县结合自身特点开展农田水利基本建设，修河、开渠、筑堤等，夯实农业基础。其二，省并县邑以"减徭役"。精简机构，调整区划，把那些管辖地域小、人口不多的县进行撤并，减轻政府行政成本和百姓负担。庆历四年五月，撤销河南府（今河南洛阳）的五个县，降格为镇而并于邻县，每减少一县可以减少役户二百余户。

关于"覃恩信、重命令"不过是强调诏敕政令信用，注重落实，言必信，行必果，法必依，违必究，谈不上制度层面的改革。

加强军备的措施仅一条。范仲淹建议恢复唐代府兵制，但这条措施未及实际施行。

自古以来，给人奶酪的事好办，动人奶酪的事不好办。庆历新政动的可不是一般人的奶酪，而是动了当权者的奶酪，事情当然更难办了。因此，动奶酪者与护奶酪者之间的斗争就如影随形，暗流汹涌，不可调和。总体而言，在斗争策略上，力主动奶酪的改革派赤膊上阵，行事刚烈，方法简单，缺乏权谋；而全力护奶酪的保守派则是"道高一尺，魔高一丈"，他们不正面跟你谈动奶酪的"事"，而是声东击西、围魏救赵地谈"人",从人事下手,步步为营地对新政组织者与支持者进行打击,消灭你的有生力量,直至把你打倒。于是,一方面是新政诏书频发,另一方面围绕范仲淹等改革派成员的人事斗争纷繁上演,构成了庆历新政的一道独特的风景。

与范仲淹的庆历新政同时上演的还有一出大戏,那就是震动朝野的滕宗谅事件。滕宗谅何许人也,凡上过中学的人都记得范仲淹在《岳阳楼记》的开篇中说道:"庆历四年春,滕子京谪守巴陵郡……"文中的那个滕子京就是滕宗谅。他与范仲淹同年考中进士,在当时,称为"同年"。滕宗谅作风泼辣,做事果断,又勤政廉洁,在地方上政绩也不错,就是不注意小节。在范仲淹的举荐下,滕宗谅调任到西北前线任地方官"知庆州",其时范仲淹正是西北前线军事负责人。他们一起在西北共事四年多,彼此惺惺相惜,知根知底,心中都只有大宋江山。偏偏在范仲淹改革伊始,有人揭发滕宗谅先前在泾州任职时,严重侵吞、挪用公款,请求朝廷调查。监察御史梁坚坚持即刻罢免滕宗谅,并将其下狱审查。仁宗觉得负责纪检的人员有些小题大做,但还是派人调查此事。一宗普通的而且有点"子虚乌有"的贪腐案,把当时朝廷御史台(王拱辰、梁坚)、两府(范仲淹、富弼)、谏院(欧阳修)三股力量都绞进来了,范仲淹等在仁宗面前为滕宗谅倾力辩护,而王拱辰、梁坚等则是誓死要严查深挖,双方斗争十分激烈。处于斗争旋涡中的滕宗谅此时很不冷静,一方面他觉得自己在前线为朝廷卖命,对大宋忠心耿耿,还受此冤屈,心中愤懑;另一方面他又怕连累正在朝中主持改革大业的范仲淹等好友,一气之下把相关记录文件及账本给烧毁了,这下就把本来没什么原则问题的案情烧成了说不清道不明的糊涂账了。负责监察的御史中丞王拱辰更是抓住不放,以辞职相要挟,而且真的不来上班了。最终,仁宗在这场府台之争中倒向了反对派,于庆历四年正月,将滕宗谅降职处罚,先是知虢州,随后又改知偏远的岳州（不过，这一改成就了千古美文《岳阳楼记》，当然这是闲话），滕宗谅案算是落幕了。改革刚刚进行了三个月范仲淹就被无端地吃了一闷棍，中伤不浅。你范仲淹不是要整顿吏治，大刀阔斧搞什么人事制度改革吗，怎么对别人就是鞭子严抽，也不管什么"一家哭""两家哭"的，而对自己人就搞"双重标准""党同伐异"，你还有什么资格来领导改革。反对派虽然没有明说，但这顶无形的帽子算是扣实了。

斗争还只是刚刚拉开序幕，改革不停，折腾不息。新政实施后，恩荫减少、磨勘严密，希图侥幸的人深感不便，于是变着法子把脏水往范仲淹等改革派身上泼，毁谤新政的言论此起彼伏，"朋党"的帽子满天飞。庆历四年（公元1044年）四月，广西宣州地区发生少数民族叛乱，这事本来跟改革派八竿子打不着的，可事情硬是被谣言扯上去了。问题就出在庸碌无为的知州冯伸己，他是前朝宰相冯拯之子，是太子党、官二代。朝中流言莫名四起，说此前按察使已经到该地检查，罢黜了一些不该罢黜的官员，对庸碌无为的知州却不敢动，由此延伸至范仲淹也是一个欺软怕硬的假改革者。同月，前任枢密使夏竦向仁宗奏报，说朝中有了第二个权力中心，即以枢密使杜衍、参知政事范仲淹、枢密副使富弼、谏官欧阳修为首的朋党。他们掌握着军政及监督调查权，如此一来，范仲淹一党可以随意捏造理由罢黜官员，任命自己的人马，一旦有变还可以调动军队，天下危也。这一下触到了仁宗的痛处，祖宗家法的精髓就是"事为之防，曲为之制"，防范一切可能，他对朋党之论开始半信半疑了。晏殊禀奏，中书省中已经积压了数百份弹劾范仲淹结党的奏折，御史中丞王拱辰处也接到不少官员的举报。舆论对改革派很不利，范仲淹在仁宗面前提出朋党分"小人之党、君子之党"的理论来予以反击。尤其是欧阳修情绪激动，把一身的才华抖搂出来，激情澎湃挥毫写就了千古奇文《朋党论》，为改革清理杂音，提供理论支持。文学上的好文章在政治斗争中有时会是败笔。这篇《朋党论》帮了改革者的倒忙，如果说先前仁宗皇帝还是在内心怀疑，那么这篇文章在朝臣中所引起的争议则证实了他的判断，改革派结党是实，势力不小。这触犯了人主的忌讳，改革在悄然转向。

在改革斗争激烈的关键时刻，仁宗下诏委派欧阳修为钦差大臣，前往河东地区，协同河东转运使，解决西线战区粮饷供应困难的问题。这个时候把改革急先锋调离出京，意味深长。

被贬外地的夏竦早就闻到了京城异样的政治气味。此人精于权术，才高德薄，出于对改革派当年扳倒他的怨恨，他用阴险卑鄙的手段制造了一起改变新政方向与进程的"莫须有"栽赃事件。他有一小妾，书法超群，临摹别人足以乱真。在改革的关键时期，书生意气的石介曾写信给富弼，勉励他们坚持改革，"行伊周之事"。这年六月，夏竦指使小妾仿照石介的笔迹，把"伊周"改成"伊霍"。"伊周"是上古时期的两位贤臣良相，即商朝的伊尹和西周的周公旦；"伊霍"指的是伊尹与西汉的霍光，二人都高居相位，也都干过废立天子之事，故合称为"伊霍"。这一字之改，"行伊周之事"便成了"行伊霍之事"，意思全变，把学习先贤、激励改革的"阳谋"，变成了私结朋党、鼓捣废帝、另立新君的"阴谋"。为进一步坐实罪名，他还特地让小妾伪造了石介为富弼起草的废立诏书，然后散布消息，把谣言传到仁宗耳朵里。"帝虽不信，而仲淹、弼始恐惧，不敢自安于朝。"时边事再起，年过五十六的范仲淹也不再像年轻时意气用事，沧桑老成的他感觉到了仁宗对改革派的失信，主动请求出京处置西线军务，仁宗批准了他的请求，任命为陕西、河东宣抚使，仍保有参知政事的头衔。八月，富弼亦以枢密副使离京，出为河北宣抚使。至此，改革主将们已纷纷离京，只剩相对中庸的韩琦还在京城。九月，仁宗有意把陈执中从外地召入朝中担任参知政事，新政派的谏官蔡襄和孙甫上奏说他处事武断，不学无术，不是当宰相的料。仁宗根本不听，执意调任，这是一个政治信号。于是，蔡襄和孙甫便知趣地自求外放，仁宗二话没说就同意了。至此，台谏官清一色都是反对派，改革失去了政治喉舌。

这一年可谓是改革的多事之秋，年底又发生了苏舜钦"秋赛"事件。按常例，京师官署每年春秋都举行赛神会，也就是一个同僚聚餐联欢会，诗酒唱和，欢娱同乐。这年的秋赛宴会轮到监进奏院苏舜钦做东，进奏院是皇帝的机要文书处，废纸废品多，他把它们变卖以后，个人又凑了一点钱，便发起了这个赛神会，邀请王洙、刁约、王益柔、江休复、梅尧臣、宋敏求等十来人参加，偏巧他们都是范仲淹引荐的一时才俊，是属于改革派的。那时的文人官吏，诗酒不分，还清高狂妄，政治智慧有时很低级。就在他们推杯把盏、酒酣耳热之际，王益柔即席赋了一首《傲歌》，其中吟到"三江斟来成小瓯，四海无过一满壶"，牛皮也吹得太大了。这倒无关紧要，关键是最后两句"醉卧北极遣帝扶，周公孔子驱为奴"，这狂妄到了没有底线。御史中丞王拱辰得知这事，高兴得不得了，感觉对改革派最后一击的机会来了。王拱辰何许人也，欧阳修的连襟，心中忌恨老欧在文章、官职上面都压着他，暗积私怨，凡是你欧阳修支持的他就反对，没什么理由。当年弹劾滕子京就是他干的，就因为欧阳修支持范仲淹。现在又是天赐良机。好呀，你们这帮腐儒，公款吃吃喝喝也就算了，还不懂政治规矩，不讲政治纪律，自己撒酒疯还要皇帝来扶你，你算老几，有没有君臣之礼，周公、孔子那是什么人呀，是比皇帝还要高出许多的第一圣人，他们来当你的奴仆，这还了得！扣你们一个"现行反革命的帽子"是一点儿也不冤的。于是，王拱辰果断出手，串通监察御史刘元瑜等极力弹劾苏舜钦和王益柔，状告苏、王他们诽谤至圣，犯有大不敬之罪，必须处以极刑。王拱辰等如此死磕，仁宗也不敢马虎，派宦官逮捕了全部与会者，令开封府严加审讯。幸亏韩琦从中巧妙周旋，案子才从轻了结，苏舜钦永不叙用，其他人受降官处分。不过，经此一案，改革力量基本上消失殆尽，王拱辰曾自鸣得意地说，是他把改革势力一网打尽的。

十一月，仁宗颁诏强调"至治之世，不为朋党"，不点名地批评有人"阴招贿赂，阳托荐贤"。明眼人一看就知道其中的政治意味，范仲淹连忙上表自请免职，次年正月，也就是一过完年，仁宗就准奏，免去了他的参知政事，出知邠州。改革派的另一主将富弼也同时罢政，出知郓州。苏舜钦的老丈人宰相杜衍被指责"颇彰朋比之风"，是新政朋党的总后台，随后没多久也被罢相。韩琦上书仁宗为富弼求情，结果三个月后也被罢职。至此，改革派被悉数赶出了朝廷。在此前后，新政所推行的改革措施几乎全部废罢。

第四节　新政落幕

从庆历三年九月天章阁对策范仲淹提出改革方略起，到庆历五年正月范仲淹被罢参知政事止，庆历新政风风雨雨走过一年零四个月就匆匆落幕了。何以如此，新政留给后世一个大大的问号。

第一，最高领导对改革的战略定位和实施意志直接决定着改革的高度和长度。后世有学者批评仁宗对庆历新政"锐之于始而不究其终"，其实这只言其表而未达其里，根本就没有摸透帝王心。仁宗当初锐意改革于"公"是出于应付当时国家所面临的财政和军事的困难局面，实现强国强军梦；于"私"是想借助改革来展示自己亲政的新时代已经到来，一泄刘太后垂帘听政十余年的积愤。仁宗性格柔和，处事求稳，凡是动摇到祖宗家法之根本的事情都是不稳定的因素，改革不能触碰这个底线。庆历新政初期，仁宗出于对范仲淹等改革派人品与名望的信任，面对一些负面舆情和指控，尚能容忍。但随着改革的展开，特别是整顿吏治、调整人事等直接关乎官员切身利益的改革大刀阔斧地进行，引起整个官僚集团骚动不安，朝野上下关于"朋党"的声音不绝于耳，这不能不让仁宗心生疑忌。宋太祖靠军事政变得天下，对臣子的防范远大于对外敌的担忧，一方面采取分权制衡的办法削弱大臣的权力，不允许大臣之间过从甚密，更不要说私结朋党，以防止出现"君弱臣强"的局面；另一方面又大肆封荫，收买臣心，花钱买稳定。宋太宗也说："国家若无外忧，必有内患。外忧不过边事，皆可预防，惟奸邪无状，若为内患，深可惧也。帝主用心，常须谨此。"王安石在其后的改革中大胆提出过"祖宗不足法"，但作为太宗的贤孙，宋仁宗却是十足"畏祖畏法"的。所以，当改革进入深水区，明黜陟、抑侥幸等举措引起群臣反弹，朋党争议又喧嚣尘上，仁宗开始感觉到改革已触碰到了祖宗关于防臣的软硬两手的规制了。加之，到庆历四五年间，宋夏和议已成定局，外部军事压力出现转机，改革动力减弱。于是，本来就没想"真玩"的仁宗皇帝试了一把水以后就迅速上岸，宣布终止改革。

第二，改革路径选择失误，改革缺乏获得感。钱穆先生总结说："仲淹的意见，大致是欲求对外，先整理内部。欲求强兵，先务富民。而欲行富民之政，则先从澄清吏治下手。"理论上似乎逻辑严密，但操作落地社会基础支撑不足。新政的核心要义就是整顿吏治，从抓作风建设开始。十大措施之中的明黜陟、抑侥幸、精贡举、择官长、均公田等，有一大半是关乎作风建设的，而且在政策福利上尽是做"减法"，打击面过大。当时的北宋已经是暮气深沉的官僚气象，真要裁汰冗官、庸官，大概百分之九十五以上都得丢官，那就几乎是"家家哭"了；而即便是模范干部、称职官员，也会削减其薪俸。另外，科举录取名额减招，虽然是对过去扩招的纠偏，但毕竟断了一部分士人的前程。也就是说，整个士大夫阶层在改革中获得感不是增加了，而是锐减了。再一个就是操作策略的失误。从整顿吏治下手，无疑是啃硬骨头，在社会改革资源准备不足的情况下，应该采取先易后难、先经后政的策略，而不是反其道而行之。先搞经济改革，厚农桑、减徭役，优先发展农业生产，减轻百姓负担，让老百姓有获得感；再大力发展教育等民生事业，积累社会舆论资源；最后，再集中火力推动政治体制改革，如此才有成功的希望。南宋人叶适就感慨地说："惟明黜陟、抑侥幸，最为庸人重害而仲淹先行之"，他觉得范仲淹等人的改革路径倒置，应该先易后难，"若仲淹先国家之常行，后庸人之重害，庶几谗间不大作而基本亦可立矣"。

第三，改革派公然不避朋党之嫌，授人以柄。本来为了共同的改革事业，朝臣之间相互联络沟通，相互支持策应，选人用人时相互举荐，应该属于比较正常的工作业务。范仲淹等改革主将自以为胸怀坦荡，道德君子，低估了皇帝对朝臣结党的防范心理，政治上比较幼稚。他们基于儒家君子与小人的思想观念，简单对立、非此即彼地看待改革中的人和事，不懂得团结一切可以团结的力量的重要性，没有统战思维。其实，在现实生活中，结党的未必是小人，言利或谋利的也未必不是君子。在改革思想发动不充分的情况下，简单地用君子与小人的意识形态来划线，就很容易扩大打击面，增加改革阻力。构建于君子与小人价值观之上的朋党帽子，是一把"双刃剑"，你可以用它来打击政敌，但政敌也可以用来反击你，而且杀伤力更强。范仲淹在主持改革大计之前，在朝廷、在地方、在军界、在政界，为人忠君耿直，做事敢说敢干，常常指责别人结党营私，眼睛里容不得半点沙子。景祐三年（公元 1036 年），血气方刚的范仲淹曾上书直斥宰相吕夷简任人唯亲，结果被吕反戈一击，倒打一把，指责他"越职言事""离间君臣"及其所引荐之人皆朋党也。范仲淹被贬出京，余靖、尹洙、欧阳修等为其鸣不平也遭贬逐。蔡襄这个文疯子不信邪，竟然洋洋洒洒地作了一首《四贤一不肖》的长诗，把被贬四人赞之为君子，把不肯作为的谏官高若讷斥之为不肖。文章写得越好，有时政治影响越坏。诗在社会上广为流传，无形中挑起了朝堂旷日持久的"朋党之争"。庆历三年，范仲淹入京主持改革，把此前被贬逐的所谓"范党"，包括蔡襄诗作中的"四贤"，一一入京回朝，拉进改革队伍，韩琦、富弼先直接进入执政团队，欧阳修、余靖、蔡襄等人并为谏官，宰相杜衍、晏殊也基本是新政的同盟者。与此同时，新政的反对者吕夷简、夏竦则分别被罢免宰相、枢密使之职。朝堂上下，对于改革派来说，形势似乎一片大好。文人玩政治真的不长记性。此时，一个比蔡襄还要疯狂的狂士已经忘乎所以了，跟蔡襄一样如法炮制，也才情奔放地作了一首《庆历圣德颂》，其中有"众贤之进，如茅斯拔；大奸之去，如距斯脱"之句，此人就是石介。这文章等于登了一则政治广告，不证自明地承认范党的存在，所谓"众贤"就是没有明说的"范党"。反对派抓住辫子说范党拉山头，搞宗派。范仲淹对此十分恼火，但火已烧起，又能怎样呢。坏事的不仅是石介，欧阳修也来凑热闹，好心办坏事。欧阳修深知自古帝王皆忌讳"朋党"，当看到朝堂上"党争"烈火越烧越旺，且风不停地向新政方向吹时，心中着急，希望从理论上对朋党概念重新定义，并予以逻辑认证和梳理，以解帝惑，以正视听。欧阳修不愧是唐宋八大家，北宋文坛领袖，大笔一挥，千古雄文《朋党论》就出来了，并且旗帜鲜明地提出，朋党自古有之，只不过有君子之党，有小人之党。他激动地呈之于皇帝，仁宗在朝堂上组织群臣学习讨论，结果一片赞叹之声。最深莫过帝王心，其实，越是一边倒仁宗越感到不寒而栗，他隐约觉得有一股势力在做大。退朝后，仁宗试探性地问范仲淹："自昔小人多为朋党，亦有君子之党乎？"老范头不假思索地回答说，他在西北带兵打仗时，主战派自结为党，怯战派也自结为党；

朝廷之上也一样，有邪正之党之分。这证实了欧阳修的理论观点，但也无异于间接承认了反对者的指责，以范仲淹为首的小团体、小圈子是存在的。所以，范仲淹及其同道，被贴上"朋党"的标签，并非空穴来风。消除朋党之争本来就是仁宗心中首要的政治问题，既然没有人会承认自己是小人，更不会承认自己是小人之党，那就只有把不避结党之嫌的君子之党逐出朝廷。

第四，改革的思想动员不够，配套措施不到位。改革派对改革的艰巨性、复杂性认识不足，准备不充分，人才又欠缺。新政改革措施涵盖十几个方面，呼呼啦啦不把功夫，就颁行全国，有的改革诏书还在路上，政策还没落地，问题还没总结分析，新的改革诏书又来了，全没有计划性、整体性、步骤性，如此改革自然很难一环扣一环地达其初衷。另外，政策执行没有配套措施。整肃官僚，澄清吏治方向是对的，但对罢黜官员往往一罢了之，没有后续的安置和治病救人的措施，扩大了打击面。同时，所任用的推行新政者，往往务虚的多，空谈的多，实际能力不行，作风飘浮，干不成事。

总而言之，赵宋王朝历经八十余年的承平运转，到宋仁宗朝时国家已积贫积弱，革新图治呼之欲出。改革的核心要义是整顿吏治，抓作风建设。但由于新政触犯了官僚统治阶级的既得利益，加之新政在策略和实施措施上也有许多失误，强大的反对派利用"朋党"之争，多方反击，最终把改革派打垮，也把新政送进了历史的坟墓。庆历新政历时一年多，几乎是一场还没有来得及开花就旋即枯萎的改革，但它为一个更加伟大的改革时代开启了一扇天窗，并由此而载入史册。

第四章 熙丰变法

"上帝在一个地方关了一扇门，往往会在另一个地方开一扇窗。"这话如果调换一下门与窗的位置，套用在北宋是切合的。仁宗匆匆关闭了庆历新政的变革小窗，神宗却站在他的肩膀上开启了一扇更大的变革大门，并由此开创了一个变法的伟大时代，在中国两千多年的封建历史时期，孤峰耸立，傲视千秋。

第一节　时代主角

　　赵宋王朝的皇帝大多是惯于守成，求稳怕乱，个性都比较柔和，但宋神宗似乎是个例外。他从小就有大抱负，且做事坚决果断，这种性格特质一定程度上决定了王朝的走势。他原名赵顼，是英宗皇帝的长子，于仁宗朝庆历八年（公元 1048 年）出生。公元 1063 年仁宗驾崩，其父宋英宗即位，次年他被封为光国公，两年后被立为太子，公元 1067 年英宗病逝，二十岁的他顺利登基，成为北宋的第六位皇帝，他就是宋神宗。

　　赵顼天资聪颖，自幼好学。据《宋史》记载，他"天性好学，请问至日晏忘食"。他经常向老师问个不停，一学就学至深夜，以致父皇英宗派内侍来劝他别学得太累。皇子读书，特别是储君学习，要求很严，主要是儒家经典，孔孟之道，为君之要。但他读书涉猎广泛，从不画地为牢，除了学好必修课外，各种书都看，尤其爱看《韩非子》，对法家"富国强兵"之术颇感兴趣。他不是那种关在象牙塔里读死书的人，关心当下是他的学习风格。在仁宗晚年的时候，王安石针对当时弊政，上书了《上仁宗皇帝言事书》（俗称"万言书"），仁宗皇帝性格温稳，经历庆历新政之后更加不愿折腾，把王安石的万言书没当回事，束之高阁。赵顼当太子的时候，有一天读到了王安石的"万言书"，顿时心潮澎湃，王安石的理财治国思想让他击节赞赏，如遇知音。

　　赵顼胸怀强国梦。真宗、仁宗、英宗三朝外患不绝，北部辽国、西夏等时不时地骚扰王朝，堂堂帝国还得向他们年年缴纳岁币，国格尽丧。他十几岁时，曾披甲去见祖母曹后，群臣们在议论仁宗时期辽国对西北紧张的局面煽风点火，趁火打劫，兴端讹诈，小小的他一听

北宋变革风云

就激愤落泪，要披甲去杀敌。他从小就怀有恢复旧疆的强烈愿望，继位后，即向当年仁宗朝时曾长期主持国家军务且又是改革主将的元老重臣富弼征询致国盛强之道，试图有一番作为。但富弼要他二十年不谈兵。此刻，少年天子闻弼语，为之默然，内心空前的孤寂。

神宗还是一位工作狂，勤政勤俭。据史料记载，他不事奢华，从不游猎饮宴；他不爱铺张浪费，没有搞过营造宫殿之类的面子工程，节省的每一个铜板都用在强军上；他只搞工作，从不沉迷后宫，忙起来经常加班加点，废寝忘食。他年轻气盛，不想做一个守成之君，"思除历世之弊，务振非常之功""奋然将雪数世之耻"是他的政治定位。为此，他励精图治，强力改革变法，一心富国强兵。即位初期，他看到宋王朝所面临的危机，十分焦虑，曾对文彦博说："天下弊事至多，不可不革"。又说："当今理财最为急务。养兵备边，府库不可不丰，大臣共宜留意节用。"可文彦博暮气沉沉，认为新皇登基宜静不宜动，一切按祖宗家法行事即可。他问计于刚刚提拔重用的副相吴奎，得到的是八个字："顺应天命，合乎人心"。这等于没说。他寄希望过当时朝中名望如日中天的重臣司马光，他们君臣之间进行过一次长谈，谈得也很愉快。司马光给出的建言：修身要"仁、明、武"，治国要"官人、信赏、必罚"。也就是说，皇帝自我修身很重要，要有仁爱之心，要明辨是非忠奸，要决断果敢；在治国上主要就是用好人，做到赏罚分明就可以了，不必费心具体庶务。司马光还说，这六点为君宝典是他毕生的心血，仁宗帝在位时他是这样说的，英宗继位时也是这样说的，如今在陛下面前还是这样说。迂腐的司马大儒总是"道统"高度很高，"政术"维度很低，说的都对，就是无处落地，根本不解决当下的问题。司马光还有一个著名的财富定律，就像物理学上有个能量守恒定律一样，他认为天下的财富是守恒的，就那么多，国家手里的财富多了，百姓手里的财富就少了，国家与民争利不合儒道。在他看来，一个仁君不能开口闭口就言"利",不能唯生产力论;而少年天子心中着急的头等大事是财政危机,是经济发展,两者相去太远。司马大儒是好人、是君子,但神宗对他是失望的。年轻的神宗还请教过韩琦等元老大臣,但不知怎的,当年意气风发的改革战将,如今都变了一个人似的,暮气横秋,老是建议皇上韬光养晦,慎言改革,慎言兵事。

大历史中的第一个主角就这样孤独地登上了属于他的时代。他独上高楼,放眼望去,满朝文武大臣没有一个知音。也许在大臣们眼里,新皇还比较幼稚,政治上不成熟,只不过是年轻人的一时热血冲动而已;但在年轻的神宗心里,不改革就是等死,守摊子守不出帝国中兴的梦想来。何人可堪托此大任?遍寻朝中诸臣,他失望了。此刻,远在千里之外的人物走进了他的视野,走进了他的内心。对,就是那个曾经向仁宗帝上"万言书"的王安石。真是"众里寻他千百度,那人却在灯火阑珊处"。如果相信历史的宿命的话,王安石就是上天对神宗的眷顾,他的旷世才华先天地只属于神宗,属于神宗帝所开创的那个时代。大历史中的第二个主角就这样在帝望所归中登上了同样属于他的大时代。

王安石,字介甫,号半山,封荆公,江西临川人,生于宋真宗天禧五年(公元1021年)。他天生就是一块读书的料,从小聪慧,别的小孩都爱玩,可他只爱读书,手不释卷,还又博闻强记,生成就一学霸。父亲大概是一位地方官,因工作原因经常走南闯北。十岁那年,第一次离开家乡,跟随父亲宦游各地,开始接触书本之外的世界,目睹了底层人民的疾苦,书斋里的"盛世"解释不了眼下积贫积弱的现实。儒心炽热的他带着年轻人的感性冲动,立志要"矫世变俗",振衰兴邦。

才情天纵的王安石,出道很早,还很顺。十六岁那年他就随父来到文化中心的首都汴京,结识了比他大两岁的同乡好友曾巩。曾巩向当时的文坛领袖欧阳修推荐其文，欧阳修慧眼识珠，大加赞赏。唐宋八大家，北宋占六家，江西独占三家，三个最杰出的江西才俊、文章大家第一次聚首京城，彼此惺惺相惜，他们照亮了北宋文化的天空。尤其是王安石，文章立论高深奇丽，奇崛削拔，欧阳修盛赞"翰林风月三千首，吏部文章两百年"。

宋仁宗庆历二年（公元1042年），王安石二十一岁，以第四名的优异成绩进士及第。他本来被主考官选定为第一名，只因其中有一句"孺子其朋"，仁宗不喜欢，犯了王朝之忌讳，遂把第一名与第四名换了个位置。其实，"孺子其朋"言出《尚书》，是周公教育周武王，意思是说：你这年轻小伙，今后要和群臣像朋友一样相处。当时仁宗三十岁，也很年轻，王安石的本意是希望仁宗帝广纳贤才，谁知引起皇上的反感。大天才总会是有故事的，就像后来的苏东坡，本来也是第一名，却被鬼使神差地判为第二名。在科举考试结束后，新科进士们集体拜会文坛前辈枢密使晏殊。晏殊特别厚待王安石，他看出了王安石才高八斗却傲气逼人，规谏皇上固然勇气可嘉，但要注意方式方法。临别时他特意送王安石八个字：能容于物，物也能容。意思是提醒年轻的王安石，只有心中能容纳他人，他人才会容纳你。多少年以后，当王安石变法失败，带着遍体鳞伤退居江宁的时候，回想起晏殊的话，心中无限感慨，原来姜还是老的辣。

进士及第不久，王安石就离开京城，前往扬州，以秘书郎签书淮南节度判官厅公事。顶头上司是大名鼎鼎的韩琦，在其手下当差倒也轻松，当时的地方官吏都比较庸散，大抵像千年之后的政府部门"一杯茶水一支烟，一张报纸看半天"的状况，混满任期就转岗。王安石很另类，别人在混日子，他却拼命暗自学习，经常看书到深夜，而且不修边幅。有一天，他由于晚上学得太晚，早上起来衣履不整，倦态十足就去上班，顶头上司韩琦误认为他晚上出去花天酒地，狠狠批评了他一顿。三年任满后，王安石回京述职，他沿路关注着百姓的生活状况，相当于沿途调研考察。那一年，黄河两岸大旱，百姓流离失所，他心中忧郁，写下了极富杜甫遗风的诗歌《河北民》：

> 河北民，生近二边长苦辛。
> 家家养子学耕织，输与官家事夷狄。
> 今年大旱千里赤，州县仍催给河役。
> 老小相依来就南，南人丰年自无食。
> 悲愁天地白日昏，路旁过者无颜色。
> 汝生不及贞观中，斗粟数钱无兵戎！

王安石终其一生，心中永远只装着两样东西，一是书，二是江山社稷与百姓。

回到京城以后，曾巩、欧阳修等推荐王安石到馆阁工作，相当于在国家图书档案馆做编辑、校对工作。那可是个京官，在宋朝朝廷重京官，轻地方，很多新进的进士都趋之若鹜，可是王安石却拒绝了。别人削尖脑袋往京城里调，他倒好放着美差不要非往地方跑。他不喜欢浮在京城浪虚名，要求到地方去增加历练，趁年轻多务点实。与他同时代的士大夫相比，别人是被贬以后才到地方上去，而他是奔着为百姓做事而去的，这就是王安石的历史高度！公元1047年，王安石调为鄞县知县。不到二十七岁的王县长，一到任就跑遍了全县的乡镇，察民情，了解百姓生产生活状况，以及山川水利、风土人情等情况，研究治县施政措施。水利是农业的命脉，王安石了解到鄞县虽地处沿海，但常年干旱严重，大水来得快也泄得快，没有灌溉的储水地方。他施政的第一板斧就是"兴水利"，实施水利疏浚灌溉工程。他把老百姓组织起来，疏浚沟渠，修筑堤堰，整治陂塘，农田水利基本设施得到了明显改善。他的第二板斧就"办教育"，补齐教育短板。王县长早在千年前就懂得"再穷也不能穷教育"的道理。当时的鄞县，连一个可以担当老师的人才都没有。他拨善款、修校舍、请名师，从各乡选人入学，形成了官学、书院、蒙学三个教学系统，鄞县教育得到空前发展。他的第三板斧就是"严保伍"，筑强地方安保防线。他按照兵农相结合的原则把乡民有序地组织起来，实行联保，建立群防群治的地方治安组织，保障百姓安居乐业，这应该算是后来"保甲法"的初稿。他的第四板斧就是"放青苗"，破解农业生产发展的制度缺陷。他调查发现有很多的自耕农在青黄不接的季节，经常被迫向地方豪绅、大户人家借高利贷，不惜把养命的田产拿去抵押，而官府对此袖手旁观，不仅不管，还苛捐杂税照样催逼，为了活过那最后一口气，不得不忍受盘剥，成为豪绅大户们兼并的"盘中菜"。王安石年轻时那颗"矫世变俗"的情怀让他面对此状难以释怀，多少任领导都走过路过，视而不见，他本可以不管，但是他不能容忍豪绅大户为富不仁，趁火打劫，恶意兼并，他必须改变此状，以救斯民于水火。为此，他创造性地提出"贷谷与民，立息以偿，俾新陈相易"的政策，也就是用政府的手替代豪绅大户的手，政府主动作为，根据农民自身的需要和意愿，把官仓中的存粮贷给农民，也可以直接贷钱，让农民有资力开展生产自救，到秋收时用新粮归还官府，同时加收二分利息，这比高利贷低多了。这一招既抑制了豪绅大户的恶意兼并，又增加了政府收入，还盘活了存粮。此外，王安石还调整了原来按户等轮流充当县衙差役的制度，改由百姓不必强制性出劳力，可以选择按户等的相应标准出"免役钱"，县府再根据所收缴的"免役钱"到市场上雇聘专人来充当衙役，这就是后来的"免役法"。再者，他还设置专职部门，主抓平抑物价，打击商业投机的工作；调查土地状况，整顿田赋，打击豪绅大户偷漏赋税，这些措施为后来的"市易法""方田均税法"提供了初始的雏形。王安石在鄞县期间的这些探索，有着较强的政策原创意义，取得了巨大的成功，在社会上引起广泛的反响。事实上已成为日后"熙宁变法"的先行试验田。时至今日，宁波人还在感慨：王安石治鄞千日，影响千年。

皇祐三年（公元 1051 年），王安石以殿中丞通判舒州（今安徽潜山）。也许是因为通判是处于副手地位的原因，他在此工作期间原创性的新措施不多，但非常勤政，经常深入基层，大搞调查研究，访民情，解民苦；察吏风，整庸吏，把在鄞县的经验做法在舒州进行部分推广，深得社会和百姓的好评。在整个宋朝官吏腐败，吏风不正的情况下，王安石乐意基层，勤政爱民，治绩斐然，已属另例。文彦博、陈执中、欧阳修、曾巩等先后向朝廷举荐王安石人才难得。朝廷要调任他为集贤校理，他四度婉拒，不喜欢待在京城里混，就在地方干点实事，这就是先天反骨气质十足的王安石。特别有意思的是，那些推荐他的人后来都成了他的政敌，他们推荐他的时候是发自内心的，反对他的时候也是内心使然，那个时代就是那样至今都让人琢磨不透，又那样让人亲切神往。王安石三年秩满之后，按规定必须交流，四次婉拒之后也只在舒州多待了大半年，在欧阳修的举荐下，他还是回到京城被任命为群牧判官。这是一个肥缺，很多官员都争着要去，可王安石并不贪恋此位，不久便出任常州知州，又回到地方工作去了。王安石到常州后，通过调查研究发现，常州地区的运河治理工作已刻不容缓，这成为他的施政首要问题。大运河在江南自镇江至杭州长八百里，是该地区最重要的南北航道和经济命脉，但是，江南运河在常州一带长期河道淤塞，阻碍通航。王安石到任后不久，就开始从所辖各县调集民工，着手疏浚常州境内运河。然而他没有想到，属下官员基本上都持反对态度。原因主要有二：一是没钱，二是老百姓本来就贫穷而且负担重，不能广征劳役再添负担。王安石不管这一套，让老百姓在农闲

北宋变革风云

时节搞水利建设没什么不可以的。工程上马后，常州下属诸县不给力，官吏出工不出力，暗中阻隔，工程进展拖拖拉拉，十分缓慢。恰在此时秋雨绵绵，下个不停，各县的官吏、督工者都纷纷托病离岗，民工们更是叫苦不迭。王安石面对"天灾人祸"，无计可施，只好宣布项目下马，工程停工。对于他的这一失败，反对者又作为讥议之话柄。老天爷似乎有意用一场大雨来提示王安石，属下的思想不统一，即便是好事也未必就办出好结果，今后搞改革要长点记性。嘉祐三年（公元1058年）二月，王安石调离常州，任提点江南东路刑狱。年底又被调回京，任三司度支判官，负责财政经济方面的工作。就在这一年，王安石把他在地方多年的从政感悟和在京理财的状况，进行了系统的梳理，并结合国家面临的政治、经济形势，全面提出了变法主张，利用工作述职的机会，向皇帝递呈《上仁宗皇帝言事书》。在此次上疏中，王安石一一指出国家在经济、社会、军事等领域的困境和弊端，提出形成积弱积贫局面的根源在于为政者不懂得法度，解决的根本途径在于遵循古圣先贤之道，改革当前不适应的法规制度，而改革的关键是人才缺乏，科举取士不适应经世致用人才的培养，国家对人才要教之、养之、取之、任之，综合施策。应该说，王安石的"万言书"文采极好，分析论证非常透彻，对国家宏观大势的研判和对策建议也很到位，其思想水平已然站在当时赵宋王朝的最高峰，无出其右。但是，刚从庆历新政阴影走出的仁宗不愿再折腾，置王安石的变法主张于不理，对"万言书"一字未表态，对王安石本人也没批评他妄议朝廷，更没有什么降职等组织处理，好像一切都没发生过似的。仁宗皇帝的内心至今都让后世史家们猜摸不透。

投书石沉大海，对王安石精神状态和激情多少还是有影响的。此后，他便在京城做着优哉游哉的京官了。嘉祐八年（公元1063年），王安石母亲病逝，遂辞官回江宁守丧。当年，宋英宗继位，朝廷屡次征召赴京任职，王安石还是一副老犟脾气，编着什么要服母丧、身体有病等理由，就是不肯入朝。不知是在等一个说法，还是觉得未逢其主，我一片赤诚，呕心沥血写那么大的文章，你不理不睬，我还不稀罕你那个闲官呢，我老王是讲原则的。

治平四年（公元 1067 年），宋神宗即位。冥冥之中他要等的那个人终于出场了。两位大时代的主角从彼此不同的方向，走向了属于他们的伟大时代，改革是他们共同的时代使命。

第二节　知音君臣

庆历新政昙花一现，匆匆收场，当时其所欲解决的政治、经济、军事等领域的矛盾和问题不仅没有解决，而且历经三十余年的积累和发展，矛盾更加复杂，问题更加突出，国家积贫积弱的局面更加严峻。

庆历新政失败之后，封荫依旧，冗官泛滥，较之五十年前，在京官员数量翻了一倍，州郡县官员更是"三倍其多"。到英宗治平年间财政赤字达到百分之十以上，入不敷出。其中八成以上费用又花在养兵上。英宗朝曾掌管三司使的蔡襄说："臣约一岁总计天下之人，不过缗钱六千余万，而养兵之费约及五千，是天下六分之物，五分养兵，一分给郊庙之奉国家之费。国何得不穷，民何得不困？"另外，土地兼并加剧，占全国总户数百分之六七的大地主阶级却占有百分之七十左右的土地，民不聊生。神宗接手的是一个内外交困的烂摊子。按宋朝惯例，新皇登基都要赏赐百官，神宗下诏赏赐从简，标准减半，不搞铺张浪费。就连亲爹老子英宗的丧事也要节减操办，裁减冗费。这事引起一些大臣的不满，这不是钱的问题，是态度问题，特别是对待先帝不能克扣简办。神宗是孝子，先帝一生受苦不少，内心深有孝敬之意，但他身为皇帝，必须从自我做起，带头节约理财，勤俭治国，没办法唯有如此。在当时的朝臣看来，这是少年天子意气用事，不按套路出牌。可是又有谁从中解读到少年天子变革的信息？

偌大个国家，仅靠节流是不够的，必须广开财源，才能振衰起疲。可是，谁人可担此重任？

神宗的老师兼首席智囊韩维经常推荐王安石有王佐之才，而神宗在读到他《上仁宗皇帝言事书》后也似乎神交久远，俨然就是担当改革的"应梦贤臣"。神宗试探问过一些朝中重臣，曾多次征求富弼、韩琦、吴奎和曾公亮等人的意见，这些人中，除曾公亮"力荐"之外，其余都态度鲜明地反对王安石入相。曾公亮与韩琦同为宰相，但韩琦很强势，曾公亮常处于弱势，他反感韩琦跋扈，想借机引入王安石以制衡韩琦，故而力荐。韩琦认为"安石为翰林学士则有余，处辅弼之地则不可"；吴奎则直接告诉神宗，说自己与王安石在群牧司同事，安石其人刚愎自用，处事迂阔，圣上用他必乱纲纪。宋神宗二十出头，就像一个恋爱中的少女一样，先天叛逆，你越说不行，我越用，情人眼里出西施，怎么着，就这么定了。

其时，君臣之间尚未见过面。王安石为家母守孝刚满，正闲居江宁。神宗正月登位，三月就任命王安石知江宁府，由以前的地市级官员提拔进入省部级，为其出山铺道。神宗像得了相思病似的，如此心仪的人物不在身边总不是个事，不到半年就任命王安石为翰林学士，要求立即进京复命。王安石写了一道谢表，申明自己不够格，其实是想试探神宗是真改革还是假改革。神宗为展示诚意，把王安石的弟弟、儿子都提拔当官了，那可是求贤若渴，真情动人。贤臣遇明主，王安石也按捺不住内心的激动，表态说：当今圣上，英明神武，虚怀若谷，就决定把我的一生奉献给朝廷、奉献给当今圣上。熙宁元年四月，王安石进京就任。神宗几乎是王安石的粉丝了，他顾不得君臣礼节，顾不得朝廷的祖宗规矩，也顾不得客人是否车马劳顿、安顿妥当，于第二天就破格诏见。那一年，君臣两人一个二十出头，一个年近五十，在人间四月天的京城，高山流水，忘年相交，志同道合，惺惺相惜，演绎了君臣千古知音的佳话。

君臣相见，嘘寒问暖，一见倾心。

神宗迫不及待地问：治理天下最关键的是什么啊？

王安石斩钉截铁地答：择术为先。王安石没有谈战略问题，只谈策略和路径的问题。大方向还是皇上您定，您不是要搞经济改革吗，既然目标彼此心照不宣，那就要注重操盘的方法和路径了，可不能犯庆历新政时范仲淹的错误，他抓作风建设理论正确，却阻力大，落不了地。

神宗感觉到王安石的回答靠谱，不像司马光那样整出个"六要"秘诀，只谈原则没方法。于是，接着问：您觉得唐太宗怎么样？

王安石意识到皇上在试探其政治定位问题，唐太宗是千古明君，治绩没得说，但他还不是圣主，在改革创新方面建树并不突出。于是，他答道："陛下当法尧、舜，何以太宗为哉？尧、舜之道，至简而不烦，至要而不迂，至易而不难。但末世学者不能通知，以为高不可及尔。"

自古以来，尧、舜在帝王和百姓心中都是高不可攀的仁君，无人可及。但王安石这么一说还有几分在理，而且心里还暖暖的。于是神宗自谦地说："卿可谓责难于君，朕自视眇躬，恐无以副卿此意。可悉意辅朕，庶同济此道。"神宗少年老成，老道得很。他心想你把我抬得这么高，于是顺势把球踢给了王安石，既如此，那爱卿可要鼎力辅佐，同济此道。

至此，君臣问对，神宗是很满意的。他开始要抛底牌了，看看王安石对改革到底怎么看，又有什么良策，这个底必须要探，但又不宜直说，于是，神宗便问："祖宗守天下，能百年无大变，粗致太平。以

北宋变革风云

何道也？"也就是说，自从太祖太宗一统天下以来，百年没有大变，还基本太平，是何原因？

王安石倒吸了一口冷气，圣上太厉害了，这完全是正话反说，深不见底。皇上是一心想改革的，但朝中阻力很大，大臣们普遍认为王朝百年承平，全赖祖宗家法，形势"好得很"，何必折腾改什么革呢？如果顺着问题本身这跟"杆子"往上爬，找几点理由解释一下也不难，但那样就落入了大臣们的思维定式中，而这样的答案显然不是皇上的本意。你王安石能不能从众人一片"好得很"中认证出改革的必要性出来呢，从而解开大臣们的思想疙瘩，破解固有思维，这才是关键。问题看似平常，其实很考验人。之前，王安石虽然给仁宗皇帝上过"万言书"，大谈改革，但毕竟理论的东西多一些，落地的办法少一些，加之仁宗不愿折腾，所以并未刮起思想风暴。后来又经朝野多年多岗摸爬滚打，宦海浮沉不觉已到"知天命"的年龄，对待改革的认识自然是深化了很多，也老辣了很多。他想起了他的精神偶像范仲淹，当年仁宗在天章阁拿出纸笔逼着范仲淹等宰执重臣当场写出改革方案来，范仲淹没有现场交卷，而是回去想了好多天才向皇上交作业的，这就是著名的《答手诏条陈十事》，并成为庆历新政的总体改革方案。王安石心想今天的这个问题也不能草率做答，于是他对神宗说：陛下，您这个问题我现在还回答不了你，即使贸然回答也会辜负你对我的期待，您让我回家，好好想想，我写好后给您专报。神宗同意，他要的就是这个结果。

王安石不愧是唐宋八大家里的文章顶级高手，天纵的文采，丰富的实践，缜密的思辨，回到家里闭门静思，文如泉涌，一夜之间就写出了《本朝百年无事扎子》，后世史家称之为"北宋第一扎"。什么是"大家"，这就是"大家"，关键时刻冲得上去，拿得下来，还掷地有声，不服不行呀。神宗看了，一连看了几遍，欣喜若狂。王安石纵论本朝百年历史，首先顺着神宗的问题直接肯定诸位先帝的政德治绩，剖析天下承平的客观现象及原因，至此似乎已答完作业。但是他笔锋突转，先扬后抑，透过"无事"的表象来揭示"有事"的危机，犀利地指出因循守旧、故步自封的危害。并就吏治、教育、科举、农业、财政、军事等诸方面的改革提出了自己的见解与主张。他是这样陈述的："然本朝累世因循末俗之弊，而无亲友群臣之议。人君朝夕与处，不过宦官女子；出而视事，又不过有司之细故。未尝如古大有力之君，与学士大夫讨论先王之法，以措之天下也。一切因任自然之理势，而精神之运有所不加，名实之间有所不察。"王安石首先抛出议题，说王朝弊端是客观存在的，群臣都不说，那是因为最高领导（仁宗）圈子太小，整天只跟宦官宫女打交道，出来示事也常常被手下人员刻意安排，场面上的事多，很少与大臣、学士探讨天下大事、先王之法，凡事随波逐流。君王大事不议，大臣言路不畅。可是，社会流弊不过是"皇帝的新衣"，不会因为大臣们不说就不存在了。接着他一一叙说流弊的诸多具体表现："以诗赋记诵求天下之士，而无学校养成之法；以科名资历叙朝廷之位，而无官司课试之方。监司无检察之人，守将非选择之吏。转徙之亟既难于考绩，而游谈之众因得以乱真。交私养望者多得显官，独立营职者或见排沮。故上下偷惰取容而已，虽有能者在职，亦无以异于庸人。农民坏于繇役，而未尝特见救恤，又不为之设官，以修其水土之利。兵士杂于疲老，而未尝申敕训练，又不为之择将，而久其疆场之权。宿卫则聚卒伍无赖之人，而未有以变五代姑息羁縻之俗；宗室则无教训选举之实，而未有以合先王亲疏隆杀之宜。其于理财，大抵无法，故虽俭约而民不富，虽忧勤而国不强。"王安石观世界洞若观火，看问题入木三分。他一一细说各种问题：科举取士一纸诗赋定终身，对官吏缺乏有效的考核办法，干好干坏一个样；农民徭役很重也很苦，政府又不兴修水利；军队士兵疲老，又缺乏训练，将领选拔制度乱，跟五代十国差不多；至于国家理财，更是毫无章法，朝廷虽然节俭但老百姓不富，虽操心勤勉但国家不强。在陈说种种乱象之后，他一针见血地指出，"赖非夷狄昌炽之时，又无尧、汤水旱之变，故天下无事，过于百年。虽曰人事，亦天助也。盖累圣相继，仰畏天，俯畏人，宽仁恭俭，忠恕诚悫，此其所以获天助也。"也就是说，本朝百年无事，很大程度上是有赖"天助"，"天助"掩盖了"人事"的"不作为"及其乱象。为此，他告劝新君，"知天助之不可常恃，知人事之不可怠终"，也就是要看到偶然性中的必然性。至此，改革的理论基础和必要性已跃然纸上。最后，他以拳拳之心告诉神宗皇帝"大有为之时，正在今日"。而且，向皇帝表达自己的决心，为了新皇的伟业，自己绝不逃避责任，绝不趋利避害，死心塌地跟着皇上干。

王安石就是王安石。神宗皇帝想说又不能说的，他都说了，而且说得十分到位。少年天子想干大事，却高处独舞，内心孤独，满朝文武没人理解其用心，只有这个王安石与自己心灵契合，高度共鸣，难怪世人都感慨知音难觅。他们两个在熙宁年间的人间四月天的一次倾心叙谈，便开始了彼此进退与共，相知相交的历史，也造就了中国历史上最有默契的君臣组合佳话，曾公亮就评价过：上与介甫如一人，此乃天意也。

第三节　思想碰撞

神宗读完王安石的"扎子"之后，急于着手改革。一天，他问王安石改革应以何为先，也就是着力点和切入口在哪里。王安石答道："变风俗，立法度，最方今之所急也。"在另外一个场合下，神宗急着要用他，王安石委婉地说：若陛下诚心用我，窃以为不必急于一时，需先讲学。讲学既明，则施政方法不言自明。在王安石看来，变风俗也好，先讲学也好，核心问题是要解决思想问题，要转变观念，尽快扭转当下"重道统轻治术"之风俗，否则，改革寸步难行。同时，要重视"立法度"，对不合时宜的祖制进行改革，搞制度建设，依法行政。这两条的确是改革的关键，这应该是王安石从范仲淹庆历新政失败的教训中总结出来的，后来的变法实践从反面也印证了思想解放的极端重要性。神宗和王安石认识到了问题，但在后来的工作中落实不到位，变法最终失败与此不无关系。

果不其然，改革刚一出招，也就是在组织机构上设置三司条例司，即刻在朝廷上下引起轩然大波，从人事斗争上升到路线斗争了。御史中丞吕海飞舞监督大棒，指责王安石犯有十大罪状：其一，慢上无礼，指他对仁宗、英宗傲慢不敬；其二，好名欲进，说他以前拒绝朝廷征召是假，伪君子；其三，要君取名，指责他身为翰林学士给皇帝上课居然要求赐坐，不顾君臣礼节；其四，用情罔公，说他议事排斥异己；其五，挟情坏法，指责他在"阿云事件"中断案把个人感情凌驾于法律之上；其六，背公死党，说他在皇帝面前推荐他的弟弟做官；其七，专威害政，说他随意扩大相权；其八，凌轹同列，说他与唐介同为副相，却强势相欺，致使唐介气死；其九，朋奸俯下，说他怂恿下属小吏，挑拨皇上母子关系，用心险恶；其十，一心谋利，说他推行新法眼里只有经济利益。这里顺便交代一下第五大罪状中所提到的"阿云事件"。据《宋史·许遵传》记载，山东登州有一个名叫阿云的妇女，父亲早故，母亲刚亡，她的叔叔不愿收养就给她订了一门亲事。她看见未婚夫貌丑无比，就乘夜去杀他，结果没杀死，被杀者只是受了一点轻伤。当时案子告到了官府，阿云如实说出实情。知州许遵认为阿云的叔叔是在阿云服母丧期间订的婚，不合礼法，婚约无效，况且伤者轻伤未死，不能算是杀夫。官司上诉到了朝廷，刑部狠狠批评许遵道德立场有问题，这不是伤者死不死的问题，也不是她自首不自首的问题，一个小女子竟敢杀夫，性质恶劣，主张处以绞刑。许遵对此不服。后来许遵调到大理寺任职，重提此案，认为刑部议罪不公，阿云应当以自首减罪。事态由此迅速发酵，朝臣们分成两派，争执不下。于是朝廷命司马光、王安石重议此案。司马光骨子里男尊女卑，抱着夫为妻纲的死理，坚决主张判阿云死罪。王安石则支持许遵的判决，认为阿云谋杀有因，且受害者并未致死，事后又有自首的行为，依照刑律应当从轻减等判刑。王安石与司马光针锋相对，互不相让，最后官司打到神宗面前。神宗支持了王安石的意见，认为王安石所言既与律合，又为犯罪者开了一条自新之路，便尊其议，并将此定为律例。这就是"阿云事件"大致情况。一个普通的民事案件竟然演变成了重大政治事件，乃至影响变法大业。御史中丞吕诲见不得王安石离经叛道的做派，在变法的关键时刻拿这样一个案件来扣王安石的政治帽子，不惜人身攻击。三朝元老韩琦摇旗呼应，坚决反对王安石，在皇帝面前不惜以辞职相要挟。司马光在一旁火上加油，说有"士夫沸腾，黎马骚动"，也就是说王安石搞得民怨沸腾，朝廷不得安宁。

面对朝臣们汹涌扑面的反击，王安石向神宗提出了著名的"三不足"论，也就是"天变不足畏，祖宗不足法，人言不足恤"。这是一枚重磅思想炸弹，把当时的王朝意识形态给炸得天旋地转。这还得了，你王安石不把人言民意放在眼里也就算了，连祖宗和天都不放在眼里，简直是反了。首先，天是有意志的至上神，人主也不过是天之子，如果人主无道或者做错了什么事，天就会以地震、山崩、洪涝、干旱等异常的自然现象来惩罚人间，警示天子。每有灾异天变，反对派就以天变降罚作为舆论武器，拿来说事，以阻挠变法。其次，祖宗法制能不能改、要不要改，这是大是大非的原则问题。当初太祖皇帝制定"祖宗家法"，基本路线百年不变，开创了百年"无事"的盛况，你王安石非要无事生非，践踏祖宗法度，完全是唯生产力论，眼里只有财利。最后，听不听民意，开不开怀纳谏，是重大思想作风问题。司马光曾三次写信指责王安石推行新法侵官、生事、征利、拒谏以致天下怨谤。可是，你王安石把这些天下怨谤都视之为流俗之言，斥之为邪说，不屑一顾，还劝说皇帝"不要当群众的尾巴"。你这也太狂妄了吧，不斗倒你能行吗？

王安石的思想深度高出那个时代一大截，他估计到了改革的巨大阻力，他所提出的"天变不足畏、祖宗不足法、人言不足恤"的"三不足"的变法思想，成为了改革的思想先导和理论基础。所谓"变风俗"，就是要形成"三不足"的思想共识。但是，令人无可奈何的现实是，在王安石认为可以"不足"的东西，在士大夫们看来却是"纯金"的"足"，视之为比生命还要宝贵。

王安石在《答司马谏议书》中，针对司马光对他的诸多指责和定罪，他首先就指出他与司马光之间"游处相好之日久，而议事每不合，所操之术多异故也。"也就是彼此的指导思想有分歧。接着他推而广之地指出"盖儒者所争，尤在于名实，名实已明，而天下之理得矣。"名实问题其实就是思想路线问题，是从本本主义出发，还是实事求是，是抱残守缺，还是与时俱进，是只看事物表象的"名"，还是看事物本质中的"实"，这是认识问题和评判事物的根本原则。搞清了根本问题，其他个性问题就不证自明。应该说，王安石的这个定位是到位的，抓住了事物的本质。

那么，当时的朝庭思想分歧主要在哪里？概括来讲，治国理政，经世济民的指导思想是儒法兼济，还是独尊儒学。所谓的改革派和保守派也由此派生。

第一，是变与不变的分歧。保守派清一色地坚持儒家的守成思想，认为"祖宗之法不可变"。司马光在与吕惠卿辩论变法时就说过，治天下就好比居家，居室坏了就修一修，不要轻易更新改造。司马光时任翰林学士，经常跟皇帝上课，一次他有意借故跟神宗讲起了西汉初年"萧规曹随"的故事，以此传达不变的道理。神宗出于对老臣的尊重，而尊重中又略带怀疑地反问道："汉常守萧何之法不变，可乎？"司马光顺杆就爬，马上回答说："宁独汉也，使三代之君守禹、汤、文、武之法，虽至今存可也"。别说是汉代，就是时至今日，只要守住三代明君禹汤文武的成法，纵越千年也是完全可以的。司马光等守旧派认为"天不变道亦不变"。王安石等变法派认为，先王之道有可变，有不可变，法先王关键是法先王之基本原理，而不是拘泥于某句话、某个条文、某些规制。先王的伦理道德和忠君爱民的价值观是亘古不变的，但治国平天下的具体政策和法令必须随时代的变化而有所改变，这就是先王之法的变与不变的辩证关系。正是在这个意义上，吕惠卿就说过，先王之法有百年永远不变的，但也有五年一变的，有三十年一变的。

第二，是义利关系问题。保守派坚持孔子的"君子喻于义，小人喻于利"的义利观，机械地割裂义与利之间的关系，认为言义者就是君子，重利者必是小人。他们批判变法派只讲"征利"，搞唯生产力论。司马光言必称孔孟，攻击王安石是一个"言利之人"，开口就只知道讲财利之事，搞均输法剥夺了商人的利益，施行青苗法还收农民的利息，这都有违孔孟之道。范纯仁也一再上书，指责王安石"任用小人，专兴财利"，称其"欲求近功，忘其旧学。舍尧舜知人安民之道，讲五霸富国强兵之术。尚法令则称商鞅，言财利则背孟轲"。也就是说。你王安石讲术忘道，尚法背儒，犯了思想路线的大错误。苏轼从历史的高度雄辩地论述了国家的存亡在道德，而不再富强。他在《上神宗皇帝书》中说："夫国家之所以存亡者，在道德之浅深，而不在乎强与弱；历数之所以长短者，在风俗之厚薄，而不在乎富与贫。道德诚深，风俗诚厚，虽贫且弱，不害于长而存；道德诚浅，风俗诚薄，虽强且富，不救于短而亡。"这些天才鸿儒们只讲上层建筑的"义"，不屑于经济基础的"利"，真有点"宁要社会主义的草，不要资本主义的苗"的味道，他们代表并引领着那个时代的思想潮流。

王安石等改革派没有将义与利对立起来，而是将两者辩证统一在一起，"利者义之和，义固所为利也"。王安石多次强调言利未必就是忘义，空乏地谈义而不为国为民谋利就是最大的不义。反对派总是借孟子的义利观来攻击他见利忘义，他就以子之矛攻子之盾，用孟子的话来反击他们。有位姓曾的高级领导写信攻击他的青苗法，他雄辩地反驳说："孟子所言利者，为利吾国、利吾身耳。至狗彘食人食则检之，野有饿莩则发之，是所谓政事。政事所以理财，理财乃所谓义也。一部《周礼》，理财占其半，周公岂为利哉！"（见《答曾公立书》），也就是说，孟子所说的利，是利国、利民的利。猪狗与人争食你也不制止，野外都饿死人了你也不开仓济民，这你能叫义吗？你要行仁义那就得要禁止猪狗与人争食，要开仓济民，而这就是政事，要理政事就得理财，理财就是义。一部《周礼》，理财的内容占了一半，难道就能说周公眼里只有利吗？这反驳掷地有声。王安石巧妙地将政事、理财、义三者有机地结合为一体，彼此是相互一致的。这颇有点以经济建设为中心、抓经济就是最大的政治的意味。王安石的理论勇气和认识高度远超他所处的时代，在他看来，新法就是为了理财，理财就是理政，而理好政就是大义。

第三，德治还是法治的问题。反对派坚持认为，王道胜过霸道，尚德胜过尚力，礼治胜过法治。苏东坡在《上神宗皇帝书》中直陈王安石的法家影子："唯商鞅变法，不顾人言，虽能骤致富强，亦以召怨天下，使其民知利而不知义，见刑而不见德，虽得天下，旋踵而失也。"你王安石不是推崇商鞅变法吗，商鞅变法虽然可以短时间内暴富暴强，但老百信见利不见义，见刑不见德，很快就亡了。因此，还是要以德治国的好。而王安石则主张二者并重，不可偏废，只讲仁义礼信，不讲依法治国是不行的。治国必立善法，立法先于行政，为此，他主张"变风俗，立法度"。

当然，分歧远不止这些，有意思的是，北京大学有位博士生竟然研究发现分歧与地域和年龄有相关性。从地域上讲，改革派大多来自南方。在神宗朝最重要的十六位改革派中，竟有十三位是南方人，将近百分之八十。而在十九位最重要的保守派中，来自河南、河北、山西、四川等洛、蜀、朔北方士人的比例占到百分之五十二。不知这一现象是否反映了宋代经济重心南移与中原传统文化重地之间的思想冲撞。从年龄上讲，以熙宁四年（公元 1071 年）为计算标准，变法派十六人的平均年龄不到四十一岁，保守派十九人的平均年龄为不到五十七岁，两派年龄差为十六岁。这一点似乎表明，人在年富力强的阶段，更易于倾向改革进取。

思想深处的鸿沟并非简单的"三不足"论就可以弥补愈合的，雨过地皮湿，一点毛毛雨，改变不了政治生态。没办法，谁也没办法，思想解放的复杂性、长期性决定了改革的曲折性、艰巨性。

第四节　重构机制

大计方针确定后，官员就成了决定因素。这个道理神宗和王安石似乎是懂得的。君臣确定改革大计之后，就着手调班子、搭架子，为改革铺路。

一、调班子，组内阁

神宗接手的班子是一个暮气沉沉，思想极为保守的班子。为了调整内阁班子，神宗煞费苦心，既要起用新人，又不能整得力度过大，所以只能是新旧糅杂，传承与创新相兼顾。熙宁二年（公元 1069 年）二月，神宗本着驾驭、制衡的原则，重新组建了"内阁"班子，任命富弼和曾公亮两人同为宰相，王安石、赵忭、唐介三人为参知政事，也就是副宰相。在此之前，已经诏令明确由枢密副使升任枢密使的陈升之和王安石负责变法事宜，枢密使是负责军事政务的，变法工作实际上就是由王安石担任。在这个"五人小组"中，三朝元老富弼时年已经六十五岁了，曾公亮已经七十一岁，过了古稀之年，起用他们为宰相，是向外界表明，朝廷推进变法还是尊重老臣丰富的政务和军务经验的，并非是不讲传承、颠覆一切的。班子中的其他成员，唐介已经六十一岁，他是个性格耿直的人，对王安石任参知政事、主持变法是反对的，说王安石"泥古不化"，如果让他执掌政事，只怕是想大治却必乱。神宗把唐介这样一个负责军队工作并且还不支持经济改革的人拉入"内阁"班子，无非是左右平衡，相互制衡、纠偏。赵忭与唐介同岁，长期从事礼法监督工作，忠于职守，弹劾不避权贵，人称"铁面御史"。

司马光本来与王安石算是文友，但对王安石的变法极力反对，而且还是一个遇事不会转弯的犟老头。他对皇上任命王安石为参知政事意见很大，心想讲课时苦口婆心把道理都讲给你听了，不听倒也算了，还要把那目无祖宗的老王头搞来主持变法，好吧，你们搞你们的，我不干了。第二天，就立马打报告向皇上请求外放回老家工作去，懒得跟你们再费口舌，眼不见心不烦。可是，神宗没有批，但是答应了司马光提出的将吕海和范纯仁召回朝廷担任御史台谏官的要求。这意味着保守势力全面掌控着御史台，反对变法的喉舌依然还在握。

别看神宗皇帝年纪轻轻，但玩起权术却非常老道，既力排众议，敢作敢为，力挺王安石主持变法，但又有所牵制，"内阁"班子中元老

北宋变革风云

重臣予以充分尊重，甚至一些重要的部门还继续让旧有势力把持，做到推进变法圣裁有力，面上平衡制约有度，凡事留有余地。

二、建机构，起新灶

"内阁"班子是一个相互掣肘、效率低下的班子，神宗对此是心知肚明的，当然也知道王安石心里不爽。有一天，神宗特意对王安石说，朕变法大业只有靠你了，你可要施展你的才华，放开手脚来干，不要有所顾忌。意思很明显，就是你王安石要理解朕，当然，朕也会给你撑腰的。王安石毫不客气地把球踢了回去，他说：臣之所以来辅助陛下，就是希望陛下能有所为，但是现在天下风俗败坏，没有干事的环境，法度也不行，要干事也干不成事，加之朝廷上下本来善人君子就缺少，而奸邪之人还时时作对，你要做点正事他们就竭力诋毁无所顾忌；另外，一般官员又大多平庸懒散，无所作为。就这个状况还干什么事创什么业？这明显就是向皇上要信任、要权限。

王安石深知没有组织保障，搞不成改革的。范仲淹改革失败的教训历历在目。当时范仲淹推行新政，也是官居参知政事，副宰相，皇上虽然指派他主导新政，但他上面还有一两个宰相，还有其他宰执大臣，没有他们的配合支持，连个文件都拟不成，没有宰相的点头首肯，文件送达不了皇上，再加上督察机构可以风闻奏事，把你手脚都钉死了，所以失败是必然的。现在，王安石在"五人小组"中，与范仲淹完全一样，官职一样，所处的组织架构也一样，如果不改变那结局应该也是一样的。在宋朝的权力运行体制中，皇帝的最高决策权、宰府的行政权力以及谏院的监督权三者之间已经形成了相应的制衡机制。在此体制下，王安石的变法主张，出不了"五人小组"，进不了宰府，更不要谈上达天庭。"五人小组"中要么病病歪歪的没担当，要么骨子里就是反改革的，而议事规则规定凡事必须四人无异议，才能起草文件，四人都看审签字后才能送出。这样他的变法蓝图上送不到宋神宗手里，下交不到三司（有关经济措施）、枢密院（有关军事措施）去执行，上下悬空，一事无成。

于是，王安石向神宗力主另建变革机构，由神宗亲自主持，自己任副职，负责具体操盘工作；设置三司条例司，权力在原三司之上，负责财政改革和研究变革方案。神宗御准了王安石的建议，并于熙宁二年二月二十七日批准"制置三司条例司"，由王安石和陈升之负责。王安石亲自组阁，调吕惠卿、苏辙到新机构共同担任变法文件的起草工作，调其盟友章惇担任三司条例官，同时担任条例官的还有王子韶，此人是一个投机钻营的分子，外号"衙内钻"。

本来"三司"是朝廷最高财政管理机构，专门掌管盐铁、度支、户部等，现在"三司条例司"成立后，专门为财政立法，这等于从源头上管控着三司，故而也引起了原有的宰府与三司之间的权力结构的变化。"制置三司条例司"这一举措刚出，立刻在朝廷引起轩然大波，责难与反对声风起，纷纷指责"有违祖训"。神宗顶着压力，乾纲独断，不仅成立了"条例司"，还给予它立法权以及"自择僚属"的用人权力，人选直接报送神宗批准。"设置三司条例司"在整个熙宁变法历史中是一个标志性的历史事件，为后来的变法提供了组织保障。

三、强皇权，弱监督

宋朝秉承与士大夫共治天下的执政理念，在一般情况下，每逢国家大事，皇帝必须和大臣商议，而且尊重多数人的意见。王安石深知在改革阻力巨大的背景下，要靠民主协商的办法是搞不成改革的，唯有加强皇帝的独断，才能抵消来自保守派的阻力，从而推动改革。王安石一心想推行新法，极力推动皇帝集权。苏轼比较冷静，利用给进士考试出题的机会，抛出议题：历史上搞独断既能兴国，也能亡国，应当慎重对待。这等于是在全社会上公开批评王安石，委婉提醒神宗。可是，年轻有抱负的神宗很吃王安石的这一套，在事必圣裁之中似乎找到了"有作为"感觉，有点飘飘然，还真以为自己是圣明君主。皇帝事必躬亲，一竿子插到底，有历史学家统计，神宗在位期间不经过相府、不经过监察所下达的御笔手批、手诏每年多达八十四件，而他之前的五帝在位一百零八年，平均每人每年只有一件手诏。

在加强皇帝集权的同时，弱化监察机构的职能。监察机构发挥着监督宰府、谏诤皇帝的功能，是王朝与士大夫共治天下的重要制度保障。变法之前，主要的监察官由皇帝选任，宰相一般不参与。王安石执掌变法大权时，极力施压神宗贬斥状告他的御史中丞吕诲，并力荐自己的好友吕公著接替。此例一开，监察机构监督政府及宰相的功能逐渐丧失，相反沦为宰相打击政敌、剿杀议政自由的工具。监察官要么投靠政府及宰相，与之配合，要么就卷铺盖走人，宰府权力斗争越激烈，监察官往往变动越频繁。熙宁五年（公元 1072 年）二月，时任宁州通判的邓绾极力逢迎讨好王安石，做变法的急先锋，王安石把他推为御史中丞。后来王安石被罢相，他立马投靠吕惠卿，没有想到仅过十个月后，王又复相归来，于是又赶紧调转枪口揭发吕的罪行。如此反复无常、见风使舵、毫无操守、只有权欲的人掌控御史，可想而知其监察的作用如何。

四、派大臣，抓巡行

机构成立了，架子也搭起来了，工作必须尽快开展。第一项工作：要尽快拿出工作方案。王安石和陈升之联名上书神宗，请求下诏发动朝野上下针对国家财政经济问题提出合理化建议，名其为"合众智"行动。这叫"从群众来，到群众中去"，一方面集思广益，收集来自各方面的意见，了解人心动态，为制定好方案打下基础；另一方面也希望通过"合众智"行动的方式来进一步统一思想，凝聚支持变法革新的力量。根据各方面汇集来的情况及王安石以前工作经验和探索，拟订了改革推进方案。在指导思想上坚持以开源为主导，最大限度激活各级经济组织的活力，同时配套实施节流措施，最大限度地裁剪不必要的政府财政经费支出。为应急解决当下的财政困局，变法决定采取节流先行的措施，拿皇宫贵族和军队试刀。一是自动降低宫廷宗室的费用，大幅压缩公爵名额，限定只有宣祖、太祖、太宗这三祖后裔中每一支每一代保留一个，余者废除。二是裁减后妃、公主及臣僚的推恩钱，减少各种额外赏赐和名目繁多的福利待遇。三是裁减军队，减少军费开支。这些措施一出台，朝廷财政开支一下子压缩了将近百分之四十，成效十分显著。不过，王安石很快就将朝臣后宫的权贵们差不多全得罪了。

第二项工作就是专班抓紧研制各项新法。变法工作千头万绪，既不能慢悠悠地搞，也不能盲目急躁，出台的政策要依法有据，切合基层，分步实施、择机推出。为此，王安石以高度的责任感、使命感和紧迫感坐镇条例司，和吕惠卿等每天加班加点，研究探讨推出哪些新法，它们又如何制定出台等。工作专班人员都是工作狂，干事雷厉风行，专班组建当年，就相继研究推出了均输法（七月颁行）、青苗法（九月颁行）、农田水利法（十一月颁行）与免役法（十二月试行）等新法。

第三项工作就是抓官员队伍建设。事要人做，变革任务这么重又这么急，人才储备极为不足，"运动员少，裁判多"，这活怎么干？必须尽快按改革的要求调整各级官位。以前，提拔一名官员要看是否为进士、资历、政绩，还要有足够的推荐人，按部就班，很麻烦。现在只能用对变革赞成与否的标准来用人了。在王安石的力促下，神宗开始行使人事否决权，强力调整了一批阻碍变法的官员，如苏轼、刘攽、范纯仁等人均予贬黜或者罢免。同时，又提拔了一批新人充实变法班子，初步形成了以王安石为核心，成员包括韩绛、吕惠卿、曾布、吕嘉问、章惇五人的变法骨干班子。宋神宗最年轻才二十三岁，韩绛刚过五十岁，王安石四十八岁，其他几位都才三十多岁。当初神宗所组建的"老龄化"的变革班子一下子就年轻化了许多，变法真正成了年轻人的事业。当然，这样一个用人导向，也带来了整个官场风气转坏，唯上不唯下，见风使舵，投其所好的政治投机现象开始蔓延，反复无常的小人钻营得势。

第四项工作是朝廷派出督导巡行官。三司条例司创设后，变革机构广派特使督导地方。苏辙在职时曾说，"使者八人，分行天下"，这八人是刘彝、谢卿材、侯叔献、程颢、庐秉、王汝翼、鲁侃、王广廉，他们行诸路，察农田、水利、赋役。这些特使戴着有色眼镜来挑地方官员的刺，不是不信任，而是不挑点毛病出来交不了差。有能力的地方官员嫌使者干扰政务，无能的官员又怕使者发现短处，致使"使者一出，人人不安"。顺便一提的是，过去遣使出朝巡行，须经中书议决，皇帝批准，现在由条例司觉得有必要，就可事奏遣。一时间，使者分行于外，"冠盖相望，遇事风生"。

第五节　商贸改革

王安石操盘改革风风火火，熙宁二年二月成立机构，七月就研制出了一批新法。其中，首推均输法。

宋太祖立国时，为保障京城及国防开支，规定地方政府除上缴税赋外，还要上供一定数量的实物，包括制造军械用的物资以及绸、绢、布、棉、麻、丝、米等。三司衙门按照计划经济的套路，根据各地居民户数或占地面积确定上缴物资多少，设在各地的发运司衙门负责运输，按期如数缴纳。这也算是祖宗定的一个经济领域的规制吧。但是，这种僵硬的计划供应制度日益暴露出了它的弊端。其一，计划呆板，无视供需实际。既不问京师朝廷的实际需求，也不管地方年岁丰歉，只按计划固定数额呆板地收。其二，消费无常，浪费很大。上供虽然每年有定额，但朝廷消费量经常波动，过剩时贱卖出去，不足时又高价购进，造成不必要的浪费。其三，向百姓征敛赋税不看产地物产丰歉和市场行情，机械收购，既加重农民负担，又为投机商人操纵物价留下了空间，平白增加政府财政支出。

王安石借鉴汉武帝时期桑弘羊的均输法改革思想，结合当时宋王朝的实际，对改革专班吕惠卿、曾布、苏辙、章惇等人提出自己的修法原则，他说："制定均输法，关键在三字：供、求、运。必须从这三个方面入手，列出相应条款"。在他的指导下，均输法很快就制定出来了，并于七月对外颁发。其核心要义，一是明确发运司作为责任主体，其职责总管东南六路的赋税收入，掌握供需情况。二是明确均输原则，就是"徙贵就贱，用近易远"。凡籴买、税收、上供物品等，不必机械僵硬地在固定的地点征收，可以在灾荒歉收、物价高涨的地区折征钱币，再到丰收的地区用钱币低价购买上供物资，此即"徙贵就贱"。如果多地丰收，物价相同，就优先到距离较近、交通便利的地区购买，此即"用近易远"。三是以需求为导向，建立信息沟通机制。赋予发运司有权掌握京师所需以及库藏状况，双方信息要互通，以便发运司根据实际需要合理安排征购计划。此外，朝廷还赋予发运司"从便变易蓄买"的权力，也就是市场灵活处置的权力，同时，还增派官吏，增拨专项资金，扩大市场的应变能力。一句话要人给人，要钱给钱，要物给物，全面予以保障。

王安石的均输法很有创意，在僵硬的计划体制下加入市场调剂的办法，把呆板的发运司按企业化运作，激活了京师所仰的东南六路的漕粮供应问题，保证了朝廷在物资方面的需要；同时，改善了财政收支状况，减轻了农民负担，打击了商人操纵市场的行为，即所谓"便转输、省劳费、去重敛、宽农民"。

新法既立，便须加快实施。王安石推选当时熟悉经济工作，时任陕西四路转运使常平三司副使的薛向来具体组织实施，朝臣们极力反对，凡是你王安石支持的，我们就反对，谁叫你没事整什么改革呢。宋神宗力排众议，支持了王安石的人选，并且打破常规赋予薛向自行选拔属吏的特权。熙宁二年（公元 1069 年）七月，薛向被选派到了宋王朝经济最发达的江南地区，就任江南六路发运使，统管这六路的财赋、漕运和茶、盐、酒、矾诸项收入，掌握、察知这六路的经济生产情况，他还有权掌握京师的库存和需求信息，官商一体，权力极大。朝廷还从开封的内藏库中拨出钱五百万贯和粮米三百万石，作为发运司运转的本金，并且在随后的年度里，根据市场情况不定量地增拨专款充实周转籴本，成为定制。因此，企业资本金（籴本）十分充足。这家官商企业凭借雄厚的国家资本，仰仗神宗和王安石的鼎力支持，遵循"徙贵就贱，用近易远"的交易原则，迅速垄断了这六路范围内漕粮的征购和运输以及重要物资的市场交易，成为国家调控市场的主渠道和基石。熙宁三年六月，"诏京师仓储已丰，比闻民间米价稍贵，可发淮南上供新米，令酌中估价，遣官分诣诸市，置场出粜，以平物价"。这一仗打得很漂亮，堪称实施均输法的经典之战。当时京师储备很足，而民间米价很贵，朝廷让本要上供的新米就近按中间价抛售，既平抑了物价，还有盈利。从这一个例子可以看出均输法实施效果很好，经济效益和社会效益双丰收。

均输法在实施过程中也暴露了信息与市场之间不协调的矛盾。熙宁末年，当时王朝最伟大的科学家沈括在担任权三司使期间，他根据实践对均输法的运行进行了科学意义上的改进，建立了一套行之有效的关于籴买价格与数量之间的数学模型。根据统计规律，以近十年来产粟较多的郡县作为样本空间，把历年粟的籴价与所籴粟数从高至低各分为五等，制定交易规则：第一价则籴第五数，第五价则籴第一数，第二价则籴第四数，第四价则籴第二数，第三价则籴第三数。如此，就解决了市场瞬息万变，而交通信息滞后，层层上报决策慢的矛盾，各发运司根据市场情况，依据购买规则，可以自行决定，灵活处置，企业化运作效率提高了。

均输法总体而言，应该属于"良法"，但在实施过程中也出现了一些问题，主要表现为折钱过重、钱米并征和折钱不均，农民负担并未得到减轻。就均输法本身来说，在歉收米贵的地方，政府不征米改征钱，本意是让农民存粮度荒，但是，在操作过程中这米的折价里面就名堂大了。按道理政府应该让利于民，应按丰粮地区的米价折钱，但官办企业的逐利性往往就地按高价折征，这样反倒加重了农民负担。正因为如此，反对派经常指责均输法是买贱卖贵的官营商业，与民争利。陈襄率先发难说，均输法是拿官府的钱，行商贩的事，捞州县的利。范纯仁也发难说，均输法不过是抄袭桑弘羊商贾之术，买贱卖贵，渔夺商人毫末之利。苏辙亦说，均输法虽没有明说贩卖，但是已经默许贩卖；变易贩卖既行，就是与商贾争利者。

任何改革都是两面的，没有百分之百只有好而没有坏的改革，否则，就不叫改革了。保守派指责王安石抄袭桑弘羊的均输法，这是没有意义的，检验变法的标准应该是实践，而不是什么姓儒姓法的价值判断，只要实践检验是进步的，即便是抄袭前朝又何妨。更何况两者名同质异，有着很大的差异性。桑弘羊的均输，是打着上供京城的旗号把各地应当上供的赋税贡物大部分运到价高地区出售，其目标取向是追求贸易利润，其核心是"卖"；而王安石的均输，是从价廉近便之地收购上供的物品，其出发点是在满足政府的消费性需求的前提下，利用市场规律，灵活征购，节省开支，稳定市场，其核心是"买"。王安石的均输法活跃了市场，抑制了商人垄断市场，提高了财政资金的使用效率，总体上是成功的。

王安石在推出均输法的时候，已经开始谋划和思索市易法的问题。两者都是旨在平抑物价、促进商品交流、增加财政收入，所不同的是均输法聚焦于漕粮供应，而市易法则发端于边贸，遍及于一般商务，两者基本经济原理差不多。

熙宁三年初，保平军节度推官王韶，向朝廷奏请设立市易司，开展边贸。当时西北边境贸易火热，政府对市场放任未管，利益尽落商贾之手。为此，他奏言：欲於本路置市易司，借官钱为本，稍笼商贾之利，即一岁之入亦不下一二十万贯。朝中文彦博、曾公亮、冯京、韩绛、陈升之等持怀疑态度，甚至认为政府聚敛，与民争利，只有王安石鼎力支持，并把它作为稳定边疆的一项殖民政策。神宗赞同王安石的看法，批准了王韶的建议，并令王韶提举秦州西路蕃部兼营田、市易，在沿边重镇古渭寨（甘肃陇西县）设置市易务，拨钱三十万贯作本。市易务既是政府的市场监管机构，又是一个官办的贸易公司，集裁判员与运动员于一身。此前，蕃商销货到边境通常是赊销给内地商户的，由于货款不能及时到手，回去时不能顺带购买内地物资回蕃，单向交易限制了市场规模的扩大。如今王韶统领下的官办公司市易务对"市场失灵"及时补位，在汉蕃之间充当交易中间人：市易务将蕃商物货统一现款收购，再将货赊给本地商户，然后待本地商户销出货物后收取本金以及利息和一定的交易费（牙钱）。如此一来，蕃商能够得到现款，可以促进内地货物的外销；本地商户也"无所费"即赊得蕃货，只是把过去拖欠货款变成了"银行"贷款，但加速了货物周转；官府一则可以"收息"获利，二则还可以打击豪商操控市场，保护中小商户利益。市易务的设置很有成效，随后朝廷又授权王韶在西北边疆地区扩大试点范围，也都取得了良好的效果。

熙宁五年（公元 1072 年）初，有一位名叫魏继宗的人士，自称草泽，上书朝廷，痛陈京师附近豪商大户欺行霸市，操控物价，盘剥百姓及中小商户。他建言，朝廷拨款设置市易司，选择懂经济的官员以任其责，同时鼓励良商发展以作为活跃市场的有益补充，通过他们把握市场价值信息，价贱则稍微增价购进，使不至伤商；价贵则稍微降价抛出，以免损伤民利。如此市场出入不失其平，物价不至过于波动，市场涨跌操控之权也没有流落富商，而且政府还有收益，真可谓"商旅以通，黎民以遂，国用以足矣"。

这个建议很对王安石的路，来的也是时候，王安石觉得王韶的试点有经验，民间有呼吁，全面推广实施市易法的时机成熟了。于是向神宗奏议，请求全面推行。神宗同意并颁旨：从内藏库拨专款，选派官员在京师开办市易务，并明确了"商旅物货滞於民而不售者，官为收买，随抵挡物多少，均分赊请，立限纳钱出息"的经营原则，具体条约着请三司研究制定。按照神宗的旨意，三司很快就拿出了开封市易司的组建方案：领导职数上提举官一人、监官两人；工作人员从商户和牙人中招募；职能定位就是贸迁物货，遇价贱增价买进，价贵则低价卖出，使物货通流，物价稳定；交易规则为结保赊请和契书金银抵当，换言之，一般商人到市易务赊贷物货，需以田宅金银等为抵押，如无财产抵押则需要五人以上相互作保进行赊贷，半年付息一分，一年二分，另纳相当于利息百分之十的市例钱。神宗批准了开封市易司的成立，任命吕嘉问为提举，并从内藏库下拨一百万贯作为市易司的资本金。除开封之外，又在边境和大城市增设市易务二十余个，市易法向全国全面铺开了。

开封市易司一经成立就有效地打击了奸商垄断居奇，平抑了市场物价，把以前归于大商人的利得收归官有，增加财政收入，成效不错。尽管如此，反对者还是不断地批评市易法。文彦博、苏辙等指责市易法是国家与民争利，也侵害了中小商人的利益等。而市易法也跟王安石推出的其他新法一样，理论上很完美，刚推行时成效也很好，但执行一久就开始变味了，被反对者抓辫子。被攻击的地方主要有：其一，市场管得过细，把水果、芝麻等一般日用品都纳入市易务的管理范围，国家管控大宗商品尚可，把小东西也纳入管理无非是要趁机扩大收息的范围，侵害了中小商贩的利益。其二，市易法有调控市场、稳定物价和财政增收两大职能，但操作过程中常以收息多寡为官吏赏罚标准，出于政绩冲动，市易务变成了单一的逐利工具，经常强迫客商把物货卖给市易务，从中牟利。其三，市易法在打击大商人、"兼并之家"的同时，也损害了中小商户的利益。据统计，神宗死后当时商人所欠的市易钱，仅利息即达九百二十一万贯。以开封府为例，在免除了商人欠的市易息钱和罚钱之后，还有二万七千一百五十五户欠市易本钱二百三十七万贯，其中，大户六十二户，占全部户数的千分之二，欠款一百五十四万贯，占全部欠款的百分之六十五；中小商户二万七千九十三户，约占百分之九十九，欠八十三万贯，占百分之三十五。而在中小商户中欠二百贯以下的微小户达二万伍千三百五十三户，欠四十六万贯，分别占中小商户的约百分之九十三和约百分之五十五。市易法对中小商户的影响可见一斑[1]。

由于保守派的反对，加之市易法自身的一些弊端，元丰八年（公元1085年）后市易法陆续被废除。

第六节　常平新法

继均输法推出两个月之后，也就是熙宁二年（公元1069年）九

---

[1]　黄时鉴、吴秦著：《中国历代史话》，北京出版社1983年版，第140页。

月，神宗和王安石便推出了青苗法。这部新法在王安石变法体系中涉及面最广，争论最大，影响最深远，是熙宁变法的标志性事件。其具体内容是凡州县各等民户，在每年夏秋两收前，根据个人意愿可到当地官府借贷现钱或粮谷，以补助耕作；借户贫富搭配，十人为一保；贷款数额依各户资产分五等，一等户每次可借十五贯，末等户一贯；当年借款随春秋两税归还，每期取息两分。

在青苗法实施之前，朝廷用以辅助农事的手段是常平仓和惠民仓。常平仓有点类似于国家储备粮，主要是调剂丰歉，平抑粮价，也就是在农民丰产时高价收粮，以免谷多伤农；在歉收时低价抛售，以稳定社会。常平仓制度发端于春秋战国，发展壮大于汉朝，历史上对于稳定农业、促进和谐发挥了积极的作用，但是随着历史的发展也日益暴露其本身的诸多缺陷。首先，数量少且辐射面不够。常平仓一般只设立于州县的治所所在地，真正能覆盖到的人口较为有限。其次，本小且发放程序繁杂。常平籴本主要来自短期存留但到期要连本带息一起上供朝廷的钱以及地方自己筹措的籴本等，本小且周转期限短，有时还出现官府移用，致使常平仓钱粮空缺。另外，籴粜时层层报批，程序较为繁琐。惠民仓也是在丰年征粮积储，但与常平仓不同的是在灾荒之年无偿赈灾而非低价卖出。惠民仓的优点在于其无偿性，但是，缺点也是它的无偿性，使得它没有规模，难以为继，成为惠民政策的盆景。青苗法是以常平仓为基础，运用市场的理念，把常平仓与惠民仓之钱谷作为资本金，建立类似于今天的农业政策性银行，将钱谷贷与农户，收取本息，其功能定位除承担常平仓平抑粮价外，主要是辅助农耕，抑制兼并。王安石讲："昔之贫者举息于豪民，今之贫者举息于官，官薄其息，而民救其乏"。故此，青苗法，亦称"常平新法"。

在熙宁变法之前，就有一些地方政府试行过青苗法思想，并取得了良好的改革成效，积累了一定的实践基础。王安石知鄞县的探索自不必说。陕西转运使李参的探索很有典型意义。当年西线战事仍频，陕西境内驻军多，粮食供应很成问题。针对这种状况，李参不等不靠，下令陕西辖区内各级政府要主动对接民户，在麦粟播种、未熟的时候就与农民友好协商，让农民预估当年自留口粮之后还有多少余粮可交政府，双方确认后政府提前将钱货给农民作为收粮款，麦粟收割以后再行交纳。这先贷给农民的钱，就叫青苗钱。如此运作，几年下来，过去长期紧张的军粮问题解决了，还有储备盈余。熙宁二年春，神宗、王安石刚刚成立变革机构不久，在夜以继日地议定行青苗法时吕惠卿与苏辙之间有分歧，吕主张大干快上，而苏主张缓行。苏辙认为，在青苗钱谷的发放和收回之间，可能会出现贪吏使奸，变着法子加息；另外，钱一到百姓手中，保不准有游手好闲乱花的，有拖赖账不还的，州县势必会严苛执法，催督鞭打。为此，他建议王安石学习唐代宗时的宰相刘晏，多深入实际，及时了解各地收成之丰歉，价格之贵贱，合理枭籴，完全不用行此青苗之法。王安石认为他讲得有一定道理，把推行青苗法搁置了一个多月。历史总是充满着偶然性。这时，京东路转运使王广渊打来报告，请求准许实施青苗法，说现在春耕快到了，农民春耕缺乏资金，高利贷者已蠢蠢欲动，如果给他五十万本钱，贷给贫农，一年可得利息二十五万。神宗一听觉得既给农民做了好事，还能给国家赚钱，有这等好事，当即表示同意。王安石从过去的实践经验和眼下基层的改革热情中，也觉得推行青苗法是时候了。

青苗法颁布之后，先选择在河北路、京东路、淮南路三路实行。这三路是当时全国经济发达的地区，经济地位很重要，但是把持这三路的地方长官都或明或暗阻挠执行新法，不散青苗钱。三朝元老富弼因反对新法知亳州，也就是淮南路的西北部，他不仅自己拒绝散发青苗钱，而且对那些依令俵散青苗钱的官吏予以责罚。京东路青州知府欧阳修，不仅不俵散青苗，还两次写信朝廷直接指出青苗法的弊端。

时任河北安抚使的韩琦，更是上疏神宗说新法问题多多，极力主张一切照旧，没必要改革。当然，其中也不乏揣摩圣意，投其所好的，他们趁机图表现，努力执行中央的政策。试点情况很复杂，参差不齐，问题很多。朝廷派出官员巡视督办，地方政府也是"上有政策，下有对策"，功夫都下在招呼好巡行人员上，把钦差们整高兴了好让他们报喜不报忧。在朝野对青苗法争论激烈的时候，神宗密派两个宦官到开封府界了解实情，重点是看看到底青苗法执行过程中有没有对农民强行摊派的问题，他俩回来报告说"民情深愿"，没有抑配，于是，神宗信以为真。有一种说法是变法人士暗中买通了这两个人。这样汇集到朝廷的信息是形势大好。于是，试点还没来得及总结，就决定把青苗新法向全国其他诸路推行开来，神州大地迅速掀起新法改革的热潮。

熙宁二年九月，也就是深秋农闲季节，神宗批准执行青苗法，这为来年的春耕提前做了政策布局和宣传发动。过去地方上没有专门的官员来分管这类涉农政策的工作，是由分管治安的提点刑狱来兼管，大概这类政策侧重于民政救济，与维持治安有所关联吧。为加强领导，十一月朝廷向地方各路派出了专门主管常平、广惠仓的官员，专职负责经济及改革工作。青苗法是神宗变法的重头戏，开春之后政策就要落地了，神宗对此放心不下，熙宁三年正月，也就是春节刚过，他就专门下诏，要求各地在执行政策的时候防止发放青苗钱抑配行为，各路提点刑狱等专职官员要严加考核，对违反规定强制农民请贷青苗钱的抑配的行为，以及农民自愿请贷而官员暗中阻挠的行为，都要严加追究，把违纪违法官员名单直报朝廷。可以说朝廷对这项新法的考虑还是比较周全和理性的。历史很无奈，青苗法本是一部良法，一旦变成全民群众运动之后，良法也未必能保证有良果，有时越是担心什么执行中越出现什么。地方州县官吏虽然不是新法的制定者，也没有直面朝堂的话语权，但拥有选择性执行的权力，真干假干里面文章很大。

北宋变革风云

正应了那句话，正确的路线确定后，干部就是关键的因素。在青苗法大行推广的风口上，地方官员开始分化了。一类是暗中反对，被动执行。开封府属下的陈留县知县姜潜就是扎扎实实搞形式、认认真真走过场地应付了一遍，上级要求推行青苗法，他就在全县各乡贴个布告，张贴三天，其间不开会，不宣传，如此算是把任务布置下去了。本来农村有文化的人就少得可怜，交通信息也很不便利，政府布告了，但知晓率很低，更谈不上有人上门主动请贷青苗钱。如果上面来督办，他可以说，已遍告全县百姓。但如果上级追问为什么没青苗钱贷出去，他又可以说，农民不愿意，总不能派兵丁逼人家来请贷吧，不是不准抑配吗？另外一类比较普遍的现象是投机钻营，迎合上级，搞政绩工程。面对汹涌的反对声浪，神宗一度犹豫，但王安石态度坚决，只能前进，不能后退，中途还有十多天不上班，撂挑子，最后神宗妥协了，毕竟要否定改革等于是否定自己，只能前行，没有退路。于是，对一批反对者进行贬黜打压，对支持改革的人大量提拔，造成了"顺改革者升，逆改革者黜"的政治局面。如宁州通判邓绾上书奉承神宗，说皇上行青苗法之善，"百姓无不歌舞圣泽"；又投书王安石，称颂变法，令王大喜。于是，他被迅速提拔为宁州知州，后来一路提升，成为朝廷谏官，进入中央。此外，一些反对新法的朝中重臣在力谏神宗无果后，也纷纷挂职离去，韩琦、文彦博、富弼、司马光等都相继撂挑子不干了，其他如苏轼、苏辙等也被贬出朝廷。在这种背景下，反对的声浪表面上降下去了，"大干快上"的热浪上升了。任何一项由政府主导的改革，如果变成了一场自上而下的全民发热的政治运动，那么再善良的愿望也收不到善良的结果，这是被反复证明了的历史规律，王安石也不例外。当年他在鄞县推行青苗法，自己既是设计者又是操盘者，没有来自上级的考核压力，只有面对基层的实际需求，所以容易取得成功。现在他高居中央，作为改革的总设计师，一是没有办法像从前那样近距离接近实际，二是无力保障作为操作者的千万个郡县官僚也像当年的他那样既有一心为公、不谋私利的品德，又有谋事做事的政策水平，高处不胜寒。因此，政策到了基层也就只能是"雷声大，雨点儿小"了，出现偏差和变味也就在所难免了。

扭曲之一，自愿变摊派，加重了农户的负担。青苗法的第一个原则就是自愿，规定"不愿请者，不得抑配"。但是，各级行政部门为了完成行政目标考核，部门领导为了突出政绩，强行摊派，不管是乡村户，还是坊郭户（相当于城镇户口），都根据各户的等级强行摊派青苗钱。政府权力的强制性，某种程度上说比起原先的高利贷危害更大，因为后者毕竟还是出于自愿。

扭曲之二，基层官吏层层加息，成为了贪官敛财的重要手段。王安石推行青苗法，政府将青苗钱贷给贫民，半年收取二分息，照说这比之兼并之家的高利贷低多了，可以较好地辅助农耕，减轻贫民的负担。但是，在执行过程中地方官吏变相加码，欺上压下，老百姓的实际负担远远超过二分之息，司马光就说他发现有的地方息高达八分之多。韩维曾对神宗说："近日畿内诸县近督青苗甚急，往往鞭挞取足，民至伐桑为薪以易钱贷。旱灾之际，重罹此苦。"由此可见，农民虽借得青苗钱，但为还本付息被官府逼得自残，伐薪卖柴，深陷债务困境而不能自拔。如果遇到旱涝等自然灾害，那就更加苦不堪言，无力偿还贷款的农民，只有被逼去当流民逃难了。

扭曲之三，联保借贷嫌贫爱富，救困变理财。青苗法规定，贷款数额依各户资产分五等，不同的户等可借的款额不同，且十户为一保，进行借贷管理。这种上户保下户的风险管控措施目的是确保下户能获得青苗钱，但无形中把政府的风险转嫁给了上等户。上等户经济富裕，不需要也无意愿向政府借贷，可是政府往往强制他们入保，还要接受借贷，这就是所谓的抑配现象。这还不算什么，当下等户无力偿还借贷时，上等户深受其害，还得连带赔付，不少上等户由此变得贫困。青苗钱发放多少以及本息收回多少是上级政府对下级政府考核的重要经济指标，而随着新法实施的时间推移，很多下等户由于积贫而深陷债务危机，地方州县官员为了避免因拖欠者所带来的上级官府督责的压力，于是，干脆就把青苗钱贷给上等户，这就本末倒置了。青苗法原来以济困扶农为主，国家理财为辅，现把它的两大职能简单地异化成了国家理财的工具，违背了赈济初衷。对此，王安石有不同的看法，他曾对神宗算了一笔账，"抑配青苗钱至小，利害亦易明。直使州郡抑配上户俵十五贯钱，又必令出二分息，则一户所赔止三贯钱，因以广常储蓄以待百姓凶荒，则比之前代科百姓出米为义仓未为不善！况又不合抑配，有何所害，而上烦圣心过虑"。也就是说，抑配青苗钱是小事情，利弊也很明显。允许州郡抑配上户十五贯钱，其所付息钱不过三贯，对上户来说不算多，可是用这些钱作为国家战略物资储备充实常平仓等，以防百姓灾荒之年，总比过去强让百姓出米筹措义仓之粮强多了。所以向上户抑配青苗钱没什么害处，请圣上不必为此烦心操劳。经王安石如此一说，神宗还觉得有一定道理。可见王安石表面上不主张抑配，实际上默许对乡村上等户并坊郭有物业者进行抑配，劫民户之富以济国家财政之贫。

青苗法从一开始就争论不休，加之实施过程中又出现了诸多偏差，两派之间的争斗就喧嚣尘上，水火不容，纷争不断。简单梳理，大致有这么几种观点：

第一种观点认为常平法乃祖宗之法，运行良好，根本不用改。范镇上奏宋神宗说：常平仓起于汉盛世，是国家用以积谷备荒，兼有调节粮价性质的粮仓良法，千百年来运转很好，完全没必要改；而青苗起于唐之衰世，不足法。熙宁三年十一月，开封府判官、祠部郎中赵瞻在向神宗奏事之际，谈起了他对青苗法的看法，他说，青苗法是唐末搜刮民财之法，现如今陛下爱护百姓，为长治久安之计，不应该施行青苗法。范、赵二人对青苗法的看法如出一辙，代表了当时士大夫们的普遍看法。

第二种观点认为青苗法有违儒家的"义利"观。司马光坚守"君子不言利"，把青苗法向农民收息批评为国家放高利贷，聚敛害民。苏轼郑重其事地上疏神宗，大谈国家长治久安在道德风俗，而不在强弱贫富。苏辙不惜对王安石进行人身攻击，说："王介甫，小丈夫也。不忍贫民而深疾富民，志欲破富民以惠贫民，不知其不可也"。你王安石是个小人，仇富济贫，一心要夺富民之利，其实不可行。既然保守派都是站在儒家义利道德的高度批评新法，王安石也来个"托古改制"，借尸还魂，拼死护盘。他说他的新法源于周制，法先王之法。韩琦也先后两次在皇帝面前上疏状告青苗法，神宗差点动摇。王安石愤然奏曰："陛下修常平法（青苗法）以助民，至于收息，亦周公遣法也。"也就是说收息周公就干过，这是有法理基础的，没什么大惊小怪的。王安石在《答曾公立书》中就取息二分的必要性作了更加充分的阐释："然二分不及一分，一分不及不利而贷之，贷之不若与之。"你说二分息高了，那二分不及一分，一分不及无息而贷，贷款不如白送。但是，白送不可为继，不可继的东西就是惠而不知为政，根本不懂什么叫理政。既然如此，只能是贷款，而贷款就必须收息，为什么？"然而有官吏之俸，辇运之费，水旱之逋，鼠雀之耗。而必欲广之以待其饥不足而直与之也，则无二分息可乎？则二分者亦常平之中正也，岂可易哉！"这里非常明确地说明了贷钱取息二分，是为了保持政府运转和补偿在贷放过程中的损耗、费用及水旱之灾可能带来的损失，而且二分之息在常平法里也是如此，十分公允合理。王安石在信中对那些道貌岸然的正人君子进行了无情的批判，说自己"某之所论，无一字不合于法"，而你们那些一天到晚把这道那道挂在嘴上对别人指手画脚的所谓君子，其实根本不懂先王之道，并说"世之哓哓者不足言也"。这就是王安石的风格。

第三种观点就是指责青苗法扰民伤财。青苗法在推行过程中出现了一些偏差，这也给了反对者以口舌。熙宁三年十二月，神宗任命司马光为枢密副使，可是老司马六上辞呈，坚推不就。老司马如此倔强，倒不为别的什么事情，就是对神宗没有采纳他的反变法的意见有意见，故而以此相要挟，大有你皇上不终止青苗法，我就不当你这个官的架势。此时，御史中丞吕公著，右正言、知审官院孙觉，侍御史陈襄等也都随风起舞，对青苗法群起而攻之。

尽管青苗法风风雨雨，吵闹不断，但皇帝总体上态度鲜明，鼎力支持，拗宰相王安石意志坚定，一推到底；同时，朝廷也针对新法所出现的一些弊病，采取了一些纠偏的补救措施，如选派提举官加强调查、监督等。所以，总的来说，青苗法在神宗执政期间还是得到了一贯的推进，并取得了较好的效果。首先，变法的最大成效是国家财政明显好转。变法确使国用丰饶：熙宁六年，仅青苗钱利息就将近三百万贯，还不算其他收入，积欠多年的财政赤字得以消除，还建立起五十二座战备物资库。元祐更化时，朝臣认为，变法增加的收入可供国家二十年之用；直到徽宗时还是"余财羡泽，至今蒙利"。其次，一定程度上缓解了变法之前的"兼并之家蜂起，兼并行为日炽"的局面。但是，扶助农耕的职能在朝廷"富国"的逐利下被严重异化，导致了苦民、扰民的社会问题。这也是后世历史对青苗法多有诟病的地方。

第七节　役法改革

王安石在推出青苗法并基本运行平稳之后，于熙宁三年年底顺势推出了免役法（又名"募役法""雇役法"），着手解决基层政权运转的体制机制问题。

自古以来，老百姓除了缴纳赋税之外，还要服徭役，给政府当义工，比如在衙前听差、跑腿，催缴督征辖区内的赋税，维持乡里治安，追捕盗贼，代表地方政府押送税款及物资到京城，农闲修河筑路等。做这些工作都是食宿自理，官府不给报酬的。宋初沿袭前代，对待这些徭役实行差役法。差役分为州县役和乡役两个层面，州县役主要有衙前、押司、录事、散从官等，具体负责有关看管和押运官物，诉讼案卷等的整理、抄录，充当官员的随从等；乡役主要有里正、户长、眷长等，具体负责督课赋税，逐捕盗贼，奔走驱使等，有点类似于今天的财税协管员、公安协警、政府跑腿打杂的勤杂人员。那么，如何来派遣这些差役呢？宋朝把全国百姓按照财产状况分成十个等级，这十个等级中又分成三类。第一类是有功名官爵的士大夫，这些人不服差役，毕竟宋朝执政理念是与士大夫共治天下的；第二类是城市六等以下和农村四等以下的百姓，这些人是社会底层的弱势群体，生活贫困，不能把他们逼成流民，影响社会稳定，花钱买平安也是基本国策，所以这部分人也不服差役；第三类就是没有功名且在城市六等以上、农村四等以上的百姓，基本属于社会的中产阶层，小康人家，这部分人必须服差役。如果把社会看做一个橄榄形结构，那么两端免责，中间是服差役的基本主体。这就是宋王朝由祖宗定制的差役法的基本内涵。

中产阶层是社会稳定的基石和发展的动力。但是，由于制度设计的缺陷，它们事实上成了为地方政府提供政务服务的编外出力者、财政额外负担的承担者，名目繁多的差役让它们苦不堪言，怨声载道。韩琦曾上书曰："州县生民之苦，无重于里正衙前。自兵兴以来，残剥尤甚。至有孀母改嫁，亲族分居。或弃田与人以免上等，或非分求死以就单丁，规图百端，以苟脱沟壑之患。"知谏院吴充上书说："民间规避重役，土地不敢多耕，而避户等，骨肉不敢义聚，而惮人丁。甚者嫁母离亲，以求兄弟异籍。……又近年以来，上户寝少，中下户寝多，役使频仍，农人不得不困，地力不得不遗。养生之资有所不足，则不得已而为工商，又不得已而为盗贼。国家之患，常兆于此。"连司马光亦云："故置乡户衙前以来，民益困乏，不敢营生，富者返不如贫，贫者不敢求富。……臣尝行于村落，见农民生具之微而问其故，皆言不敢为也。今欲多种一桑，多置一牛，蓄二年之粮，藏十匹之帛，邻里已目为富室，指使以为衙前矣，况敢益田畴、葺庐舍乎！"一句话，差役法弄得富户求贫，贫户不敢致富，人人争戴"贫困户"帽子，甚至老母改嫁，亲族分家，夫妻离婚，弃田不耕，壮士自残自伤，出家为僧等，想着法子来逃避差役，社会被严重扭曲。如此下去，深受其害的不单是农户，国家亦因农户避役，造成农业生产发展迟滞与赋税收入流失，对其进行改革也就势在必行。

实际上，在王安石推行免役法之前不少地方就开始了部分的改革探索。仁宗时期，荆湖转运使王逢就允许百姓出钱抵差役。王安石当年在鄞县也施行过类似于此的政策。熙宁初年，成都府知府韩绛在高人指点下，通过增加税率（钱谷各十分之一），以此去招募人员充当差役。这些基层的改革实践，为王安石役法改革提供了基础。熙宁二年年底，改革领导小组专班开始研究地方既有的实践成果和原有的役法相关条文，确定了新法"计产定赋，募民代役"的改革原则，并派出官员就新的役法草案到各地州县进行调研，征询意见。熙宁三年五月至七月，司农寺代替已被撤销的制置三司条例司主持役法等的变革，吕惠卿主持起草了法案，并在一两个州内试行。期间吕惠卿因丧事离职，由曾布主持后续试点和免役法的修订工作。最后，免役法于熙宁四年十月正式颁布施行。这次新法的推出，王安石汲取青苗法的教训，广泛征求意见，反复试点，从讨论、制订、试点到推向全国，历时三年多。役法公布后，还要"揭示一月，民无异辞"，方才正式施行。并且，还规定各地可以根据自身实际，依据役事需要合理确定役人多少、役钱多少，不搞"一刀切"。应该说，免役法的制订和推出还是较好地遵循了民主、公开、公平、公正的原则。

免役法对差役法最大的改革就是变对部分群体的役力摊派为向社会全体征收役钱（相当于所得税），通过役钱用市场的办法来配置役事与役人，也就是把原来按照主户、户等轮充差役的办法改为当役者缴纳役钱，州县政府出钱募人应役，以确保基层政权正常运转。

免役法的核心要义就三句话：第一句话，方式上官府"花钱买服务"；第二句话，钱的来源上"羊毛出在羊身上"；第三句话，钱的规模上各地"以事定费"，即"以一州一县之力供一州一县之费"。

所谓"花钱买服务"就是官府过去由当役者轮差充役，现在改为拿钱到人力资源市场上去公开招聘专业人员来充役，衙前、里正、户长等役招募三等以上税户来代役；管理公有资产、官物的衙前一役还需要以物产为抵押；应募书记、典吏的，要考核文书计算，应募弓手的要试武艺，合格者方许就募。入聘者的报酬根据所从事的役类的轻重来确定，役期合同一般为两年或三年，期满后，愿继续留任者可以续聘。

官府的募役方式变了，带来的核心问题就是钱从哪里来。当役的公民要么出力，要么出钱，"羊毛出在羊身上"这是一个基本原则。首先，依据财产状况划分城乡民户的等级。将主户按财产多寡注籍，上户分五等，中户分三等，下户分两等，坊郭户也分十等。其次，按户等相应缴纳役赋钱。过去轮冲差役的四等以上户，如果不愿服役，那就每年随夏秋二税输纳"免役钱"，这是官府募役经费来源的主渠道；过去不负担差役的官户、寺观户、幼郭户、女户、单丁户和未成丁户，按定额的半数缴纳役钱，称"助役钱"；各地为备荒灾、兴修水利、朝廷推恩应急、弥补政府自身工作经费不足等，在各户应纳的定额之外另加收五分之一，称"免役宽剩钱"，由各地存留备用。此外，坊场、河渡等公有经营性资产过去由投名衙前的差役者来负责经营、管理，现在不再由私人打理，由官府立价租赁给愿意经营者，但承担差役者可优先购买，这笔钱也用来雇人充役。

经费来源渠道明确了，那么地方政府此项年度经费规模应该多大也需要予以明确，过大则百姓负担重，过小则事不够用。朝廷放权于地方，让地方根据各自的事物多寡、人口及区域大小等来确定，"以事定费，以费养事"。

免役法先在开封府界试点，效果很好。一年以后，也就是熙宁三年（公元1070年）十月推向全国。权知开封府的韩维向神宗报告试点成效时说，开封府一年减少乡户衙前近千人，节省开支十八万一千余缗，老百姓甚为喜悦。王安石在推行免役法过程中，为确保簿籍属实、民户等级划分公正，防止豪绅大户营私舞弊，规定坊郭每五年，乡村每三年，在农闲季节对人户田地及财产进行一次核实，张榜公示，动态调整民户的相应等级。

免役法从制度设计到政策落地比较严谨，也比较利民，操作过程也比较公开透明，是一部良法。王安石对此颇为自得，他说："九州之民，贫富不均，风俗不齐，版籍之高下不足据。今一旦变之，则使之家至户到，均平如一"。王安石自鸣得意的地方就是拿既得利益集团开刀了，实现了各社会阶层"均平如一"的平等。有苛求者说王安石言过其实了，士大夫等特权阶层所交的助役钱又只有免役钱的一半，革命没有革到位，根本谈不上"均平如一"。也许王安石当时有其难言的地方，能够让那些既得利益者缴纳助役钱很不容易，是重大突破，进步来之不易，可以称得上是变法的得意之作。后世学者也许是据此而说王安石是中小地主和自耕家的代言人。也正因为他动了既得利益集团的奶酪，所以遭到保守派的群起反击。文彦博与神宗有一场旷世经典的对话，有一天神宗与大臣之间谈论免役法等新法，文彦博说："祖宗法制俱在，不需更张以失人心。"神宗很温和地反问道："更张法制，与士大夫诚多不悦，然于百姓何所不便？"也就是说新法确实侵损了士大夫的利益，但对老百姓应该是有益处的呀，老百姓应该欢迎呀。文彦博极富天才而又率真地回答："为与士大夫治天下，非与百姓治天下也。"如此鲜明的阶级性和价值取向，让后世无语。让人好笑的还有司马光，他简直是为反对而反对。变法之前，他批判差役法，改革之后他又骂免役法，痛陈其有五大害处：上等户要年年出钱，无有休息；民户出免役钱，驱迫贫民；招募的役人是社会浮良之人，管理官物靠不住；如遇凶年，则逼民拆屋伐桑以卖薪，杀牛以卖肉；加收宽剩钱为聚敛之臣寻租留了空间。司马光一下说了五大点，核心就第一点，也就是免役法侵害了上等户的既得利益。他不像文彦博那样赤裸裸，所以得用后面四个观点来遮羞；其实，这四点问题并不是法本身的问题，而是操作中的工作失误，属于枝节问题，而非主流，更何况之前他批判差役法时指出的问题也不过是这些陈词滥调。后来，元祐更化时司马光要废免役法，恢复差役法，苏轼当面指出要一分为二地看待差役法和免役法，他说："差役、免役各有利害。免役之害，搰敛民财，十室九空，钱聚于上而下有钱荒之患。差役之害，民常在官，不得专力于农，而贪吏猾胥得缘为奸。此二害轻重，盖略相等，今以彼易此，民未必乐。"司马光尽管对待差役法的看法前后矛盾，但他根本听不进苏轼的意见，凡老王头搞的事必反之，没什么好说的。朝臣之中反对免役法的人大有人在，监察御史刘挚就陈说新法十害，把由募役费用分摊所引起的利益关系调整以及免役法执行中可能出现的一些枝节问题上升为原则问题，看不到免役法对均平赋役与发展农业生产的积极

北宋变革风云

作用，本末倒置地否定免役法。

王安石在运用经济手段改革役法的同时，还对地方政府机构进行了改革，压缩行政事务和机构，节约行政费用。裁撤合并州县，如郑州降为管城县后，仅役人就减少400多人。据记载，熙宁期间役人由先前的53.6万余人减为47.9万人，节省了大量的行政成本。事实上，政策组合拳一打，加之免役法的推进工作还是比较务实的，所以总体施行还算成功。首先，增加了政府财政收入。以熙宁九年为例，仅免役、助役钱两项收入中，实际支出约六成多，盈余将近四成，这还不包括用于地方政府保运转的免役宽剩钱。其次，将过去的民户轮差改为募役充差，有利于稳定官府应役人员，提高队伍素质，便于政府管理。再次，要求全民输纳役钱，多少减轻了中产阶层和自耕农的赋役负担。最后，募役替代差役释放了农民的人身自由，这有利于农民专心务农，促进社会经济的发展。总之，免役法具有制度创新的特点，同时也具有时代的进步意义。

第八节　农基建设

农业是经济的命脉，农田水利基础设施是农业的根本。王安石长期在地方工作，对农田水利基础设施建设非常重视，也积累了丰富的实践经验。当年他在鄞县当县长的时候，大搞水利建设，取得了辉煌的成绩；后来知常州当市长的时候，也是大搞水利建设，但下属诸县不给力，老天爷也不配合，结果劳民伤财失败了。神宗把他调入中央主持变法工作，他就立即着手总结过去农田水利建设的制度性缺陷，研制出台新的法规，以加快基本民生工程的建设。

熙宁变法以前的农田水利建设状况是，其一，建设经费筹措难，项目建设所需人财物一般由受益民户按田亩均摊，中央财政不管，地方无力管。其二，政府管理职能缺位，对水利设施轻视管理。其三，对地方政府缺乏相应的业绩考核，干与不干一个样。神宗即位，志在富国，故以劝农为先，采取了一系列措施促进农田水利建设的措施。第一，派出中央调查组深入全国各地调研农田水利状况；第二，奖励兴修农田水利的地方官员；第三，将兴修农田水利纳入地方官员政绩考核内容。总之，神宗和王安石在做了这样一些实践探索之后，总结历史经验教训，于熙宁二年（公元 1069 年）闰十一月，也就是变法的第一个冬闲时节推出了新的农田水利法（即农田利害条约），这是中国古代第一部较为完整的、专门规定农田水利的全国性行政法规，体现了王安石"欲富天下则资之天地"的经济改革思想。

农田水利法的核心要意如下：

第一，明确制定了百姓、官员的奖惩制度。鼓励地方官员上项目，对农田水利建设项目有功的官员，按灌溉面积的大小给予相应的奖励和提拔重用。鼓励社会贤达和农田水利能人对于兴修水利、开垦土地、改良耕作等建言献策，所提建议一经采纳并实施，按照功利大小奖励；而对于故意阻挠工程修建、不出工料的人，则加以惩罚。

第二，严格工程的报批、监管制度。农田水利一般工程量大，攸关一方百姓生产生活命脉，项目建好了利国利民，搞砸了轻则劳民伤财，重则破坏自然、损害百姓，因此要严格把关。立项之前各级官员要广听民意，要进行科学调查，重大工程要上报朝廷审批；项目建设必须要有施工图以及实施方法，并呈报上级机关进行图审。建设过程之中，朝廷还会根据情况实行差官察访，对项目进行监督，确保工程完工质量。

第三，明确项目建设的保障机制。项目一动工，人、财、物就是关键了。对此，农田水利法专门做了相应的规定。人力来源以受益民户按照户等出工为主体，以军队支援和招募饥民为辅。其中，招募饥民既有劳力需求的考虑，也有维稳助弱的考量。资金来源有政府投资和民间投资，但优先鼓励民间投资。民间投资分为有偿贷款和无偿捐款，对无偿捐资者，官府给予奖励。民力不足的，官府用青苗钱来提供长期、低息贷款，取息一分。跨州跨县的，可以联合出资，共同建设。工程用料主要由当地受益民户按照户等高下分派。

农田水利法是一部得民心的良法，可反对者还是逢新法必反。苏轼说王安石大搞农田水利建设是"即鹿无虞"，不仅徒劳，而且烦扰。文彦博对王安石主张疏浚漳河大加反对，在皇帝面前告刁状。刘挚指责农田水利建设是"劳民而无功，费大而无用"。这些反对者们道德文章一流，自己去做无招无术，别人去做又总是喜欢说三道四，鸡蛋里面挑骨头。不过，农田水利法的出台极大地调动了各方面的积极性，各地官吏、士民纷纷上调陈，献良策，地方政府跑步进京争项目的热情高涨，兴修了大量的水利工程，有力地促进了农业的发展。此法令在颁布之后的七个年头里，当时全国兴修的水利工程达一万多处，灌溉民田三十六万多顷。河流得到大力整治，神宗执政期间共疏浚河流四十二次。其总量高居北宋王朝诸位帝王之首。其大者如竣黄河、清汴河等，其功至伟。

农业的根本问题除了农田水利设施建设以外，还有一个重大的制度问题，那就是税赋公平，方田均税法应运而生。

方田均税法发端于仁宗朝，由当时的大理寺丞郭谘首创。北宋初期，地籍管理长期紊乱失调，一方面，土地兼并猖獗，豪绅大户土地日增而田赋并未随之增加；另一方面，贫农土地变卖出去了而田赋并未随之调减。宋仁宗景祐年间，河北肥乡县发生了一起群体性稳定事件，起因豪绅大户大肆兼并，却隐田隐丁，该征的税赋征不到，而贫苦百姓失地却税赋不减，不该收的死收，穷人不堪重负，致使民怨沸腾，集体上访，已经严重影响了肥乡县社会稳定。面对这一突发事件，时任河北转运使的杨偕忧心忡忡，一筹莫展，上书朝廷求救，请求委派与己私交甚厚且又有丰富财税工作经验的大理寺丞郭谘来坐镇处理这一起因田赋不均所引起的社会矛盾。仁宗准奏并派遣秘书丞孙琳作为副手协助郭谘前往处置。他们俩一上任深入基层开展调查研究，摸情况，听民意，发现问题的症结在于土地台账不清，地籍长久没有复核。于是，提出对土地重新勘测、复核，登记造册，并按实际占有土地多少来确定税赋，也就是方田均税法。具体做法，首先，确定丈量单位"方田"，以东西南北各千步为一方，面积约相当于四千一百六十六亩。其次，确定"均税"，按照方田土地的贫瘠程度划分五等，分等定税。再次，确定组织者和实施步骤，土地丈量勘测工作由县府来组织实施，分两步走，从农闲的九月开始进行测量，到下年三月将丈量结果和所定税负张榜示众，然后付诸实施。实施方田均税法效果很明显，据《肥乡县志》记载，当年肥乡县免除无地而有租税者四百家，纠正有地而无租税者一百家，收取逃漏税款八十万贯，逃亡的农民又重归故里，安居乐业了。郭谘与孙琳在肥乡县的试验大获成功，轰动朝野，朝廷决定在亳、寿、汝、蔡四州扩大试点。但是由于触动了豪绅大户的既得利益，遭到他们及统治集团的强烈反对，方田均税法的试点工作遂不了了之。

宋神宗熙宁五年（公元1072年）八月，王安石把郭谘的方田法加以总结和提升，制定了新的《方田均税条约》。此法在内容上没有什么创新，只是把当年仁宗中断了的试点在全国范围正式推开，力求均衡税负，消除了隐田逃税，同时鼓励开垦荒地，对新增的荒弃土地进行耕种不征税。是年此法推行，先在京东路实施，随后在黄河流域的河北、陕西、河东等五路全面推开，清丈复核了约占当时全国征税田亩的54%，这么大规模的土地普查在古代中国实属罕见，堪称壮举。清查出来的隐田逃税的土地也规模很大，增加了国家赋税收入。因此，方田均税法施行还是成功的，但是，同样由于保守派及既得利益集团的反对，到元丰八年（公元1085年）被迫停止，共推行了不到十四年。

第九节　变法强军

强军以振大宋雄风是少年天子神宗变法的原始动力和终极目标，富国是强军的手段。王安石则把富国与强军有机地结合起来，构织成了神宗的赵宋王朝的"复兴梦"。由于王朝防内甚于防外，防武甚于防文，在此体制下军队成为重灾区，包袱沉重还战斗力低下，对外十战九败，毫无军威。为了切实改变军队的被动、混乱局面，王安石在神宗的直接领导下，实施了保甲法、将兵法、保马法、设置军器监等法令，大力推行强军战略。

整顿军队是一个敏感的问题，处理不好就会酿成大乱。早在庆历新政前后，一些有识之士就对朝廷的"冗兵"非常关注。皇祐元年（公元1049年），朝中宰相、枢密使等重臣提出省兵，建议裁减禁军。王安石对此有他独到的见解，当时他在《省兵》一诗中是这样论述的：

有客语省兵，兵省非所先。方今将不择，独以兵乘边。

前攻已破散，后距方完坚。以众凡彼寡，虽危犹幸全。

将既非其才，议又不得专。兵少败孰继，胡来饮秦川。

万一虽不尔，省兵当何缘？骄惰习已久，去归岂能田！

不田亦不桑，衣食犹兵然。省兵岂无时，施置有后前。

王功所由起，古有七月篇。百官勤俭慈，劳者已息肩。

游民慕草野，岁熟不在天。择将付以职，省兵果有年。

王安石认为在军队战斗力低下的情况下不可轻言省兵，兵力质量不行，只能以数量拼凑，如果真要省兵须要有择将强兵的配套改革，假以时日，方可有成。在目前的状况下，不应贸然行事，况且这帮老爷兵骄惰成习，硬裁下来也一时不可能改变旧习，还得让地方白养着，不养他们就会为贼为盗，为害更大。

那么怎样解决问题呢？王安石提出两个并行的方案，一是加强"正规军"的建设，择将治军，加强练兵，提高军队的战斗力，以质量代替数量；二是加强"预备役部队"建设，藏兵于农，裁减游民，减少兵额，减轻农民负担，压缩国防开支，而且在操作上后者优先。

王安石清醒地看到了宋朝兵役制度的缺陷，募兵制所引起的军队"虚胖"到了必须改革的时候了。他主张逐步减少禁军数量，恢复古代兵农合一的制度，推行保甲制。熙宁三年（公元1070年）颁布保甲法，首先，明确编制分组。规定各地农村住户，不论主户或客户，由近及远结为诸保，每十户为一保，选主户出钱多、身体壮者一人为保长；五保为一大保，选主户中出钱多、武艺高强者为大保长；十大保为一都保，仍选主户中最能服众、出钱最多、智勇最强者二人为都保正和副保正；凡家有两丁以上的，出一人为保丁，组成诸保队伍。其次，明确任务。一是农闲时进行军事训练，自备基本武器，教习武艺；二是承担保内的治安稳定，平时巡逻、警戒、联勤联保。再次，明确责任。捕捉到盗贼可以去领赏；违反治安则实行连坐制度，如果保内有人犯强盗、杀人、强奸、传布妖教等罪，知情不报，连坐受罚。保甲法最初只在开封、祥府二县试行，效果不错，深得神宗和王安石的肯定。很快试点扩大到开封府辖区内的十七个县，接着又推广至京东、京西、河北、河东、陕西等地，熙宁六年（公元1073年）七月开始，在全国范围内普遍推广。期间在推行过程中，对保甲编制陆续作了一些补充和修改的规定，如将原来十户为一保调整为五户为一保，相应地大保和都保的规模也缩减了一半，分别为二十五户为一大保，二百五十户为一都保。

王安石不遗余力地实施保甲法，是深有战略考虑的。熙宁四年三月的一天，神宗与王安石君臣论道，谈起保甲法。王安石说："今所以为保甲，足以除盗；然非特除盗也，固可渐习其为兵。既人人能射，然后与募兵相参，则可以消募兵骄志，省养兵财费。"应该说，王安石对保甲法是言之有据，实事求是。保甲法的首要目的是维稳除盗，消灭民变于萌芽之中。在开封实行保甲法后，盗贼比之昔时，减少了七八成。尤其是在防范民变方面成效明显，以往国内民变起义经常不断，保甲法实行之后，十多年没有发生什么农民起义的事件，可谓是"保甲之法成则寇乱息"。然后是保丁素质提高，有力支援了边防力量。全国大练弓弩，人人能射，培养出了一支具有军事素养的庞大后备军，全国保甲总数达到六百九十三万人。其中，在开封府界和西北五路，受过军事训练的保甲民兵达到五十七万多人，绝大部分分布在辽夏边境地区，起到了对外的威慑作用。再有就是以预备役的民兵取代现役部队的募兵，破解冗兵、冗费的困局。熙宁八年，保丁武装由原来农业部门主管调整为国防部门主管，统筹民兵预备役与正规军的编制、经费、训练、指挥调度等，彼此相参为用。据宋史记载，保甲费只及养兵的十之一二，禁军缺额不再填补，每年节省募兵费用六十六万多贯，这笔节省下来的费用由各路专项存储，以备国防应急，而且军队战斗力并未因禁军减少而减弱。由此观之，保甲法对于国家财政和军队建设都有利。

跟其他新法一样，保甲法也遭到了以司马光为首的保守派的反对。第一种观点认为，"募役制"乃祖宗法度，不能改。王安石反击说：保甲之法，起源于春秋战国的丘甲制度，管仲、子产、商鞅等名相都使用过此法，汉朝仲长统还写书论述过它，而非今日才搞的什么标新立异的新法，因此，保甲法是有法源基础的。第二种观点认为，保甲法增强民间武装力量，削弱了中央政权对军队的绝对控制权，担心防民变成为助民变。司马光就直接说："设保甲、保马本欲除盗，乃更资盗也。"王安石则认为由忠厚老实的农民经过训练之后所组成的民兵在政治上是可以信赖的，把他们组织起来并加强管理本身就是为了防范民变的风险，不存在资盗的问题，相反还完全可以承担起保家卫国的重任，是禁军的有益补充。第三种观点认为，保甲法增加了民众负担，引起另一方面的不稳定。保甲法要求普通民众自备武器装备，增加了额外负担，还要经常抽出时间进行军事训练，增加了劳役。熙宁六年，开封府发生了上千群众集体进京上访事件，诉其县令违反法令，在农忙季节进行训练，引起神宗对保甲法的批评。韩维、王拱辰、邵雍等纷纷痛陈保甲法扰民。

以将兵法整顿禁军，以保甲法训练民兵，是王安石军事改革的两大基石。在保甲法推出之后，他开始着手实施将兵法。第一步，"省兵并营"，裁军提质。军队减员，首先裁老，将原六十一岁退伍年龄降至五十岁以下；其次裁弱，通过考核，把禁军和厢兵中那些身高不合格体能不达标的，一律淘汰。兵员提质，就是把农村民兵预备役中身强力壮武功高的青年人补充到正规军里来。另外，王安石还通过"并营"的方式对军队建制进行裁减。禁军按马军一营三百人，步军一营四百人的编制进行合并，厢军按一营五百人进行裁并，并营之后各地军队机构数大为精简。以陕西为例，陕西是西北用兵重地，之前马、步军营有三百二十七个，合并后为二百二十七个，成建制地减掉了一百个营。通过综合裁军，国家军队总员额从一百二十多万人减至不到八十万人，一下就裁掉了三分之一，长期困扰军队和国家的"冗兵"

问题得以大为缓解。第二步，就要解决"兵不识将，将不识兵"，以及将帅素质不高的问题，这是军改的关键。

熙宁七年，神宗和王安石针对过去"更戍法"存在的兵将分离、指挥不力等弊端，开始实施兵制改革，推出了将兵法（也称置将法）。首先，调整军事建制，突出"将"的主体地位。禁军原有建制分为厢、军、营、都四级，现重新改组为将、部、队三级。"将"并非将帅，而是相当于今天的"军"的军事建制单位，其所辖兵力在一万人左右，设正将和副将各一人为统兵官。将之下又设有部、队的编制，统兵官为部将、队将。按照重点布防西北边疆、加强京师拱卫的战略构想，重新调整了全国的军事部署，全国共设九十二将，其中，鄜延五路设四十二将，京畿设三十七将，东南六路设十三将，形成了积极防御、主动作为的军事新格局。其次，固化将兵关系，强化将的统兵权限。过去更戍法刻意让将不识兵、兵不识将，现在改由军事职业素养好、实战经验丰富、爱兵如子的将官统领一部，辖区比较固定，地方州县不得干预其军事权力；同时，在将中设置专门的训练官，加强对士兵的军事训练，"早晚两教""日夜按习武艺"。军队部署完毕，士兵也不再随意调动，兵、将之间相对固定，兵知其将，将练其兵，提高了军队的战斗素质。

军改是一个系统工程，保甲法和将兵法解决了人的问题，但武器装备也是非常关键的因素。赵宋王朝长期遭受北方外敌的骚扰和侵袭，北方外敌马匹精良，骁勇善骑，因此，加快养好战马成为补齐战略短板的必然选择。神宗时，宋朝战马只有十五万余匹，而汉朝达到四十万匹以上，唐朝达到七十万匹以上，差距甚远。汉唐马政，都是采取国营私营两条腿走路的办法，官府用优惠政策激励民牧。北宋主要依赖国营养马，群牧司就是专门负责马政工作的政府部门，"掌内外厩牧之事，周知国马之政，而察其登耗"。王安石、司马光等都在此工作过。由官府负责军马放养，马没养好倒养了一大批贪官、闲官，真是国家花巨资，却整出个马多瘦弱官多肥。据叶清臣估计，仁宗朝时马政的状况是，成本高，平均养一马，岁费达五百多缗；占地大，全国监马不到四万匹，占用良田多达九万余顷；品质差，牧监之马多不合骑用，每"驱至边境，未战而冻死者十八九"。神宗朝在实施保马法之前，状况也差不多，每岁出马1640匹，可供骑兵之用者才264匹，合格率约百分之六十，每年亏损五十多万缗。当时很多有识之士，包括王旦、丁度、宋祁、叶清臣、李中师等，都先后提出官退民进的办法，鼓励民间养马。叶清臣还提出了具体方案，成为保马法的初始法源。

王安石根据当时全国马政工作的状况，借鉴前期一些有识之士的改革建议，出台了保马法，即采用"计划＋市场"办法，将过去官府独包独揽的牧监养马的方式改为"官府计划指导，民户自愿养马，再由官府收购并给予奖励"的军民融合的方式。所谓官府计划指导，就是规定原则上每户养一匹，富户可以养两匹；官府对愿意养马的民户给予专项资助，民户所养的幼马可以由官府直接提供，也可以由官府出钱让牧民自行购买；马养好以后验收合格，官府回购，同时给予奖励，可以免除养马户一定的税赋，当然，如果马病死了也要负责赔偿。熙宁五年五月，保马法在开封府界诸县施行，所养军马限定每年不许超过三千匹。由于试点情况很好，马匹质量提高了，成本又大为降低，次年八月，扩大试点，在北部边境的京东、京西、河北、河东、陕西五路全面推行，军马限额为五千匹，大致上每路一千匹。政府每年都要组织力量对养马户所养马匹进行质量检查，开封府由群牧司负责，其他五路委派转运司、经略司、州县地方官负责。保马法实施后，民间养马成本比原来官养每匹节省将近一半，而死亡率也下降了一半，经济效果很明显。另外，保马法还允许保甲骑所养马追捕盗贼，军事

北宋变革风云

训练时可以用来习骑战，养训结合，一举两得，加强了北宋的军事力量。

保马法本是良法，但反对者总是把政策执行过程中的问题放大于原则问题，为反对而反对。特别是随着王安石愤然罢相，政令不行，吏治不清，保马法在执行中日益走样，成为政府逐利欺民的工具，百姓多有怨言。宋神宗死后，保马法被废。

除了战马以外，武器装备水平也是直接决定军事实力的重要因素。当时武器生产状况可谓是散乱差，毫无规制。所谓散者，就是武器制作集中度低，朝廷有东西作坊，地方有都作院，民间有个体手工业者，各自散落，规模都不大，没有行业联系。所谓乱者，就是官府管理松弛无力，制作本身也没有技术标准，各自为政。朝廷没有专门的部门和专门的官员来管理兵器制造，是由三司盐铁部兼管，盐铁部下面有七案，具体业务归其中的胄案管理，官员层级很低，而且是兼管。王朝承平久远已越百年，加之长期重文轻武，这些官员不重视兵器制造，也不专业，所以管理大多流于形式。所谓差者，就是质量粗糙，以次充好，更有甚者官商勾结，竟有以纸为甲者。面对这一状况，王安石的儿子王雱上言，建议"敛数州之所作而聚以为一处""募天下之良工，散为匠师于诸监，而朝廷亦当内置工官以总制其事，然后查其精窳之实，而重为赏罚"。也就是说，朝廷应当将散居各地的能工巧匠集中起来，把个体生产方式转变为企业化、专业化、规模化生产；同时，朝廷派出懂行的官员来专门管理，加强对武器生产的质量监管，并予以重奖重罚，确保制造出精品。神宗和王安石以为有理，就采纳了这一建议。熙宁六年六月，朝廷成立了军器监，并设判军器监、同判军器监各一人，吕惠卿、曾孝宽分别为首任，统领本监政务，由此结束了军工领域事无专官的历史。

军器监依托东西作坊进行重新组建。首先，网罗天下人才，鼓励各地对兵器有看法、有想法、有点子、有绝活、有手艺的制造者前来投奔报效，广纳从业者。高峰时期军器监有工匠八千多人，役兵、杂务人员近万人，规模很大，可谓是王朝的特大型国企。其次，强化专业化分工协作，严格制作工艺。军器监下设东西作坊、作坊物料库、皮角场库、广备指挥四大机构。东西作坊是兵器制造的总成部门，主要负责制造兵器、旗帜、戎帐、行物等，下设52作，相当于52个专业生产车间；作坊物料库是为兵器总成服务的辅助生产部门；皮角场库主要是负责收集以皮革、角筋等为主的原材料；广备指挥是专门负责有关攻城方面的军用器械的制造，下设二十一作。再次，加强对主管官员的监督、管理，严格考核。如果工作不卖力或者武器制作不精或者不遵守技术保密要求的，视情节轻重，"黜陟其官吏"。此外，还注意在军器监各作之间开展技术比武，搞产品质量竞赛，奖励优胜者。这些措施的综合施策，在较短的时间内就促进了宋朝的兵器质量与数量大幅提升，各种武器，"皆极完备"，数量"不可胜计"，一旦打仗，"可足数十年之用"。

军器监的设置，尽管反对派不断指责其在扩张中存在扰民的弊端，但它对当时王朝的兵器制造的直接贡献和对后世的影响都是巨大而深远的。它不仅直接提升了宋朝的武器生产的规模和技术水平，而且极大地促进了创造发明和理论创新。宋朝最杰出的科学家沈括曾担任过军器监的领导，一大批技术创新和发明不断涌现，王朝的发明创造无论是数量还是水平都雄居历朝之最。此外，在实践的基础上兵器制造理论研究蓬勃发展，总共讨论编写了一百一十卷"军器法式"专著，对兵器种类和制造方式进行了详细介绍，对后世影响远超当时的兵器生产本身。军器监的大规模化生产和专业化协作，改变了传统的手工业者的生产方式，还带动了采矿、冶炼、纺织等相关产业，促进了工商企业的竞相发展。

培养和造就军事人才，特别是高级军事指挥人才，是事关军事改革成败的重要保障。王安石认为宋军的痼疾是"将非其才，议不得专"，他在《上仁宗皇帝言事书》中就指出，先王之时士人是文武兼学，出则为将，入则为官，士大夫充任边疆、宿卫毫无问题；而今文武分离，文士耻于言武，武官短于知文，军中兵将战则无策，居则无行，将边疆、宿卫如此重任付于此辈，如何得安！王安石一语中的，切中时弊。为了加速培养军事人才，熙宁五年（公元 1072 年），神宗下诏开办军事学校，规定学制 3 年，主要学习军事理论，包括战法战术、排兵布阵、个人武艺等，以及军事历史和以"忠义"为核心的儒家文化教育，以培养其忠君爱国的精神。学员可以是未授职的低级官员，也可以是有一定军事知识技能的平民，但都需要经过有关的考试，武举合格者可以直接入学，学习期间的费用都是由朝廷公费予以保障。军校选择懂得兵法知识的文武官员来担任教授，此外，还有一定数量的现役部队，来配合参与教学实战演练。

王安石全面整顿军队，取得了非常明显的改革成效。一是裁汰了大量冗兵，纠正了骄惰之风，禁军较前精锐。在神宗执政期间，对西夏战争常有以少胜多的战例，例如，刘昌祚曾以二千骑兵，击退西夏骑兵一万余。二是将兵法的实施造就了一批能文能武的将星。神宗变法时期，正是宋朝名将辈出的时代，王韶、种谔、郭逵、章楶、刘昌祚、蔡挺等堪称智勇双全的将帅。他们在宋夏战争和交趾战争中，发挥了关键作用。三是武器装备质量和数量双双大为提高。"戈矛弧矢甲胄刀剑之类，皆极完具""可足数十年之用"。另外，战马的供应状况也有明显的改善。四是军粮的供应相当可观，财物的积蓄十分雄厚。元丰七年二月，河北转运使吴雍就得意地说，国库储备的人粮马料至少可支六年，"河北十七州边防大计，仓廪充实"。

战争是检验军改的终极标准。神宗执政期间战争不断，小仗几乎年年打。在西北战场上，第一场战役就是熙河之战。治平元年，西夏以宋廷侮辱其所派遣祭悼宋仁宗的使者为由，出兵十万进攻宋秦凤、泾原、环庆路，宋夏战争烽烟再起。这场战争在英宗朝爆发，但一直延烧到神宗朝。神宗即位以后，变法图强，"奋然将雪数世之耻"。期间，仗年年打，互有胜负。熙宁四年，神宗和王安石采纳王韶"国家欲制西夏，当复河湟，河湟复，则西夏有腹背之忧"的建议，设洮河安抚司，责成王韶牵头经略今甘肃至青海一带的河湟地区，后又扩展至古渭寨（今甘肃陇西）。王韶软硬两手：一手怀柔，招抚蕃部、创设市易司、募人营田等；另一手铁腕弹压，对那些顽抗作乱的蕃族坚决打压。经过一年多的剿抚，王韶收复 5 州，拓地 2000 余里，有效控制了西夏的战略通道，取得了对夏战争的重大胜利。

神宗的第二场战争是发生在南方的交趾之战。熙宁八年（公元1075 年）冬，交趾（今越南）辅国太尉李常杰率八万人马，分兵三路进攻钦州（今广西灵山）、廉州（今合浦）、邕州（今南宁），大肆屠城，杀害北宋军民十余万人，震惊朝野。熙宁九年（公元 1076 年），宋军反击交趾，由郭逵率十万主力挥师南下，经过军民联合，英勇战斗，一举击败了交趾军，不仅收复了失地，还推进到越南的纵深地带，占领了不少州县，交趾王李乾德被迫奉表求和。这场战争，前期宋朝防守空虚，尽管局部有顽强抵抗，但难逃溃败之命；后期劳师远征，虽损失惨重，但最终取得胜利。因此，这样的结果对于神宗的军改来说还算是交代得过去。

此外，在南方从熙宁到元丰年间也先后发生了四川的渝州、泸州，以及荆湖路、福建路较大规模的民变或叛乱，但都被朝廷镇压下去了。宋朝对内作战非常成功，保甲法功不可没，神宗和王安石的军改成效还是明显的。

宋神宗进行的第三场大战是元丰年间的宋夏战争。元丰四年（公元 1081 年）四月，神宗决定乘西夏发生内乱（梁太后囚禁惠宗秉常）对西夏发动进攻，以图一举解决西夏问题。神宗兵发五路，李宪部出熙河路，种谔部出鄜延路，高遵裕部出环庆路，刘昌祚部出泾原路，王中正部出河东路，五路兵力约三十余万人，另有民夫约三十万人。按作战计划，泾原、环庆两路合取灵州；河东、鄜延两路先会师夏州，再攻怀州，最后四路合攻兴州。宋廷还请吐蕃出兵渡黄河攻取凉州以牵制西夏。战略部署不错，初战也还顺，相继夺取兰州等部分地区，但是在十一月进攻灵州（今宁夏灵武西南）的关键战役中，各路兵马互不配合，有三路未按时到达，已到达的两路又协同混乱，久攻不下，最后反被西夏军绝地反击，宋军惨败，士兵、民夫阵亡溃散人数过半，达几十万人。一场力量极不对称的战争却让占优势的宋朝大败，神宗咽不下这口气，于次年正月，再度挥师征讨。这次宋军首先加强防御，在永乐下埭（今陕西米脂西）人工修筑了防御要塞"永乐城"，然后再谋取西夏首府兴州（今宁夏银川）、灵州。可是，"永乐城"刚一建成就遭到西夏军猛烈围攻，并于九月中旬沦陷，宋廷报告损失将士一万余人，而西夏方面则称打死打伤宋军及民夫二十余万人，总之，宋军损失几万人估计是有的。这一仗彻底击垮了神宗，家族忧郁症的遗传基因顿时被激活了，他临朝失态，放声大哭，已露疯状，从此忧郁成疾，绝了用兵西夏的念头，甚为可叹。此役惨败与神宗用人不当，将帅不和，内部不团结，军粮保障失策等密切相关。五路大军中有两人是神宗的宦官，不懂军事又刚愎自用，各路之间相互策应支援，协同作战很不够。神宗倾其所有，却败得一塌糊涂，教训惨痛，令人扼腕。在本来就是逢改必反的官场风气下，王安石的军事改革再度成为攻击的靶子。

宋夏之间的战争牵动了北方另一只更大的饿虎，辽趁机对宋施压讹诈，提出要重新划定北部蔚、应、朔三州地界。神宗急召大臣合议，韩琦这位当年仁宗朝经略西线的军中战将，这位曾经的宰相，此刻却站在辽国的立场换位思考，猛烈抨击军改。他不批评敌国贪得无厌，却批评朝廷做错了七事，触怒了敌人，让敌人不高兴。这所谓的七事，第一，不该跟辽的藩属高丽王国通商，损害了辽国的利益；第二，朝廷不该发动熙河战役，用武力夺取吐蕃王国的河汉地区，让辽国产生了"宋国威胁论"；第三，不应该在临近辽国的边界大量种植榆树柳树，阻挡了辽国骑兵奔驰；第四，国内实行保甲法，寓兵于农，教人民战斗技能，让辽国没有安全感；第五，不应该在黄河以北各州县修筑防御设施；第六，不应该办军工厂，造兵器，大量更新武器装备；第七，不应该在北部边境地区又是大量安置军事将领，又是大搞军事训练。这七项事情，让辽国不爽，觉得我们没有和平诚意，我们不应该刺激他们。当下首要的问题是废除上述七个方面所做的事情，停止军事改革，如此才能让辽国感到舒服、有安全感。见过各种各样的投降派，但没见过这样不要嘴脸、冒充"忠臣"的投降派，英雄可以一败涂地，但绝不能没有骨气。臭名昭著的"韩琦七项奏折"不是孤立现象，当年富弼就要求神宗"二十年不言兵"，文彦博在熙河战争之初就反对王韶的主动用兵，说夺取的五州没啥意义，后来司马光又把无数战士们用鲜血换来的土地拱手送回给敌国。有这样的所谓肱股大臣，有这样普遍弥漫的投降思维定式，割地屈从是必然的结果。经过两年的交涉，宋廷只得放弃七百里土地，长城以北尽归于辽国。可叹呀，当年的"鹰派"韩琦到老年变成了超级"鸽派"、投降派，他不急江山社稷，而急敌国之所急，把战争的失败全都归之于改革引起了敌人不爽。耐人寻味的是，整个王朝都弥漫着这样的苟安思维，当年的改革派后来都集体转向成为坚定的保守派，当年意气风发的"鹰派"后来都成了苟且偷安的"鸽派"。不知是人在变，还是时势在变，真是无法让人琢磨的王朝。

北宋变革风云

神宗出师未捷身先死，但他的继任者总算完成了他的遗愿。绍符时期，在改革家章惇的执政下，重新推行王安石强军改革路线，主动对西夏用兵，他敢于用兵也善于用兵，历经洪德城战役、两次平夏城之战，彻底击垮了西夏军队，解除了西北边患。应该说，那些全盘否定变法的人是有失公允的，宋夏长达八十余年的战争最终得以彻底解决，这个账应该算在神宗和王安石的军事变法上。

第十节　科教改革

王安石对他的变法大业是高度自信的，他认为顶层设计没问题，政策也是善政，但在执行中经常走样，成为反对派的靶子，问题就在于干部队伍人才匮乏，好经全让一帮歪嘴和尚念走了调。兵多而不能打仗，官多而不能理政，冗兵冗官充斥，只有数量，没有质量，只有人而无才，这就是干部队伍的现状。导致这一状况的深层原因就是科举教育制度出问题了。因此，改革科举教育制度事关大局，势在必行。

科举是教育的风向标和指挥棒，改革就先改指挥棒。早在庆历新政时期，范仲淹就提出了"精贡举"，主张取消诗赋，加大策论考试，在州县大力兴办学校。在这一点上，王安石与范仲淹前辈是高度契合的，并且站在他的肩膀上，有了更宏伟的规划。他在与神宗探讨对科举进行"更法"之时明确地说："古之取士俱本于学，请兴建学校以复古。其明经、诸科欲行废罢，取明经人数增进士额。"神宗深以为然，随后制发了改革科举的诏令："化民成俗，必自庠序；进贤兴能，抑籥贡举。而四方执经艺者专于诵数，趋乡举者狃于文辞，与古所谓'三物宾兴，九年大成'，亦已戾矣。"这封诏书不仅直接否定了记诵和诗赋，而且明确了学校和科举的功能定位，学校要承担化民成俗的责任，科举要起到进贤兴能的作用。神宗还在诏书中下令朝廷相关部门就改革的具体内容和措施进行研究，拿出改革方案来。

一石激起千层浪。科举改革的风声一出，就激起了群儒的反击，其中，苏东坡是急先锋。他文采飞扬，引经据典，对改革的新举措逐一批驳："……至于贡举，或曰乡举德行而略文章；或曰专取策论而罢诗赋；或欲举唐故事，采誉望而罢封弥；或欲变经生帖、墨而考大义，此数者皆非也"。你们这些变法人士整出来的所谓改革，诸如重学子的德行考核而轻文章，重策论而轻诗赋，仿效唐朝旧法搞什么让有德望的人保荐而废封弥，只考经文大义而废帖、墨，这些都是错误的。为什么？他进一步指出："自文章言之，则策论为有用，诗赋为无益；自政事言之，则诗赋、论策均为无用。然自祖宗以来莫之废者，以为设法取士，不过如此也。"在苏轼看来，策论于诗赋不过是五十步笑百步，对于政事而言，其本质都是"无用"的。更何况自祖宗立国以来，科举就是这样运行的，不也很好吗？最后他用大量的事实来佐证科举的积极作用，"近世文章华丽，无如杨亿。使亿尚在，则忠清鲠亮之士也。通经学古，无如孙复、石介。使复、介尚在，则迂阔诞谩之士也。矧自唐至今，以诗赋为名臣者，不可胜数，何负于天下，而必欲废之"。苏轼用正反两方面的例子论证了那些"通经学古"之辈也不见得比"文章华丽"之徒更高明，历史上用诗赋选出来的名臣不可胜数，足见诗赋取士的合理性。

高手过招，巅峰对决。巅峰之上坐着的是神宗，神宗和王安石亲密如一人。这就没办法了，科举制度改革还是按照王安石的思路往前推进。熙宁四年，神宗下诏更定科举法，"罢诗赋及明经诸科，专以经义论策试士"。具体新的措施如下：

（1）废除旧明经诸科，以前学习明经诸科的，都改考进士科。

（2）调整进士考试的内容和方式，考试大致分为基础理论和能力拓展两部分。基础理论分为"本经""兼经"两场，前者为《诗》《书》《易》《周礼》《礼记》，后者为《论语》《孟子》，这两场考试都不搞死记硬背，只要通晓主旨大义即可；能力拓展部分为试论、时务策论两场考试。另外，取消诗赋等传统考试科目。

（3）熙宁六年之后，逐渐增设专业考试，主要加考法律、刑统、断案等，并作为选人、用人的依据。

（4）武举考试也同步调整，不再考对兵书的死记硬背，而改以策论来测试武举之士对兵法理论的理解和运用能力。

科举制度改革解决了人才培养的价值导向问题，接下来就是要大办学校，广泛搭建人才培养成长的平台。范仲淹庆历新政期间虽然有过大办学校的举措，但因后来新政废弃，致使学校教育弊病丛生。主要表现在：第一，学校设施简陋，且师资不足。当时大力鼓励州县办学的时候，建了学校，但政策没有延续性，很多学校徒具空壳，完全没有配套的教学设施，老师更是奇缺。第二，教学内容老套，学用脱节。老师所教无非章句而已，学生终日死记硬背，于国家取士毫无补益。为此，王安石实施了如下改革措施。

一是整顿太学。太学是大宋王朝的最高学府，但长期以来有名无实，教学管理落后。熙宁四年，王安石拟订太学新制，按照政治挂帅的原则将反对新法的太学学官悉数罢免，聘任拥护新法的知名学者为太学直讲，严把教师的政治思想关。同时，强化教师的压力和激励机制，除太学行政主管以外，每一经都有两人来讲，讲得好的上，讲得差的下，彼此竞争，一共设有十员直讲。另外，还注重绩效评价的运用，对教导有方的学官予以提拔重用，而对不称职的则予以罢黜。对学员的行为规范和德才表现也纳入考核范围。

二是加强地方办学。熙宁四年三月，朝廷命诸州置学官，授学田，并置小学教授。各州学官都要到京师进行职业考试，称职才能上岗，到元丰元年，全国州府总设五十三名学官，学官职业化促进了州县教育的发展；办学需要经费保障，各州学给田十顷以资费用；同时加强师资力量配置，广招各路"经术行谊"之士为教授。京东、京西、河东、河北、陕西五路在响应地方办学号召中先行先试，很快其他地方陆续跟进。各地在加强传统经学教育的同时，还因地制宜地创置了一批培养专门人才的"武学""律学""医学"等专科性学校，从而形成了一个以讲授"经学"为中心，兼顾军事、法律、医学等专业的从中央到地方的比较完善的教育网。

三是创立"三舍法"。熙宁四年十月，立太学生"三舍法"。其制度构架包括这些主要内容：按学员不同的学习阶段，把太学划分成外舍、内舍、上舍三等；外舍生需要经过地方州县学校逐级考试才能进入太学，相当于太学的预科生，不限名额；外舍生经过考试合格后才能转升为内舍生，名额为二百人；内舍生再经过考试合格后才能转升为上舍生，名额为一百人，他们之中又分为上中下三等；在上舍生中实行保荐制，对其中品学兼优、出类拔萃的上等上舍生，经过太学主管考核推荐，中书省核定可以直接任命为官，进入公务员队伍，享受进士同等待遇。这种面向全国广纳英才，系统培养，逐级选拔，德才同考，择优使用的人才培养制度，较之科举制的一考定终身，显然更加科学合理，更加贴近实际。

四是编订教材。王安石认为使用什么样的教材对于培养什么样的人才而言关系重大，而当下的问题是学校对传统经学教学没有统一的标准，理解五花八门，并且局限在故纸堆里训释章句，完全不能"经世应务"，相反还成为变法的理论阻力。为此，他强烈建议神宗重新训释《周礼》《书》《诗》三经。熙宁六年（公元1073年），神宗根据王安石的建议下诏设置经义局，责成王安石负责这项浩大的文化工程。经过三年的努力，王安石编成了《三经新义》一书，经神宗御批颁行

北宋变革风云

于全国学校（包括太学以及州县之学）中，作为学生必读教材和科举应试的标准。

兴办教育，改革科举，归根结底是为国家培养和选取人才。王安石认为发现人才很关键，应该有一套机制来保障。此机制应当自下而上，"必于乡党，必于庠序，使众人推其所谓贤能，书之以告于上而察之"。人才既不能遗之草泽，也不能滥竽充数，要从乡间、学校中众推选贤，所荐贤能要书面报告上级，由上级负责考察。考察分三个步骤，一是听其言，以审知其才；二是观其行，以审知其德；三是试之事，以检验其能。这三大环节中最重要的是试之事，即在实践中检验其真实的能力、水平和德行，光靠听说和看报告材料是不行的，也往往是靠不住的，只有比较持久的实践才能真正看出一个人的才德水准来。

王安石的人才与教育观很超前，即使拿到今天来看都闪耀着智慧的光芒。他在施政时期也培养和选拔了不少得力人才，如吕惠卿、曾布、王韶、薛向、李定、章惇等，这些人都成为推行新法的中坚力量。

第十一节　荆公新学

王安石作为一位集政治家、改革家、文学家、理论家于一身的鸿儒巨臣，他深知伟大的事业必须要有伟大的理论来指导。他在变法实践的基础上，紧紧依靠神宗的领导和支持，带领王雱、吕惠卿、蔡卞、常秩、陆佃、蹇序辰、邓洵武、王令、龚原、许允成、沈括等一大批改革派人士，毕力同心，倾其才智，构建起了指导变法大业的理论体系，这就是被后世所称之为的荆公新学。其学术主体包括《三经新义》（即《诗义》《书义》《周礼义》）及其《字说》《洪范传》《老子注》《易义》《杂说》等，它是以王安石为首的变法人士的集体智慧的结晶，体现了王安石"以经术造士"的指导思想。

王安石非常重视意识形态。在他看来，变法阻力这么大，每走一步都纷争不断，关键是没有形成统一的理论基础，思想领域多元化。神宗变法启动时问他何为先，他就明确指出"变风俗"，也就是要改造思想领域。在与苏轼争论科举改革时更是明确地指出"今人材乏少，且其学术不一，异论纷然，不能一道德故也"。也就是说，没有统一的道德思想是问题的关键。改革要向纵深推进，必须"一道德而同风俗"。在神宗的强力支持下，王安石亲自挂帅，由王雱、吕惠卿等一批变法人士组成编修专班，对传统三大经学进行梳理，构建了新的改革理论基础。

王安石骨子里是尚古崇儒的。他是周公、孔子、孟子的超级粉丝，儒学底蕴超级深厚，又恰好赶上了北宋"儒学复兴"的大时代。唐宋乱世之际，社会失范无序，转型激剧，佛道昌盛，传统儒学式微，可谓是"礼乐崩坏，三纲五常之道废，而先王制度文章扫地而尽于是矣"，有识之士为重建道德秩序，重建"学统""治统"间的张力结构，致力于复兴儒学，收拾人心，重振纲常。同时，在这个大时代里又恰好让他（似乎也只有他）看到了在这"群星闪耀"的理论复兴的背后之虚幻。人们只关注"内圣"层面的人格修齐，心性学问，只注重拘古释道，而普遍对当下缺乏关怀，对治国平天下漠然乏术，对经典的"外王"原理缺乏真正的领悟。这两个"恰好"注定了他的学术担当和历史使命，与他同时代的众儒大家（如洛学二程、朔学司马光、蜀学苏轼、关学张载、象数学邵雍、濂学周敦颐等）相比，他在学风上更加注重实事求是，反对教条主义的训诂之学；在学术上更加推崇孟子的道德义理观，兼收佛、道、法诸家思想，全面而不是片面地追求"内圣与外王"的理想人格，对性命、情欲、义利等形而上学的范畴进行着深刻的哲学探究。他是鸿儒不是俗儒，是实儒不是虚儒，是大儒不是小儒，卓尔不凡是他的必然宿命。

荆公新学作为一个理论体系大致包括"内圣"修齐和"外王"致治两大部分，以王安石进京变法为分界线大致也可分为前后两个学术阶段。在前一阶段，王安石主要以江宁为中心，围绕道德性命这一哲学关怀开展学术活动。王安石一生当中，两次守丧江宁、两次罢相南归江宁、三任江宁知府，累计在江宁生活二十多年，亦宦亦学，时宦时学，有不少青年学子慕名从游，讲学问道，门生云集，已构筑了一个强大的学术生态圈。王安石的经典著作《洪范传》就完成于此阶段，该书把心性道德的逻辑关系和内在联系阐释得十分明了，书中说到"通天下之志，在穷理；同天下之德，在尽性。穷理矣，故知所谓咎而弗受，知所谓德而锡之福；尽性矣，故能不虐茕独以为仁，不畏高明以为义"。蔡上翔就盛赞此书"广大精微""垂世立教"。王安石的《易解》《淮南杂说》等重要著作虽已失传，但当时社会影响很大。当时社会上就有学者其言《淮南杂说》可与《孟子》不相上下，让天下士人得以"原道德之意，窥性命之端"。《孟子》是什么样的书呀，那是儒家经典中的经典，王安石的著作可以拿来与之相比，足见其影响之深度。总体而言，这一阶段的王安石，其学术思想基本以"易学"为内核，崇尚孟子学说，注重道德内修，建构大旨为"道德性命"的"为己之学"，走"内求诸己"的路子，寻找内圣之道。

如果说王安石早期的理论探索是仰望星空，那么他后期的理论转型便是更加脚踏实地，关注当下了。王安石长时间在地方官任上，对北宋王朝所面临的社会问题以及现实危机有更加清醒的认识，用他的话来说，当时的政治情势可谓是"内则不能无以社稷为忧，外则不能无惧于夷狄，天下之财力日以困穷，而风俗日以衰坏"。为此，他上仁宗万言书，积极倡言改革，后来他执政当权更是不遗余力地推行熙宁变法，但朝野上下改革思想阻力很大。他每推出一项新法，总会被人指责为有违祖宗法度，或者有违君子不言利的孔孟儒道。面对这种"出手打手，出脚打脚"的思想困局，他无路可走，只得祭出托古改制的旗帜，在比宋朝祖宗更老、也更大的祖宗（如周公、孔子、孟子等）那里找依据，以证变法的合法性。理论为政治服务，王安石后期的理论研究从心性道德转向了经世济民，改革的阻力点在儒学，突破点也在儒学，必须重新梳理和发掘先王经典中的微言奥义，恢复儒学的本来面目，以此来为改革提供法源基础和理论依据。总之，王安石后期新学具有为变法服务的鲜明时代性、现实性和针对性的特质。

仁宗庆历以后，传统的经传注疏的学术陋习开始改变，以理学为核心的学术流派百花齐放，百家争鸣，思想领域异常活跃。由此也带来了思想界对经典解读是"有一千个读者，就有一千个哈姆莱特"，"学术不一，一人一义，十人十义"的现象。在这种思想多元情况下，为政者想要有所突破、有所作为地干点什么事，就立马异论四起。一句话，裁判很多，干不成事。你不是想要变法吗，反对者手里拿着儒家经典的本本就站在你的面前，没等你出发他们就开炮了，他们会根据自身需要和自己的理解，对儒家经典做出符合自己意愿的解释，从而把你打倒，埋葬新法。因此，推进改革，必须尽快统一思想意识，实现"一道德而同风俗"。那么，怎么来统一学术思想呢？王安石率领他的执政兼学术团队力图通过训释经义、探究圣贤微言奥义，寻找支撑新法的理论依据。当时思想界的状况是，儒者过于沉溺于细枝末节的注疏考证，而忽视对经典精神实质的把握，导致修正主义盛行，使得圣贤的妙道至言隐而不传，儒学衰微。基于这种认识，新学学者训释经义力求文风朴实、简洁明了，不搞烦琐哲学。如《周官》开篇一段"惟王建国，辨方正位，体国经野，设官分职，以为民极"不过二十个字，以往学者们大多广征博引，释文不胜繁杂，更有甚者洋洋洒洒三千余言，还把人阐释的云里雾里，可是，王安石在《周官新义》

中仅用了不到三百字，就把经文解释得清楚明了。除了简洁的语言风格之外，王安石训释经义很注意变法的针对性。如《周官新义》解"以八法治官府"一条时，王安石根据"法"字的字形进行训释说："法之字从水，从去。从水，则水为物，因地而为曲直，因器而为方圆，其变无常，而常可为平……"这就从水变化无常的特点阐明了法也必须因时因地而变革，道理很形象。在解"正月之吉始和"一条时，王安石指出，先王盛世，每到岁终，官府百官都要向先王汇报一年来的政事政绩，大家互相评议，把其中大家认为做得不好需要改进的地方或者不适合地方实际的政策都一一提出来商议，确定之后就作为来年调整政策和改进工作的方向，所以"政欲每岁改易，故改岁之一月谓之正月"。这一年之始的正月，其本源就是改过纠正之月，这说明在先王盛世时期，并没有一成不变的法度，"变"才是常态，是先王的原教旨。王安石特别注意在《周礼》《易经》等儒家经典中，寻取具有变革思想的哲理名言。"三十年为一世，则其所因，必有革。""世必有革，革不必世也。"把变革上升为天道，"尚变者，天道也"。王安石以此为据批评北宋的因循守旧，反击保守派对变法的指责。面对保守派对青苗法的疯狂攻击，王安石指出青苗法在《周官》中早有成例，还援引《周礼》中"旅师，掌聚野之锄粟、屋粟、闲粟而用之"条文，训释道：周朝的时候，基层官吏（旅师）负责聚收锄粟、屋粟、闲粟这三种粮税以作为备荒储备，荒灾之时，老百姓遇到困难，官府就把这些储备的粮食散发给百姓，广施其惠，帮助百姓渡过生产生活的困难。周朝的这一做法其实就是青苗法的滥觞，因此，青苗法契合先王之法。王安石就是通过大量诸如此类的训释，为其所推行的新法寻找理论渊源。以王安石为核心的新学学者们除对儒家经典的训释外，还极力推动"孟子升格运动"，在他们看来，孟子既讲义又讲利，有丰富的理论源泉。

荆公新学除了构建变法理论依据外，很重要的一个功能就是经术造士、教育学子，以此来化民成俗。王安石非常重视其学术理论的构筑，尽管政务繁忙又年岁最高，但他还是亲自担任《三经新义》中最为重要的《周礼义》的训释和编著工作，《诗义》《书义》则由其子王雱和吕惠卿等共同参与训释。他们呕心沥血，历经三年编著而成。神宗对这一浩大工程更是高度重视、全力支持、寄予厚望。熙宁五年（公元1072年）正月，他就向王安石提出颁修新经义的要求："经术，今人人乖异，何以一道德？卿有所著，可以颁行，令学者定于一"。翌年三月他又说："举人对策，多欲朝廷早修经义，使义理归一。"从这两次谈话中，足以看出神宗对王安石的新学所给予的厚望有多大、多迫切，一要它承担起"一道德"的社会功能，二要尽快呼应士人的期望，修经明理。熙宁八年（公元1075年）元月，"三经新义"修著完成，神宗下诏颁行全国，并作为全国学校的统一教材和科举考试大纲。一时间，天下士子无不争相传习，科考取士也以此为标准，先儒传注都废而不用。至此，王安石新学在思想文化和教育领域取得了君临天下、定于一尊的地位，成为名副其实的官学。

在北宋中期儒学复兴运动中学术界百花齐放，百家争鸣，初步形成了以王安石为代表的"新学"，以张载为代表的"关学"，以二程为代表的"洛学"，以苏氏父子为代表的"蜀学"等流派。宋神宗在确立"一道德而同风俗"的思想路线之后，新学成为国家主流意识，取得学术垄断地位，成为官学，其他便成为民间杂学了。北宋后期，以司马光为代表的"旧党"人物组成强大的所谓"旧学"阵容，禁绝《三经新义》和《字说》，彻底否定荆公新学，但都只是短暂的一瞬。哲宗绍圣之后，新学再隆，由此独步赵宋王朝达一甲子之久。南宋后，随着对王安石变法的否定，程朱理学成为思想学术主流，新学也从当初被视作孔孟思想的正统学派的神坛上拉下，变成了"异端邪说"，不断遭到贬斥和否定；王安石本人也从当初与孔孟同等祭祀的牌位上被拉了下来，变成了人神共愤的"坏人"。

纵览千年，不乏改革大家，但如王荆公这样既是设计者、实践者、操盘者，又形成了理论体系的，千古一人，一人千古。不管后世的价值判断如何起伏翻转，但永远改变不了王安石作为历史上最伟大的改革家的事实判断。王安石孤峰耸立，傲视千秋。

第十二节　首次罢相

熙宁二年，王安石被神宗从翰林学士兼侍讲任上提拔为参知政事，开始主持变法大业。次年，三朝元老宰相大臣富弼因反对改革而未得到神宗点赞，愤然以病老为由辞去相位，神宗再次提拔王安石为宰相，王安石由此也登上了他权力的顶峰，并向着他人生事业的绝顶峰攀登。

王安石有政治抱负，但是缺少政治谋略。他执拗的性格，有做事意志坚定的优点，但另一方面也把很多潜在的同盟者变成了敌人。变法初期，神宗充分信任和坚定支持王安石的变法，王安石也利用神宗对他的信任和支持，不讲策略地一味排斥、打击异己力量。朝中的御史、谏官轮番被罢黜，御史刘述、刘琦、钱颚、孙昌龄、王子韶、程颢、张戬、陈襄、陈荐、谢景温、杨绘、刘挚；谏官范纯仁、李常、孙觉、胡宗愈都因为与王安石意见不合，相继离开朝廷。韩琦、韩维、苏轼、苏辙、赵抃等被贬到地方；文彦博、司马光、富弼（后死）等离职不干了。吕惠卿、章惇、曾布、蔡确等一批新党人员迅速提拔到朝廷重要岗位上来，改革力量颇有权倾朝野之势。可就在看似顺风顺水的时候，王安石却阴沟翻船了，大人物栽在小人物的手里，小人物改变了大人物的命运。

这个小人物名叫郑侠，字介夫，福州福清人。王安石闲居江宁讲学的时候，郑侠随父官居江宁，他慕名在王安石门下求学，是王安石的学生。治平四年（公元1067年），郑侠高中进士，出任光州司法参军，政治前途看好。不知是好表现，还是另有所谋，他在任上老爱投书王安石，痛陈新法弊端，这让恩师王安石颇为不爽。后来，郑侠被调入京城开封，监守安上门，这等于把他从一线岗位上晾起来了。

王安石曾放言"天变不足畏"，老天爷似乎有意跟他过不去，在他感觉顺风顺水的时候，给他来了一个"天有不测风云"。熙宁六年秋冬两季一直干旱无雨，致使收无所收，播又无法播，而且旱灾持续蔓延至下一年也未见好转。田地一片枯荒，颗粒无收不说，黍、粟、麻、豆等春种秋熟作物也种不下去；更有甚者，塘堰干枯，人畜饮水都很困难。添堵的不仅是老天爷，还有小小的蝗虫。旱魔与蝗灾并发，庄稼一片狼藉，饥荒滚滚而来。该降的雨不降，不该涨的粮价却疯涨，而官府该免的税费也未见减免，纵然是一般富裕人家也难以扛过这场荒灾，广大的农民就更不用说了。饥民开始大量逃荒要饭，哀鸿遍野，形成了流民潮。这一现象被形象地称之为"逐熟"，也就是灾民像蝗虫一样从无粮之区向有粮的地区流亡乞食。漫漫逐熟路，老弱病残倒毙路旁的随处可见，面黄肌瘦磕头乞讨的举目皆是，并且一路流向京师重地，不少流民还涌入京城。

这一幕逐熟惨景，被监守安上门的郑侠看到。他敏锐地觉察到这是来自上天的政治信息，也是自己咸鱼翻身的天赐良机。在参知政事冯京（此人乃富弼女婿）的授意、指点和支持下，他请画工把他在京城所见的饥民逐熟状况绘成《流民图》，并附拟奏疏。照说一个基层小吏的书信是很难直达天庭的，可不知是不是冯京等暗中帮忙疏通了关节，反正郑侠的状纸图竟然无甚阻隔地直接送到了皇帝手上。郑侠在奏疏中写道："臣伏睹去年大蝗，秋冬亢旱，迄今不雨，麦苗焦枯，黍粟麻豆皆不及种，旬日以来，米价暴贵，群情忧惶，十九惧死，方春斩伐，竭泽而渔，大营官钱，小求升米，草木鱼鳖亦莫生遂。"如果说郑侠的图是匕首，那他的文字就字字是利箭，直扎神宗的心。郑侠趁机往伤口上撒盐，说外面的真实情况比他图上画的和书上说的要严重百倍都不止，而且还说这一切都是王安石变法惹的祸。他进而提出要救当下之势，除了朝廷开仓赈灾之外，应立罢黜王安石及其新政，唯有如此，"庶几早召和气，上应天心，调阴阳，降雨露，以延万姓垂死之命，而固宗社亿万年无疆之祉"。郑侠不惜以自己的性命作担保放言："如陛下观臣之图，行臣之言，自今已往至于十日不雨，乞斩臣于宣德门外，以正欺君慢天之罪。"这就很有死磕的意思了。一些地方大员也落井下石，在皇上面前附和郑侠，青州知州就干过这事。

雨是天人相感的产物，如此超常规的干旱一定深有原因。神宗在推动改革的初期，虽然认可了王安石的"三不足"论，但他绝对是一个有神论者，内心深处敬天畏天，深信天人感应。自己作为天之子，出现如此大面积、高烈度的灾害，一定是自己的施政有违天意，做了错事。为此，宅心仁厚的神宗下了罪己诏，上朝避正殿，走侧门，缩减膳食；同时，还多方赈济，大赦天下，四处祈雨，善举频出，以求感化老天。然而老天爷不为所动，旱灾依旧在延烧。而恰恰就在此时，郑侠的《流民图》和奏疏如期而至，一下就击中了神宗的脆弱神经和情感痛点，他仁心不安，惊骇万分，不由大骂王安石误国。慈圣、宣仁二太后见状更是火上加油，作慈悲状哭着对神宗说："安石乱天下"。并要求神宗立马罢黜王安石以谢天下。神宗夜不能寐，找来王安石谈话。王安石对皇帝说道："陛下躬亲庶政，无流连之乐、荒亡之行，每事唯恐伤民，此即是畏天变。"王安石本意是说皇上您如此勤政，节俭自律，做事处处为民着想，这本身就是敬畏老天。可是，神宗恰恰认为是触怒了老天，话不投机，怒从中来，忍不住大发脾气，指责王安石执政以来，把事情搞得天怒人怨。

神宗对王安石极度不满，他开始出手了。三月中，郑侠上书，月底，皇帝下诏，要求广开言论，讨论朝政阙失。神宗心里明白，反对派对王安石及其新政早就怨言满腹，只不过是因为自己在上面罩着他们才有所安静，你王安石不是狂妄无人说什么"人言不足恤"吗，朕只要一打开言路的魔盖人言就会淹死你的。远在洛阳赋闲的司马光闻声响应，兴奋得不能自己，立刻就埋头草拟奏疏，四月十八日，他就提交了《应诏言朝政阙失状》。司马光不愧为文章大家，他首先极言灾害的严重性，其所以如此就是朝政严重阙失，而责任全在王安石及其所推行的新法，为此，他一共列举了新法的六大罪状，可谓论证雄辩，最后水到渠成地给出结论，只要废除新法，则"上下感悦，和气熏蒸，雨必沾洽矣"。司马光的上奏，再度击中神宗的软肋，第二天，也就是四月十九日，王安石被罢去宰相之位。说来事也凑巧，据说当天，京城的上空果然下了一阵不大不小的雨，人们在天人感应的思维定式下感觉郑侠、司马光的赌咒灵验了，看来王安石真的错了。当然，这场毛毛雨并没有缓解当年的旱情，但是却结束了一个时代。神宗罢黜王安石之后又下诏暂停青苗、免役、方田、保甲等八项新法，一个属于王安石的变法时代开始渐行渐远了。

郑侠不过是一个小官，他能够直达天庭，指名道姓弹劾宰相，最后居然还真把事办成了。这绝不是一个简单的偶然事件，而是有其必然性的，某种程度上说，是王安石自己扳倒了自己。

其一，不能把君臣之间的信任凌驾于君臣关系之上。变法初期，神宗与王安石君臣亲密如一人，但王安石凭此就任性起来，常常搞得神宗下不了台。熙宁三年（公元1070年）二月，韩琦上书抨击青苗法，神宗对韩琦从宰相之位外放到河北依旧关心国事甚为感动，便对朝中大臣说了这样一句话："琦真忠臣，虽在外，不忘王室"。王安石情绪立马由晴转阴，竟然在朝堂上对神宗大声嚷嚷："臣论此事已十数万言，陛下尚不能无疑，天下还有何事可为？"当场提出辞职，拂袖而去，接着称病不出，干脆班也不上了。这是当场使性子，给神宗难堪。可是，就在王安石请退之时，曾公亮、陈升之以及司马光等朝中重臣趁机煽风点火，支持韩琦，请罢青苗法。当时神宗所面临的压力非常巨大，然而作为臣子和操盘手的王安石不仅不策应支持，还粗暴向皇上示威，不留情面。即便如此，神宗还是放下身段，几天之后，他亲自向王安石嘘寒问暖，还做自我检讨，说自己是为众论所惑，经过一番静思，认识到青苗法一无所害，即使推行中造成官本有所损失也无所谓，充分表达了自己对王安石的信任和支持。

其二，王安石不懂权变，不懂统战，革命都革到神宗的后院来了。在变法之前，皇宫和权贵们的一切物用采购，基本上是不花钱的，都是由各商行为其打理、按需供奉的。熙宁七年（公元1074年）三四月的时候，市易法免行条例推行，商户们缴纳免行税之后不再向官府和权贵免费供应任何商品，官府包括禁中（皇宫）如果要买卖货物，必须经过杂卖场、杂买务，公事公办。这损害到了皇族、后族和宦官的利益。太皇太后曹氏（仁宗之皇后、神宗之祖母）、皇太后高氏（英宗之皇后，神宗之母）联手向神宗施压。神宗一向孝顺，便向王安石求援说："取免行钱太重，人情咨怨。……近臣（宦官）以至后族，没有不说不便的，两宫乃至泣下"。意思是希望王安石网开一面，在免行条例的推行上能内外有别，给两宫法外施恩。皇帝话都说这份上，再说这也不算过分的要求，可王安石不仅不给皇帝情面，还状告宦官勾结内臣，徇私枉法。于是，两宫太后开始筹划如何赶走王安石，而郑侠的《流民图》来得正是时候。

其三，反对派做足"天变"的文章，趁机反扑。尽管王安石对宋神宗老是灌输"天变不足畏"，但神宗骨子里是相信天人感应的。早在变法初期，御史中丞吕诲就上书神宗说"天灾屡见"，都是因为王安石。宰相富弼在辞职不干的时候，也不忘劝说神宗，说很多地方"地动、灾异"，都是王安石以致天降责罚。翰林学士范镇和御史程颢这些大儒重臣也经常拿天灾说事，攻击王安石变法。天变即喻示人变。反对派持续不断的拿"天变"说事，终于在熙宁七年击落了神宗思想深处最脆弱的神经。这年暮春三月的一天，神宗在延和殿问翰林学士韩维，"久不雨，朕夙夜焦劳，奈何？"韩维奏对，说陛下您心忧旱灾，自减自己的膳食，上朝也不走正殿，还向天祈雨，您严于律己已做得很多，但这些都是旧有的惯例，不足以感化上天，您还需要要拿出一点实际行动来纠正您的施政错误。然后，他又把青苗法等新法给老百姓带来的苦害添油加醋、不无夸张地诉说了一遍，并请求广开言路，施行善政。那意思就是只有废除新法才能感化上天，给民以生路。这套严密的逻辑推导把神宗彻底打倒了，他全单照收了韩维的谏言，并很快下了罪己诏，广求直言。神宗的这份自我批评，等于完全接受了反对派对变法的指责，狠狠扇了王安石所谓"天变不足畏"一记响亮的耳光，让自尊心极强的王安石在精神深处极度蒙羞。王安石强忍伤痛，还设法去开导神宗，说："水旱常数，尧汤所不免，陛下即位以来，累年丰稔，今旱虽逢，但当益修人事，以应天灾，不足贻圣虑耳"。王安石说的是个本来话，但这番宽慰没有拍到马屁上，而是拍到马蹄上了。此时的神宗皇帝，内心怕的并不是地上的"灾"，而是头顶上的"天"，天都怒了，还有什么好说的，于是他少有的对王安石怒吼："此岂细事？朕今所以恐惧如此者，正为人事有所未修也"。此刻，两人都谈到人事，不过一个是唯物主义的人事观，一个是唯心主义的人事观。王安石是唯物地看待灾变，是着眼于未来，希望通过人事努力，继续变法，把天灾所带来的损失夺回来；而神宗则认为是过去变法的人事出了问题，冒犯了天意，因此要检讨过去的人和事。

在反对派多重施压以及王安石多次请辞之下，四月中旬，神宗下诏：王安石出知江宁府（今江苏南京），变法团队由韩绛、吕惠卿二人主持。王安石离开京都之时，他写了一首绝句："六年湖海老侵寻，千里归来一寸心。回望国门搔短发，九天宫阙五云深"。王安石的忠君报国之心溢于言表，但是他丝毫也不恋栈，自我请求辞去了相位，也算是替神宗对"天变"做一个交代。

第十三节　艰难复相

神宗与王安石不像是一对君臣，倒像是一对夫妻，其中，王安石是一个恃宠而骄、爱使性子的执拗"妻子"。他们从新婚燕尔到了七年之痒，神宗夹在"婆媳"之间只能选择委屈"媳妇"了。曹后与高后两宫联手，对神宗施加压力，要求必须将王安石外放离京，中止变法。熙宁七年（公元1074年）四月，神宗令中书省改新法，主要是减免本应上缴国库的行钱，以修补皇族、后族和宦官的既得利益；同时下旨暂停受灾诸路保甲法、方田均税法等变法法令的实施，以缓和局势。但犟"媳妇"王安石却认为神宗变心了，不再支持变法了，于是闹别扭，多次上书神宗强求辞职，逼得神宗做出非此即彼的选择。毕竟"夫妻"一场，神宗还是心念旧情，希望王出任太师、太傅一类的闲职，人继续留在京城，以观事态发展，再行作为。但王不买账，坚请外放，异地任官。最后，神宗任命王安石为吏部尚书、观文殿大学士、知江宁府，同时还给了他如遇事需要可以出入宫中商议朝政的一项特权，算是为其留了一条东山再起的后路。

为了使变法大业能够继续进行下去，王安石推荐韩绛、吕惠卿继续担任执政大臣。于是，神宗下旨，任命韩为宰相，吕为副相，同时，为平衡旧党，旧党干将冯京也被任命为副相。韩、吕二人是新法的坚定推行者，时人称韩绛为"传法沙门"，吕惠卿为"护法善神"。吕惠卿做事精明强干，他先是要求皇帝向全国颁诏，王安石的离职与新法无关，变法事业不能开历史的倒车。接着他狠狠打压了一个叫李师中的人。这是一馆阁人员，天天都能和皇帝见面，老是唠叨要皇上马上召回司马光、文彦博、韩琦等老臣，至少也应该把苏轼兄弟叫回来，他们都是君子，让他们重新治国，才能有好日子过。吕惠卿借李师中祭旗，杀一儆百，六月一日，李师中被贬出京城，到和州去当团练副使，令当地州府严加看管。谁反改革谁就是这下场。

熙宁七年五月，废罢制科，这不过是把王安石没有落实到位的政策执行到位罢了。王安石执政时考进士已不考诗赋，而进士所考与制科相差无几，想废弃制科但并未施行。这次吕惠卿请求神宗下诏，终于把它给废了。七月，吕惠卿迅速推出了自己创立的新法——手实法。该法是免役法的一种补充。免役法里规定老百姓按照户籍登记造册的财产多寡来划分户级，依户级确定免役钱应缴多少，但操作中家庭财产随时变更，不好统计。手实法规定，由朝廷定下来每件东西值多少钱，然后进百姓家里查到底有多少东西，这样每家每户有多少家产就一清二楚了，有了资产总数后，国家取息"逢五取一"，即百分之二十。吕惠卿为了让手实法迅速实行，还配套规定：谁家隐瞒了数字，被别人告发的话，以隐瞒数字的三分之一奖赏。这一招让家家户户争着抢着地实行，当然民怨很大。九月，为改变大宋'兵不知将、将不知兵'的陋习，吕惠卿接受蔡挺建议，推出了置将法以改替原来的更成法。熙宁八年（公元1075年）二月，王安石第一次罢相十个月后，重新回京复职。吕惠卿在主政不到一年的时间里对改革工作还是尽职力推的，这一点应该予以肯定。

但是，在王安石这棵大树倒了以后，改革派内部为了各自的利益迅速分裂，权力斗争取代改革本身成为中心工作和这一时期的主旋律，改革的方向也在乱局中飘移走样。

吕惠卿是个品行低下、极富野心的政客。为了巩固到手的权力，他开始疯狂打击异己，培植自己的势力。他打击的第一个对象就是在改革派内部地位仅次于他的，也是威胁最大的曾布。曾布是唐宋八大家之一的曾巩的弟弟，也是新党的核心成员，高居三司使要职，因害怕成为王安石的陪葬品，决定重新站队。他抓住因逼缴"免行钱"而引起权贵们甚为不满的"市易法"下手，以吸引新主（保守派）的眼球。为此，他展开弹劾，目标锁定掌管市易务的改革人士吕嘉问，并且提出废除免行钱、市易法。这引起神宗不爽，毕竟他是坚持新法的，于是命吕惠卿去调查此事。吕惠卿早就看曾布不顺眼了。在变法初期，吕惠卿因母离职守孝，由曾布暂时代替吕惠卿。可曾布太突出自己，把吕惠卿做过的工作都要整点新花样。如吕惠卿殚精竭虑想出了"助役法"，他就更上一层楼提出了"免役法"，处处显得比人强。吕惠卿对此很不爽，认定了曾布一心要颠覆他的地位。现在公报私仇的机会来了。五月，他在神宗面前告恶状，神宗将曾布、吕嘉问两位一起贬官外放。除曾布以外，韩绛、沈括、李承之等变法派重要人物以及保守派重臣冯京等也都受到过吕惠卿的排挤。吕惠卿斗争不分党内党外，凡与新法结仇、与他本人结仇的，都别想好过。

这只是个开头，吕惠卿杀鸡儆猴，对外强势宣示：首相韩绛只是个摆设，眼下天子第一重臣是他吕惠卿，改革派的大当家是他。可是，那位弹劾王安石的郑侠不买账，又跳了出来，决心要把弹劾进行到底。郑侠认为吕惠卿本性奸诈，比王安石更坏，强烈要求罢黜吕惠卿。当年郑侠扳倒王安石时，不仅毫发无伤，还风风光光搏了个直臣美名。如今的吕惠卿可不是王安石那样的谦谦君子，不会有半点恕道可言，也没有所谓雍容大度的宰臣气量，有的只是牙眼相还，还本付息式的报复。吕惠卿带着杀气奋起反击，指示中丞邓绾、知制诰邓润甫对郑侠这样的跳梁小丑严加惩治，必须一脚踩死，让他永不得翻身，最后处理的结果是郑侠被谪放至汀州，不许再入仕途，从此淡出了那个本不该属于他的政治舞台。处理完郑侠一案之后，吕惠卿又趁机扩大战果，把曾阻挠、侮辱过自己的冯京和王安国（王安石之弟）都往案子里扯，最后也把他们治罪了。

同时，吕惠卿还利用执政之机，大力提拔亲戚吕升卿、吕和卿等人，想通过裙带关系来扶植自己的势力。其弟吕升卿不学无术，吕惠卿却提拔他做了侍讲，在皇帝身边安插内线。此外，其弟吕和卿、妻弟方希觉等人也都升了官。

除了排斥异己之外，吕惠卿全部心思就是用来阻止王安石复出，以免到手的权力得而复失。为此，他恩将仇报，不择手段，对王安石落井下石，不惜打翻在地，踏上一脚，使其万世不得翻身。他处处离间、挑拨宋神宗与王安石的关系。熙宁七年（公元 1074 年）十一月，吕惠卿援引祭祀赦免的旧例，荐王安石为节度使。刚递上奏章，皇帝便知道了他的想法，立刻问他："安石不是因罪去官，为何要用赦免的方式复官"。吕惠卿无言以对。当时还发生了宗室赵世居谋反的案件，牵连到一位名叫李士宁的术士，而王安石又曾与他关系密切。吕惠卿遂借机大做文章，毁坏王安石的名声。

吕惠卿的恶行引起朝臣的共愤，两派都对其不满。要求王安石返京复职的呼声骤起，而神宗也早有此意，于是在韩绛等人上书的请求下，神宗于熙宁八年（公元 1075 年）二月召王安石回京复相。这次君臣分隔时间达十个月，不长也不短。

王安石复相，首要问题是整顿乱局，清理队伍。神宗曾对他推心置腹地说："小人渐定，卿且可以有为。"又说："固所望于卿。君臣之间，切勿存形迹，形迹最害事。"意思是说，现在小人也浮出水面了，也开始扫除障碍了，你可以放开手脚来干一番大事业，把我们的变法大业进行到底。并且希望彼此继续信任，亲密无间，千万不要猜忌闹别扭。如果说他们君臣之间像是两口子吵架的话，王安石罢相就像是拗媳妇赌气回娘家，这次复相和神宗上面说的那番话，像是丈夫放下身段把老婆接回家，并且赔不是。原配终归是原配，感情还是在那里。可是，王安石并没有反省自身的教训，斗争激越有余，谋略不足，执拗依旧，心力交瘁。

首先，罢黜枢密使陈升之。陈曾是变法初期五人小组的重要成员之一，陈拜相之后曾上书废止三司条例司，从此和王安石反目。王安石这次复出，陈还是说了好话的，可王安石却对他的过去在新旧两党之间游走的骑墙做派不能容忍，硬是让神宗把陈贬黜外任扬州知州。在政局混乱的当时，陈应该是王完全可以争取、团结的统战力量，可这倒好又多树了一个敌人。

其次，拱走宰相韩绛。王安石的复出完全是韩的力荐，可王安石毫无感激之情，相反，韩要与他意见不合，就反击不饶人。王安石复出后，更加性格偏执，独断专行，听不得不同意见，即便是身居相位的韩绛也不例外。在大政方针上讲原则倒也无可厚非，可是在一些非原则性的小事情上也咄咄逼人，就不是一个大政治家的风范了。比如，有一次王安石想安排一个一般官员进市易司工作，韩绛不认可此人，表示反对，王安石不仅强行安排，还把韩绛批了一顿。韩绛于是找到神宗，提出辞职，神宗劝他："兹小事，何必耳！"在神宗看来，这么小的一件事，何必较真。韩绛气不打一处出，说："小事弗能争，况大事乎？"老王头连这么小的事都听不进意见，哪里把他这个宰相放在眼里。还有一次，他们在谈论市易司的工作，韩绛提出市易司官员不能只关注"利"，言下之意还要关注"义"，也就是既要讲经济，还要讲政治。王安石对他冷嘲热讽，"市易务若不喻于利，如何勾当？且今不喻于义，又不喻于利，然尚居自如；况喻于利，如何可废！"几乎是指着韩绛的鼻子挖苦说，你这个人既不"喻不利"，又不"喻于义"，高居要位还感觉良好，不如辞职的好。言语如此刻薄尖酸，丝毫也不给予一个宰相应有的尊重。韩绛精神很受伤，随后被罢知邓州，离开了王安石变革团队。

最后，罢黜三司使章惇。在吕惠卿与曾布的斗争中，章惇站在吕的路线上去了，并成为吕的帮凶。王安石由此对章很反感，他亲自上奏神宗，将章惇赶出朝廷，外放湖州。

本来斗争的核心是清理吕惠卿及其党羽，斗争的关键是要紧紧依靠和争取神宗的支持。可王安石在这两个关键问题上都犯下了致命的错误，竟然不知道要打击谁、依靠谁，执拗依旧，使着性子闹革命。第一，在一些非原则性问题上对神宗行抬杠原则，没有柔性，让神宗对他渐行渐远。在用人方面，神宗想起用时任权三司使的翰林学士沈括到兵部任职，王安石百般阻挠，说沈括是"壬人"（奸佞之人）。另外神宗想让判永兴军的前参知政事张方平担任枢密使这一要职，王安石也以此人反对变革为由予以阻止。与此同时，王安石强行要求重用吕嘉问、邓绾等神宗并不认可的新党人物。尤其是邓绾，在王安石与吕惠卿之间来回跳，谁得势就依附谁，是个混进新党内的投机分子、墙头草。神宗看人识人很准，说"翰林学士、权御史中丞邓绾操心颇僻，赋性奸回，论事荐人，不循分守"，并提出要罢黜邓绾；可是，王安石竟说他"为国司直"，极力为其求情。应该说，神宗对王安石很失望，君臣二人的关系开始走向貌合神离。宋朝诗人吕本中在他的《东莱吕紫微杂说》一文中对此是这样记载的："上意颇厌之，事多不从"。第二，在对待吕惠卿的问题上优柔寡断，严重失察。吕惠卿对王安石的复职十分不满，时常在神宗面前说三道四，暗中使坏。这年六月，王安石身体有恙，生病不适，神宗关心他，要他多休息少工作。可吕惠卿不仅不补台，相反还在神宗面前拆台，矫情抱怨王安石"屡称病不治事，积事以委臣"，也就是说王安石装病不干活，把事都推给他老吕，这等于变相说王安石在其任不谋其政，你神宗把我老吕换下来有问题。神宗对吕惠卿这套自作聪明的表演很失望，觉得他人品有问题，"忌能，好胜，不公"，且"自许太过"，这判断十分精准。神宗多次好意提醒王安石要提防吕惠卿，"惠卿不济事，非助卿者也"。但王安石明知吕惠卿对他排挤打击的小动作不断，不仅对神宗的善意提示不顾，还反问神宗"不知惠卿有何事不可于意？"甚至反劝神宗："惠卿屡为陛下言之，非不忠，陛下宜察此。"王安石作为政治操盘手，真是大事糊涂，小事较劲。好在神宗是清醒的，他下诏把吕惠卿贬知陈州。吕惠卿的被贬表明了神宗对王安石的政治操盘手能力产生了怀疑，王安石也似乎不再是以前的王安石了。

王安石的爱子王雱对其父看在眼里，急在心里，他才智过人，向来瞧不起吕惠卿的人品，这次父亲复相竟然对吕惠卿的恩将仇报置若罔闻，心存幻想，甚至还一厢情愿地护着他，真是老糊涂了呀。身为儿子，他不能说父亲什么，但他有责任"为父除恶"，必须趁这次吕惠卿外贬陈州的机会，彻底把他打倒，否则，后患无穷。于是，他与吕嘉问、练亨甫、邓绾等人合计要深挖吕惠卿奸邪不法的罪证，而吕嘉问、练亨甫、邓绾他们又都是毫无官德的投机分子，也想制造王安石与吕惠卿之间的矛盾，因此他们一拍即合。吕惠卿得知消息后，以小人之心度君子之腹，把这一切都一股脑地算在王安石的头上，认为王安石是幕后主谋，于是，撕破脸来反击。他连连上书神宗诋毁王安石，还无耻地把王安石以前写给他的私人书信出示给皇上，因为里面有"无使上知"等大逆不道之语。吕惠卿此举果然杀伤力很大，神宗大为震怒，心想我对你王安石知无不言，充分信任，你却在背后搞有选择性进言，搞欺骗。当宋神宗将其上书给王安石看时，王安石知道事情的严重性，回家就斥责儿子王雱。王雱本来就体弱多病，天纵聪明又敏感孤傲，父亲的盛怒让他更是忧郁成疾，没多久就英年早逝，年仅三十三岁。

王安石深爱自己的独子王雱，爱子早逝他深为自责，哀伤过度，一蹶不振，连班也不愿去上了。加上神宗对他也貌合神离，很多政治主张都得不到皇上的认可，当年的政治理想已然破灭。于是，"力请解机务"。熙宁九年十月，神宗半推半就地再次罢免王安石宰相，出判江宁府，王安石从此退出了北宋王朝的政治舞台。

第十四节　元丰改制

王安石第二次罢相后，神宗有点厌烦新旧两党的争斗，开始注重在中间偏旧的力量之间找执政骨干团队，接替王安石与韩绛为相的是吴充和王珪。这两人很有意思，吴充是王安石是儿女亲家，但亲家不亲，表面无党，其实内心是向着保守派的。吴充一上任就对神宗说，国家还是得由君子来治。言下之意，先前的变法班底都不是君子，司马光、吕公著、韩维、苏东坡等旧臣是道德君子，皇上应该把他们召回来执掌权政。倒是蔡确提醒神宗，新法是陛下亲自创制和施行的，前任宰相助陛下变法有成，后任宰相就来废除，这让老百姓何所适从？神宗默然认可，吴充也就只好不了了之。另一个宰相王珪是一个心中无党，只有利益的骑墙政客。熙宁年间，王安石权倾一时，他站队拥护变法；现在宰相吴充向右转，想要废新复旧，他立马附和，表示赞同。御史当场质问他到底是昨是，还是今非？他被逼到墙角，心里琢磨着神宗并无废除新法之意，于是又表态不能废除新法。在察言观色和精心算计之下，他联手蔡确，在元丰三年，把吴充的宰相挤掉了，神宗也没有再任命新的宰相，王珪成为独相。元丰五年，变法派的蔡确升为宰相。在神宗的主导下，变法大业的旗帜依然在飘扬，除方田法罢废及部分新法条文被稍作调整外，新法基本上得以贯彻执行。

公元1078年，也就是王安石第二次罢相的第二年，神宗改年号为元丰，这标志着一个新时代的开始。熙宁变法期间，改革主要集中在经济、军事、教育等领域，神宗在领导变法过程中，深切地感觉到改革措施落地难，政府部门相互掣肘多，纷争多，效率低下。于是，他把改革的重点转向了政治体制内，亲自主导了以政府机构改革为主要内容的"元丰改制"。

北宋的官僚机构和官职制度复杂紊乱，十分奇葩。太祖赵匡胤立国时，出于文治和养官求稳的目的，机构设置新旧糅杂，重叠混乱，官员更是分为官、职、差遣三大体系，名实混淆，岗职分离，职责不清，造成冗官、冗员现象普遍，行政运行成本高，而且效率十分低下，干起事来，成事不足，扯皮颇多。

神宗主持元丰官制改革，在不裁员、不减薪，确保官僚士大夫既有利益不受损的前提下，以《唐六典》为蓝本，着手理顺机构、官制以及职责的关系。神宗借鉴范仲淹庆历新政的教训，搞吏治改革不能牺牲既得利益集团的利益，否则阻力太大，果然这次改革没有那么多恶斗，推进比较顺。元丰三年九月，出台了《寄禄新格》，元丰五年五月，又颁布了《官品令》，这两部法令初步奠定了元丰官制改革的主体构架。第一，调整寄禄官制度，减少官品等级。宋之前的官制大致分为官和秩两部分，官以任职事，秩以定等级、领俸禄，而且两者之间是基本对应的。但是，宋朝实行官、职、差遣分授的制度，官与职事及品级之间混乱无序，难以对应。例如，范仲淹递给你一张名片，上面有户部郎中、龙图阁直学士、陕西经略安抚副使兼知延州。能看懂他的身份吗？其实，郎中是"官"，属正六品，与俸禄挂钩，所以又叫寄禄官；直学士是"职"，他的工作既不在户部也不在龙图阁；而是陕西经略安抚副使兼知延州，这份临时性的工作叫"差遣"。如果他工作干得出色，由安抚副使提拔为安抚使，但官职还是郎中，俸禄并没有随之增加，因此，名实不符，不能有效调动积极性。神宗元丰改制，把有名无实，仅领空名的寄禄官废弃，把有实无名的差遣也废弃，按照名实相符、虚实结合的原则，重新更换以相应的阶官，这叫"以阶易官"，官员的俸禄与新的阶官挂钩。同时，重新调整划分阶官的品级，过去的官阶多达四十二级，十分繁杂，新的阶官罢去文、武散官的阶官后共有二十五阶，阶官减少了四成多。另外，新的官品仍分九品共十八阶，而旧官品为九品共三十阶，新的官品品阶减少了四成。官员升迁与俸禄都严格按《寄禄新格》和新《官品令》执行，规范有序。第二，在中枢机构上恢复三省六部制，循名责实。三省六部制发端于西汉，成熟于隋唐，是封建社会比较成熟稳定的政治制度。赵匡胤立国为了削弱相权，抑制集权，三省六部原有的主要职能都被分割、转移，机构徒有虚名，官衔也只是一个与俸禄相关的象征符号。宰相不仅军权、财权被分掉了，其职权也由差遣性质的同中书门下平章事担任，副相由参知政事担任。尚书省下面的六部二十四司也是被切割得面目全非，比如，你的头衔虽然挂的是户部侍郎，但你并不在户部工作，更不管户部的事。元丰改制首先恢复三省分工制衡的定制，规定中书取旨、门下复审、尚书执行。宰相府改称都堂，不再叫中书门下省，过去念起来都拗口的同中书门下平章事和参知政事的官职被废弃，改以尚书左仆射兼门下侍郎为首相，以尚书右仆射兼中书侍郎为次相，另外，中书省与门下省各另设一侍郎主管本省事务，把过去的只挂虚衔的"官"改成了实职。然后核定机构编制，以尚书省为例，领导职数九人，尚书令、左仆射、右仆射、左丞、右丞、左司郎中、右司郎中、左司员外郎、右司员外郎，另有吏额六十四人。尚书省相当于国务院，下分吏、户、礼、兵、刑、工六部为具体职能部门，各部设尚书与侍郎为正副长官，他们名副其实地掌管本部门的工作。过去被分割出去的机构职能重新回归各部，职司归位，名实相符。例如，吏部，收回了分散于中书省、审官院、枢密院、三班院、考功院的官吏铨选职司。户部，罢三司之后，将其主体部分的职司及司农寺的部分职司收回，掌管全国的户口、土地、钱谷、赋役等。礼部，撤销太常礼院，把过去所侵占的职能收回，掌管礼乐、祭祀、朝会、科举等重要职能。刑部，以前职事为审刑院所分，元丰改制后，罢审刑院及纠察在京刑狱司，其职权划归刑部。工部，以前的职责几乎被三司侵夺完毕，元丰改制，撤销三司，工部主管经济建设领域的诸项职司渐渐收回。六部之下的各司以及朝廷序列之外的御史台、知谏院、三馆秘阁等机构也都做了相应的调整，使其职责明确，名实相符，品级清晰。整个机构改革中，军队序列未动。有人曾主张把枢密院划归宰相统领，神宗断然回绝，说："祖宗不以兵权归有司，故专命官以统之，相互维制，何可废也？"所以宰府与枢密院分掌文武大权的二府制没有改变，就连六部之中的兵部，也没有什么实际性的改变。

元丰改制作为一场机构人事制度的改革，是把太祖、太宗等在否定和扬弃隋唐组织机构、官制制度的基础上所形成的具有宋朝特色的组织机构和官制制度，进行新的否定，改革的钟摆又一次复归原有的职责状态。虽然后世多有批评，谓其有生搬硬套《唐六典》的弊端，但改制总体还是比较成功的。一是调整了职能，精简了机构，裁撤了使职差遣制，理顺了机构运行的体制；二是定编定岗定品级，改变职司不符、名实不符的现象，提高了机构的运行效率；三是裁撤了一些有名无实的闲置机构和只挂空名的官职，一定程度上减少了冗员。除此之外，更为主要的是进一步强化了君权，三省分治，凡事皆中书取旨、门下覆奏、尚书施行，相互制衡，使得宰执的行政决策与执行职能向君主本人收拢，三省则更多地成为奉行君主成令的机构。朱熹曾说："到元丰间，事皆自做，只是用一等庸人备左右趋承耳。"也就是说，皇帝英明伟大，直接走向政府前台，宰执以及各部各司只要趋承左右、遵旨执行就可以了，不需要什么创新和自作主张。神宗之后臣弱低能现象突出，与王安石之时不可同日而语。另外，元丰改制也不彻底，对科举选人、武臣、内侍、医职等领域都未涉及，地方组织机构改革也相对弱化；同时，在裁撤旧有的一些机构重叠的过程中，也派生了一些新的机构重叠现象，使职差遣制也未完全消除。尽管如此，元丰改制在中国官职改革的历史中是一个标志性的事件，极富转折意义，影响千年，载入史册。

第十五节　巨星陨落

　　宋神宗一生都在追求强军梦。平定北方，收复燕云十六州，实现祖宗遗愿，是他内心深处最大的原动力，他的痛楚、抱负都源于这样一个梦。为此，他励精图治，强力变法，一心扑在工作上，不游猎饮宴，不尚奢华，不营造宫殿，勤于政务，废寝忘食，常常是五加二、白加黑地干工作。他如此这般，仿佛是为冥冥之中的一场命运决战做准备。元丰四年（公元1081年），西夏内乱，他认为天赐良机到了，兵发五路，会师灵州，由于各路缺乏协同，一场占绝对优势的战争却以失败收场。灵州惨败深深刺激了神宗的脆弱神经，他夜不能寐，从此染病。但是，神宗不服输，于次年在陕西米脂西北筑永乐城，伺机与西夏决战，结果再次全军覆没。永乐之败彻底击倒了神宗，他闻讯在朝堂上面对群臣失声痛哭，精神恍惚，一病不起，从此不再言用兵。三年之后，他含恨而去，年仅三十八岁。一代雄主，英年早逝，实在是让人扼腕，赵宋王朝的命运开始重大转折。

王安石第二次罢相之后避居江宁，筑园半山居，骑驴看风雨，诗书独低吟，禅机著晚意。他不问政事，寄情山水，从一个政治家的工作状态向一个文学家的生活状态转变。其实，对于他这样一个入世极深的政治人物而言，完全不问政事是做不到的，心中牵之、挂之、思之、念之的还是变法大业。元丰八年（公元 1085 年），宋神宗驾崩，彻底打碎了王安石勉强调整过来的心态，他泪流满面，哭悼"老臣他日泪，湖海想遗衣"。毕竟"夫妻一场"，感情深挚，高山流水，君臣一人，如今圣主兼"夫君"英年早逝，他痛彻心底，整个精神支柱被打垮了。神宗死后，司马光又全面否定他与神宗的变法，更是雪上加霜，伤口撒盐，无形中给了他最后致命的一击。第二年，也就是元祐元年（公元 1086 年），王安石忧郁而终，享年六十六岁。

主角已经谢幕，巨星已经陨落，但是，他们所开启的变法大业却留给了后世无尽的评说和无限的思索。

神宗去世之后，皇位经由哲宗、徽宗最后到钦宗，前后约四十余年，以徽、钦两帝被金人所房为标志，北宋灭亡，当时宰执大权掌握在蔡京等新党手中，于是北宋灭亡的账就算到了主张变法的新党头上，由此上溯，总账一股脑地栽在了王安石头上。这里面既有面对屈辱时的非理性的情绪宣泄，也有变法自身的一些失误和弊端，这两者搅和在一起，那还会有好评吗？由宋而下近千年来，后世和史家几乎一致地判定：王安石变法是失败的，他是北宋的掘墓人，是历史的罪人。直至清末民初，梁启超振臂一呼，为王安石变法彻底翻案，他说：若乃于三代下求完人，惟公庶足以当之矣。悠悠千年，间生伟人，此国史之光，而国民所当买丝以绣，铸金以祀也。距公之后，垂千年矣，此千年中，国民之视公何如，吾每读宋史，未尝不废书而恸也。在他看来，王安石是三代以下的唯一完人，至圣至伟，千百年来国人对待王安石严重不公，这评价太高了。

其实，无任是站在王安石当时的历史背景下微观评价，还是穿越千年对其宏观回望，王安石变法取得了明显的成效，并产生了深厚的历史影响，这是无法抹杀的历史事实。

无论变法自身成功还是失败，已经无关紧要了，争论也无啥意义。一个王朝的背影已经远去千年了，历史不能假设，历史进程也不可逆转，但是，它为什么失败却发人深省，值得推究。

1. 为什么"三不足"的思想长矛攻不破"三足"的坚盾？

神宗与王安石君臣一心，高扬"天变不足畏，祖宗不足法，人言不足恤"的旗帜，发动思想解放运动，为变法护航。变法期间，王安石还亲自上阵，率领他的变法团队编制"荆公新学"，以求"一道德而同风俗"。但是，变法的思想阻力巨大，而且，反对变法的人大多是道德文章一流的人。宋朝主张与士大夫共治天下，而传统儒家文化对士大夫的影响根深蒂固，一般性的、一时性的思想解放和权力强压，并不能改变传统知识分子的思维定式和价值判断。十来年的简单突破放在几千年的历史沉淀中，文化力量的悬殊不言而喻。王安石看到了问题所在，他的"三不足"论有所破，但所立却相悖，要求别人"祖宗不足法"，自己则在更老的祖宗那里找理论找归依，思想源头与反对者基本同根同源。而且，既然天、祖宗、人三者都不足畏，那总得要有一个终极敬畏的东西，否则，就是有破无立，而这个终极敬畏的东西应该就是实事求是、敬畏百姓。唯有敬畏百姓，才能立足当下，面对和解决当下的问题。

2. 为什么臣子路线不能有效地服务于朝廷路线，策令一到地方就走样变形？

总体而言，变法的顶层设计算是好的，但一到地方策令就走样了，其核心是干部路线有问题。第一，缺乏统战思维。政治就是把朋友搞得多多的，把敌人搞得少少的。王安石反其道而行之，只认对变法的态度不认人，把一些认识层面的技术性问题上升为道德层面的问题，上升为君子与小人之争的问题，打棍子、扣帽子，结果把敌人搞得多多的。保守派人才济济，如司马光、韩维、文彦博、欧阳修、富弼、韩琦、范缜、苏轼等，他们恰恰又在道德上普遍占据高地。变法派中所谓"朋友"，除王安石个人操守高洁之外，他身边的一些追随者、支持者与最重要助手吕惠卿、章惇、曾布、蔡卞、吕嘉问、蔡京、李定、邓绾、薛向等私德多有问题，有的当时就是带着一定政治目的投机钻营混进变法阵营中来的。这样在党派斗争中，带着道德的眼镜去审视，变法派立即陷于劣势。特别是王安石一去职，变法派内部迅速分裂、内斗，足见王安石当时所谓的"朋友"水分有多大。第二，不重视基层执行团队。王安石比较注重顶层立法，不注重基层的执行，他认为"善吾法而择吏以守之"即可，也就是制定良法最重要，而后只要选派个官吏去照此办理就可以了。与此相对，司马光则认为"苟得其人，则无患法之不善；不得其人，虽有善法，失先后之施矣。故当急于求人，而缓于立法也"。用现在的话说，人比法关键，如果没有好的官吏去执行，良法也无用，所以，应该先抓地方官队伍的建设而不是只抓法令制度的创设。大致梳理一下保守派阵营中从中央被贬到地方的情况：韩琦虽然罢相，但担任河北路安抚使，并领大名府路，是一方诸侯；在变法初期，三朝元老富弼知亳州，欧阳修知青州，他们完全是唱对台戏的；赵抃曾经是变法"五人小组"成员之一，因反对变法而自求不干，跑到杭州当起地方官来了；御史中丞吕海是反变法的急先锋，曾当着皇帝的面要弹劾王安石，后来到邓州当了知州；御史中丞吕公著则把持颖州，当了最高行政领导；苏轼一贯反变法，先是在杭州当通判，然后到密州和徐州当一把手；改革家范仲淹之子、知谏院范纯仁，是一个地地道道的反变法坚定分子，在河中府执掌一方，后迁徙成都转运使……一大批基础深厚、影响甚大的保守派官员，长期把持着王朝重要的地方政权，他们以其资历和影响，不仅明目张胆地在自己治下拒绝推行新法，形成一道阻拦墙；而且还有意编排、夸大新法在地方上的负面影响，蛊惑圣听。第三，地方官员"上有政策，下有对策"，假借改革以营私舞弊。王安石认为"择吏以守之"，其实，"吏"不是物而是有"私"想的人。比如，王安石的"青苗法"本意是想在农民青黄不接之际，由政府给他们提供低息小额贷款，以防范豪强大户的高利贷盘剥。这样的改革，从立法角度看当然充满善意，是利民的良法，然而，帝国大大小小的官吏们，就硬是通过变相层层加码、强制摊牌等手段把它给执行到害民地步。

3. 为什么急功近利的"休克疗法"总是适得其反，"渐进式改革"的张力似乎更契合社会的承载力呢？

王安石变法的超前性与社会现实的落后性差距过大，王安石试图以官僚金融资本来管治国事，以应对经济政治危机，这在当时的世界范围内根本还没有这样的思想，更无实践经验。而当时以农耕生产为物质基础、以儒家文化为精神支柱的赵宋王朝，并没有相应的社会承载基础。王安石早年在《上仁宗皇帝言事书》中就清醒地提出改革要"虑之以谋，计之以数，为之以渐"，"缓而图之则为大利，急而成之则为大害"，但后来一推行变法起来就忘记了当年的理性思考，取而代之的是"一万年太久，只争朝夕"。

宋神宗个性"好大喜功"，王安石为人"自信太厚"。蔡东藩先生对他们有一经典的评价："上有急功近名之主，斯下有矫情立异之臣。如神宗之于王安石是已。神宗第欲为唐太宗，而安石进之以尧、舜，神宗目安石为诸葛、魏徵，而安石竟以皋、夔、稷、契自况。试思急功近名之主，其有不为所惑乎？当时除吴奎、张方平、苏洵外，如李师中者，尝谓其必乱天下。新法非必不可行，安石非必不能行新法，

北宋变革风云

误在未审国情，因执己见，但知理财之末迹，而未知理财之本原耳。当安石知鄞时，略行新法，邑人称便，即晓晓然曰：'我宰天下有余。'不知四海非一邑之小，执政非长吏之任也。天下方交相诟病，而安石愈觉自是，黜陟予夺，为所欲为。至若登州妇人一案，较诸斗鹑少年，尤关风化，同僚谓不宜减罪，而彼必欲减免之，盖无非一矫情立异之见耳。夫朝廷举措，关系天下安危，而顾可以矫情立异行之乎？我姑勿论安石之法，已先当诛安石之心。"这个评价从精神发生学原理上论证了他们目标定位过高、行动措施过急的根源，比较公允，但对王安石个人的攻击、批判有点过。

宋神宗和王安石都主张进行釜底抽薪的彻底改革，通过"休克疗法"以期国家一劳永逸地走上正轨。王安石以市场超前的思维谋划着经济改革，但王朝还是标准的农业社会，根本没有保障市场运转的机制，王安石只能借助于政府的强制力量，通过政府"看得见的手"来搬动市场"看不见的脚"，其结果就是路走得东倒西歪。而越倒越歪就越加大政府的权力干预，通过政绩考核的方法强制推动改革向前发展，各级官员就只能是"鼓足干劲，力争上游"地来扭曲市场，从而使得最初的理想实施中彻底走形。越是心狠手辣、强取豪夺的官员，完成上级下达的各项新法任务和指标就越好，上缴的赋税也更多，从而得到的升迁也更快，形成了劣币驱除良币的逆向淘汰。对于这个情况，王安石肯定是有一定了解的，但是他相信自己理论的正确，他设计的改革方案出发点都是利民利国的，即便在实施过程中出现一点问题，要么是对手们有意地夸大，要么是改革过程中不可避免的"弯路"，是必须支付的改革成本，过了这个坎就好了。神宗和王安石太需要成功了，一个需要快速成功来一雪前耻，收复河山；另一个在保守派不断攻击下必须要快速向神宗证明自己变法的正确。因此，他们光顾自己一逞政治抱负，在短短数年间将十余项改革全面铺开，一个新法从推出还没来得及总结梳理，进行完善，就接着推出别的新法，项目开工很多，竣工很少，闹得上至公卿下至黎民皆怨声沸腾，变法反而陷入了欲速则不达的困境。正如反对派所批评的："二三年间，开辟动摇，举天地之内，无一民一物得安其所；数十百事，交举并作，欲以岁月，变化天下。"从这个角度来看，放慢一点改革步伐，"渐进式"推进或许效果会更好些，改革是几代人的事业，不能毕其功于一役，也不能毕其功于一代。

4. 为什么君权越集中人亡政息反而越快？

北宋朝的政治架构大致可概括为皇权、相权、谏权三权分立，相互制衡。这有点类似于后来西方世界的立法、行政、司法三权分立，皇帝通过诏书来行使立法和最高决策权，一般不负责具体政务；宰相负责执行皇帝的决策，处理日常行政事务；谏权虽然不负责司法审判，但代表皇权行使对相权的监督，并同时也可以对皇权进行一定的监督（通过谏言）。整个北宋王朝中，仁宗皇帝性格柔和，无为而治，三权制衡的格局在仁宗朝运行得最为平稳，也最为典型。神宗是一个想干事的有为皇帝，时常感到做事掣肘。有一次，宋神宗对西夏战争失利很生气，想开杀戒，拿一名犯有严重罪行的大臣来祭旗，以儆效尤，以解心头之痛。结果人没杀成，还被宰相大臣们扣了一顶有违祖宗"不杀士人"规制的大帽子，气得自我感叹"快意事便做不得一件"，宰执大臣居然还回敬一句"如此快意事，不做得也好"。身为皇帝连杀一个罪臣的事都干不成，更不用说力排众议推行变法。在三权制衡格局中，特别是台谏系统站在道德的制高点上，不知天高地厚，成了"炮打变法司令部"的急先锋。于是，神宗和王安石开始了皇权、相权联合压制谏权，实施向皇帝集权的政治行动。第一步，削减台谏官。宋代御史台以中丞一人为长，另以知杂御史一人为副，此下便是三院御史，即侍御史（台院）、殿中侍御史（殿院）、监察御史（察院）。自熙宁二年（公元 1069 年）八月至元丰七年（公元 1084 年）三月近十五年里，殿中侍御史全缺，侍御史亦仅出现两人，而监察御史则多为"里行"，也就是不派或少派臣子，让三院空转或弱转。另外，神宗对那些不合作者、敢于反对变法的谏官开始大规模地贬降。本来相权、谏权彼此制约，神宗把本由皇帝任选谏官的权力，交给宰相王安石，由宰相推荐台谏官，这样一来相权与谏权同流合污了，台谏变成了顺从皇权的爪牙和附庸，成为配合相权打击政敌、剥夺士大夫议政自由的工具。如吕中所云："治平以前，为大臣者，皆以台谏之言而去；治平之后，为台谏者，皆以大臣之怒而去；而熙宁四年之后，为台谏者，皆大臣之私人也。"第二步，皇帝绕开既有治事体制，直接干预政事。皇帝从皇宫中直接发出的诏令，不经过中书、枢密院的审议直接颁发。第三步，收回相权。王安石第二次罢相之后，神宗实施元丰改制，通过恢复三省制把宰相的权力进一步分割，皇权直接走向前台，宰执大臣成了皇帝陛下唯唯诺诺的传声者、奉行者和办事员，丝毫没有统御百官的尊严和气场；台谏对上噤若寒蝉，对下成了皇权指哪儿就打哪儿的权力打手；士大夫阶层日益看风向，哪一派在台上得宠得势，就赶快选边站哪一派，毫无政治立场和政治气节，围绕皇权的指向，有时连频道都还换不过来，跟风看齐的意识还是蛮强的。

如此几个回合的收拾，神宗已从执政初期的"快意事一件也做不得"发展到了"快意事想做就做"的地步。可是，神宗一去，他所经营的变法事业一夜之间悉数倾覆，竟然没有任何政治力量出来为其护盘。看来即便是施行善意的威权统治和开明专制也还是靠不住的，集权越高倾覆越快，这是历史的警示。

5. 为什么王安石变法众叛亲离，庆历新政时期的改革派都集体变成了反新法的中坚力量，是什么在主宰着精英阶层的精神世界？

王安石是有名的"拗相公"，有强烈的偏执人格特质，他一贯我行我素，从不关注与考虑别人的意见，果敢自信，且不能容人，在待人处事中经常表现出偏向、偏见、偏信、偏好、偏激行为，在变法过程中，导致朝中大臣多与他决裂。这当中有人原来是他的靠山，如韩维、吕公著等人；有人原来是他的荐主，如文彦博、欧阳修等人；有人原来是他的上司，如富弼、韩琦等人；也有人原来是他的朋友，如范缜、司马光等人。他的同乡好友曾巩以及苏辙、程颢等在变法初期还是倾向支持变法的，后来都成了变法的反对者。这些反对者都是朝廷重臣，社会精英，他们的价值指向是富有指标意义的，代表着当时知识分子的集体意识。不知是王安石的变法思想太超前了，超越了精英们能接受的思想高度？还是变法思想触动了精英阶层的思想道德底线？抑或是变法本身出了状况，让精英者们抓住了把柄？无论怎么说，有一点"硬伤"耐人寻味，自己的亲弟弟王安礼、王安国、儿女亲家吴充等也都反对变法，众叛亲离，于情说不过去呀。不过，王安石好像也不是个案，韩维与韩缜，曾巩与曾布也都是亲兄弟，但政见迥异。政治斗争中长盛不衰的"血统论"难道失灵了吗？

在这强大的反对阵营中，有一大独特的风景，那就是庆历新政时期的改革主将富弼、韩琦、欧阳修以及有包容改革倾向的文彦博等，到了熙宁变法时期却一百八十度大转弯，集体成为反改革急先锋，而且在对外战争上也都从当年主战派、"鹰派"变成了后来的超级"鸽派"、妥协派。从精神发生学来看不知是什么原理所致。是他们从第一次变法失败中进行自我否定，思想认识升华了？还是他们从政历练丰富了，看出了保守、妥协是王朝无奈的宿命？抑或是他们看不惯王安石的做派，为反对而反对？这些都不得而知。

王安石不屑于这些反对的声音，他像预言家一样丢下了一句历史的谶语："当世人不知我，后世人当谢我。"

北宋变革风云

第五章 更化绍述

元丰八年（公元 1085 年）春，宋神宗赵顼病逝，其子赵煦（宋哲宗）即位，年仅十岁，其母宣仁太后高氏以太皇太后的身份执政。赵宋王朝又进入了一个新的时代，历史运行进入了一个新的通道，历史的钟摆好像在"七八年再来一次折腾"的怪律之下，又开始周期性地由左向右回摆了，史称元祐更化。彻底的否定并没有带来彻底的变革，带来的只有党争恶斗。高太后执政八年之后，哲宗亲政，他高举绍圣绍述的旗帜，再度拨乱反正，王朝之钟再度回摆。王朝的变法有点诡异，王安石熙宁变法八年，神宗元丰期间又延续了七八年，高太后元祐更化八年，哲宗绍圣绍述大约七年，王朝就是在这七上八下的不断折腾中，最后悬钟落地。

第一节　元祐更化

神宗去世，司马光带着他呕心沥血编著的《资治通鉴》从洛阳进京奔丧。高太后，宋英宗的皇后、神宗的生母、新君哲宗的祖母，是神宗朝后的最高领导，她对司马光的到来非常重视。不知有没有高太后的授意安排，反正司马光此番进京风头出尽，卫兵百姓夹道欢迎，高喊什么"无归洛阳，留相天子，活我百姓！"之类的请愿口号，好像是救生民于水火的活菩萨来了。这一年，高太后 54 岁，司马光 66 岁，都是历经仁宗、英宗、神宗到哲宗的四朝元老，他们思想相通，都是新法的反对者，此刻君臣相见，感慨万千。高太后问计于司马光，司马光说当务之急，一是广纳谏言，一是废除新法。前者是手段，后者是目的。高太后早就对王安石变法不满，曾对神宗说，安石乱国。在郑侠扳倒王安石的斗争中，是高太后临门一脚把王安石赶出了京城。此番司马光的建言说到了她的心坎里。其实，她要的不是建言（所建之言早就已然在心），她要的是落实建言计划的操盘手。于是，她要司马光顾全大局，此番进京就不要回洛阳了，留下来和她一起辅佐新君。司马光在神宗变法期间就负气出走，在洛阳一待就是十五年，他等的就是这一天。天降大任，义无反顾。不久，司马光以门下侍郎入朝，吕公著也以尚书左丞被召，新旧反复的斗争大幕由此正式拉开了。

司马光提出广开言路，并不是真想听取大家对国家有什么好的施政建议，而是要大家放开胆子来批评新法，营造变局的舆论环境。谋大事必须思想发动先行，这一点他是懂得的。当时把持朝政的班底还是前朝旧臣，蔡确与韩缜是宰相，章惇执掌枢密院，他们都是变法派。因此，要彻底否定新法，就必须清理队伍，要清理队伍就必须舆论先行。他执政的第一道札子就是《请更张新法》，大批特批新法是大

北宋变革风云

毒药，必须尽快废弃以疗伤。变法派搬出孔子的"三年无改于父之道，可谓孝矣"的理论予以反击。司马光不愧是一代鸿儒，他转换概念，强调高太后是"以母改子，非子改父"，也就是"改"的主角是高太后，而不是法人代表哲宗，这样就回避了理论上的困境。同时，他对人对事又进一步切割，把神宗与王安石、吕惠卿分开，说新法都是王、吕胡作非为，攻击王安石"不达政体，专用私见，变乱旧章，误先帝任使"。把新法与神宗撇开，显然是自欺欺人，但是管用，因为在逻辑上就预设了目前所推行的新法并非先帝本意，而现在所要改的是王安石假借先帝之名瞎搞的祸国殃民的乱政，因此，政治上站得住脚。高举"以母改子"的旗帜，深契高太后心意，在这场理论遭遇战中，司马光仰仗高太后这棵大树，取得了首胜，夺得了"拨乱反正"的话语权、控制权。不过，强制掩盖"以子改父"的事实也为日后哲宗绍述提供了逆反的口实。

在高太后的最高领导下，接下来的头等要务便是整顿执政队伍。司马光作为旧党的领袖，声望极高，高太后一临政，便拜他为相。司马光一上任就急速将因为反对新法而贬黜外放的旧臣都召回京师，予以重用。当年司马光赋闲洛阳的时候，洛阳成了保守党的大本营，一群因为反对变法而被罢官的失意大臣，仿照白居易九老会的故事，还成立了一个"洛阳耆英会"，名义上只喝酒赋诗，实际上是反变法的联盟。真是一朝天子一朝臣，当年的落魄旧党如今都风光还朝了，再度高居庙堂之上。司马光向高太后推荐刘挚、赵彦若、傅尧俞、范纯仁、范祖禹、唐淑问，力推他们担任台谏或经筵官；推荐吕大防、王存、孙觉、胡宗愈、王岩叟、苏轼、苏辙等，要求朝廷委以重任，尽其才干；并建议让文彦博、吕公著、冯京、孙固、韩维等德高望重的旧臣各举人才，推荐干部。于是，一大批反变法人士得以平反昭雪，重又登堂入室，把持朝政。

新旧力量洗盘的过程中，不仅仅是旧党快速还朝，而与之同步的是，开始大规模绞杀清算王安石集团的新党分子，不遗余力地把他们逐出朝廷。元祐元年闰二月，右司谏王觌向变法派大臣发起攻击，说："八个宰执，奸邪居半，让一两个元老怎么施展抱负！"矛头直指当时尚在宰执岗位上的蔡确、章惇、韩缜等人。孙觉、刘挚、苏辙、王岩叟等台谏们也一同发起猛攻。蔡确率先倒下，被罢去宰相。接着便是章惇倒下，章惇因性格耿直，敢于对过去的一些新法发出微弱的申辩，被反对派疯狂打压，先是被贬黜汝州，后又不断加码迫害，最后贬至岭南。四月，韩缜也罢相出朝。此外，当年王安石变法阵营中的吕惠卿、吕嘉问、李定、范子渊、吴居后、宋用臣、张诚一等也一一被贬出朝廷。变法派人人自危，惶惶不安。

全盘否定新法是司马光的历史使命，用他的话说，不废除新法，死不瞑目。现在舆论也造好了，队伍也在清除，接下来的事就是逐一废除新法，而且要"只争朝夕"地干。神宗驾崩不到四个月，尸骨未寒，司马光就在盛夏七月，首先拿本来只在冬闲才忙碌的保甲法开刀问斩，打响了他废除新法事业的第一炮。司马大人见不得武力，后来他把国土送人也不觉得羞耻，所以自毁长城的事他当大事来干，率先地干。随后到年底不足五个月的时间里，先后罢免行钱，废罢方田均税法、市易法与保马法，几乎一月废一法。次年，改元为元祐元年（公元 1086 年），废除新法事业继续向纵深推进。宋朝官员假期长，正儿八经上班也就到二三月了。他老人家没闲着，分别于正月初三、正月十七连上两道札子，乞罢免役法，然后在三月就颁令全国，要求各州县五日之内罢免役法，恢复差役法。免役法最大的好处就是农民有不服劳役的自由，可以集中精力耕种，而他发布的命令正是南方春耕忙碌的三月，司马大人大概是北方人的缘故，顾不了那么多，只要是新法必欲废之而后快。当时还在宰相任上的章惇据理反驳，指出司马光如果一意孤行，很可能免役法的弊端未除，差役法的旧害又复生，让生民受害，因此不能蛮干。然而，大势已去，孤掌难鸣，人家司马大人后面是高太后，章惇的护法力争不仅没起到任何作用，相反自己还因此丢了相位，被贬出京师。对此，保守派内部一些有识之士也看不下去了。范纯仁就指出，"此法熟议缓行则不扰，急行则疏略而扰，委非其人，其扰滋甚"。时任右司谏的苏辙也是持有范纯仁同样的观点，表示不应该对免役法一棍子打死，搞"一刀切"。苏轼为此专门跑去找司马光据理争辩，说差役法、免役法各有利弊，前者使民经常在官府打工，不得专心务农，而后者容易使官府聚敛，盘剥百姓，因此要冷静分析，不可贸然行事。司马光哪里听得进呢，两人争得面红耳赤，气得苏轼大呼"司马牛，司马牛"。已闲居江宁多年、不问政事的王安石闻知此事，不禁惊愕失声道："连这都要废除吗？"随后一声叹息，说这法我和先帝讨论了两年才实行的，各方面考虑都很周密呀！没有人读懂、也没有人在意这位政治老人内心深深的伤痛。一个月以后，也就是元祐元年四月，王安石去世了。后世有好事者调侃，说他是被司马光气死的。其实，为他添堵的恐怕不光是这件事，还有变法阵营里的背叛。就在司马光歇斯底里限定全国五日之内必须废除免役法的时候，没有哪个地方能完得成这个不切实际的任务，那时候通信落后，偏远地方恐怕五天连个信都到不了，更别说执行。可是曾经的变法派、知开封府蔡京投其所好，大搞形式主义，向司马大人报喜说他的属地如期完成任务了。司马大人大喜，此刻他要的就是这个典型，于是蔡京摇身一变很快从变法派变成了反变法派，成为司马光阵营里的急先锋。不知政敌王安石的去世对司马大人有没有刺激，反正他身体是每况愈下，把政事交由自己的姻亲范纯仁来主持。这年八月，因国用支绌，范纯仁建议仍行青苗法，司马光闻讯抱病急见高太后，追问是哪个奸人主张重新实行这个法的，吓得范纯仁在旁直哆嗦。这一年，司马光不仅把新法全面废除了，还强制全国各地的学校停止使用王安石的《三经新义》教材。

高太后、司马光否定新法否到了极致，凡是王安石推行的路线，不管三七二十一，必反其道而行之，就连在军事、外交上取得的胜利也要否掉，即使成为历史的笑柄也无所谓。王安石对西夏采取积极进取的战略，收复了不少失地，拓展了疆域，形成了有力的军事控制。司马光则认为王安石的积极战略导致了与西夏关系的紧张。因此，在西夏使臣来祝贺哲宗趁机提出归还土地的问题时，司马光强烈要求高太后继承熙宁以前的妥协政策，把已收复的安疆、葭芦、浮图、米脂四寨割让给西夏，以求息兵求和，偷安一时。司马光治史是大家，治政却很迂腐，历史上从来就没有土地可以换和平的，他在研究《资治通鉴》时怎没注意到这样一个基本的政治常识呢？

元祐元年九月，也就是王安石去世五个月后，司马光也去世了。这时新法已基本废除殆尽，不过前朝变法所积聚起来的钱财也在非理性地日益耗散殆尽，王朝在加速向下沉沦。

第二节　元祐党争

司马光走后，高太后继续起用大批保守派人物，文彦博、吕公著、范纯仁和吕大防等人先后执政，将废除新法的事业进行到底。

针对司马光对变法派打击过度，范纯仁建议说："录人之过，不宜太深"。高太后表示认同，指示台谏对前朝变法者的历史问题要宜粗不宜细，不必再追究。但台谏系统都是司马光安插的死党，他们立即予以抵制。吕公著从政局的平稳角度来看，也认为只要变法派人士能够改过自新就应该放人一马，不能过度激化矛盾。但是当时的政治

北宋变革风云

气候情绪化有余而理性不足，根本听不进这些正确意见。吕公著去世后，文彦博再度拿蔡确说事，说他在被贬途中写《车盖亭诗》，讥讪朝政，提议贬至岭南（当时那是极度荒蛮之地，相当于判死缓）。右相范纯仁对高太后进谏道，朝廷不应该拿语言文字上的似是而非的东西来治罪大臣，贬黜大臣，此种先例不可开。朝中一些大臣，也包括台谏系统的官员，表示支持范纯仁的意见，不要搞罗织之风。宰相吕大防与执政刘挚从中打个圆场，建议把所贬的地点换近一点，那意思就是说，蔡确错误还是有的，不过可以从轻处理。蔡确是新党骨干分子，在哲宗即位的问题上本想讨好高太后，想推荐太后的儿子、神宗的弟弟接班，结果宝押错了，太后所选是孙子哲宗。蔡确见大势已去，反过来又搞小动作，编造太后有废黜哲宗的想法，这下彻底把太后得罪了。太后对大臣的劝谏根本不听，厉声说："山可移，此州不可移！"最后蔡确贬死于新州（今广东新兴）。有台谏借机指责范纯仁与蔡确结党，不久，范纯仁也被罢相。可见，保守势力元祐党人在斗争中已不分是非曲直了，情绪宣泄取代理性批判，同情敌人就是叛变，就必须坚决打倒。蔡确一案的斗争迅速扩大化了，左谏议大夫梁焘炮制了两张黑名单，一张是已故新党头目王安石集团，有吕惠卿等三十人；另一张是新党头子蔡确集团，有章惇、蒲宗孟等四十七人。在高太后的领导和支持下，元祐党人首开文字狱先河，在车盖亭诗案上大做文章，对整个新党集团进行了一次斩草除根式的清算。元祐五年，保守派头目文彦博因年事已高退了下来，吕大防独相，他与门下侍郎刘挚一起，想对那些被打倒的新党人士搞点儿怀柔，来点儿安抚，以缓和一下朝野政治气氛。但遭到御史中丞苏辙的坚决反对，高太后听从了苏辙的意见，吕大防和刘挚想在新旧两党之间搞点小调停的努力便胎死腹中。

　　高太后临朝执政八年多，至此，已基本把神宗朝变法派彻底清理干净，朝中尽是保守势力的天下。

斗争如果没有了对手，会是很孤寂的。王安石走了，新党的大树倒了；司马光也跟着走了，旧党的旗帜倒了，凝聚力也差了。新党已经被打倒了，旧党一党独大，但又群龙无首，特别是吕公著一死江湖就没了带头大哥，于是党内便山头派系滋生，斗争以新的面目在政治舞台上演出。当时的朝堂之上名高权重的主要有吕公著、吕大防、范纯仁和范祖禹等，他们思想上都是保守主义，但自立门户，洁身自好。其他大小朝臣没了主义之争，没了斗争的方向，于是潜意识地就按籍贯地域来各自站队集结，形成了洛党、蜀党和朔党的政治新格局。洛党以理学大师程颐为首领，其下门徒云集，主要有朱光庭、贾易等；蜀党以文坛泰斗苏轼为首领，其下有苏辙、吕陶等；朔党领头的有刘挚、王岩叟、刘安世、梁焘，其下成员颇多。与王安石时代的新旧党争相比，那时所争者在"法"，在"法"于天下苍生是利还是弊，一句话，所争者在路线、在公心；而现在的元祐党争，不过是保守派内部的分朋立党，除了学术偏好和旨趣有那么一点差异之外，毫无政治路线之争，毫无治国平天下的公心，所谓党争的格调实在不高，除了党派的私利还是私利。

其实，引起分朋立党的是一件小事，一句玩笑。司马光刚死没多久的某一天，朝廷正举行祭典天地神明的活动，事后群臣提议顺道去司马光邸宅吊唁。主持祭奠仪式的程颐认为不合礼节，刚钟鸣鼓乐的就去悲哀吊唁不合适，并引用孔子的话"子于是日哭则不歌"，意思是同一天之内你不能参加完了吊唁死人等悲伤活动后又去参加歌舞乐事。这下就为难大家了，孔圣人是说过哭后不能歌的话，但没说过歌后不能哭呀，于是争论起来了。苏轼这人学问很大，知识面又广，还爱贫嘴贫舌。他当即就嘲讽道，这不过是汉初朝廷为制定礼仪制度时由那个腐儒叔孙通制订的歪礼，最后他落了个蒙冤被斩于市的结局。你说就说吧，卖弄就卖弄吧，还要送他"鏖糟陂里叔孙通"的绰号。鏖糟陂是京城外的一个偏僻的地名，暗讽程颐也不过是一个乡巴佬儒生。
这玩笑是开的有点大，搁一般人身上也就当时红下脸就完了，可是这
个程颐偏偏是个迂腐的大儒，当场就杠上了，一下就结下了怨气。一
句不关风月的玩笑话，就这样成了两人及两党对立的心结，可见，格
调也就只是那个水准。没过几个月，翰林学士苏轼出题策试馆职，题
目是："今朝廷欲师仁宗之忠厚，惧百官有司不举其职而或至于偷；欲
法神宗之励精，恐监司守令不识其意而流入于刻。"苏轼本意着眼于当
下吏治，探问宽严该如何拿捏。但是程门弟子、洛党分子左司谏朱光
庭率先发难，指出苏轼有影射批评仁宗、神宗二帝的意思，罪不可恕。
蜀党分子右司谏吕陶上书辩护，奋起反击。一旁观战的朔党这时站到
了洛党一边，一同参与战斗。由此一事件起，洛、蜀、朔党之争正式
公开化。元祐六年，洛党分子贾易弹劾苏轼，说是神宗去世时，苏轼
在扬州赋诗"山寺归来闻好语，野花啼鸟也欣然"，领袖逝世，举国悲
痛，他却"闻好语""也欣然"，其险恶用心昭然若揭，罪该当诛。用
文字狱做工具来打击其他党派的事远不止这一起。元祐六年，朔党领
袖刘挚就由于一封私信而"躺着中枪"。这年二月，他提拔重用了，由
执政升为右相，加之平常做人做事性直高调，总爱批评人。这下算账
的机会来了，御史中丞郑雍、御史杨畏勾结吕大防，在高太后那里告
刁状，一是刘挚曾在私人信件中劝过一位失意的朋友，要他"以俟休
复"，这本来是句宽慰人的客套话，但告状的人在太后面前做政治解
读，说是等太皇太后死了再复辟，这样一解释可就大不敬了；二是刘
挚曾教过新党头目章惇之子的功课，与章惇来往密切。告状的结果当
然是刘挚被罢相贬出京城。党魁被打倒了，那当然后面还有一大批同
党分子，郑雍一下就开列出来了一张包括有王岩叟、刘安世、王觌、
朱光庭、梁焘、贾易等三十人的黑名单。抓辫子，打棍子，党同伐异，
成为一时风气，构成了元祐年间党争的一幕无聊无趣的政治闹剧。

元祐八年（公元 1093 年）八月，高太后去世，一个时代也随之结束。她听政期间"以复祖宗法度为先务，尽行仁宗之政"，以母改子，尽废新法，大有矫枉过正之处。高太后本人，勤政节俭，后世溢美称赞为"女中尧舜"，但作为一个转型时期的政治家，她的格调和胸怀明显不够，不能理性地协调新旧两党的矛盾。事实上，旧党重"政道"，道德文章一流，拿着尺子当裁判，指责别人一套一套的，真要他们干点具体事情就不行了，眼高手低；而新党相反，重"政术"，工作中也许有这有那的毛病，但是会干活，能解决问题。历经十几年的改革探索，两党之中一些有识之士都发现了彼此的缺陷，有彼此相向靠拢的迹象。如苏轼从基层摸爬滚打回京后就对自己当年攻击新法所发表的一些偏激言行表示反思和自责，认为新法不全是坏的，有适合基层的一面，旧法也不全是好的，也有脱离基层实际的东西。新党骨干分子章惇等人也清醒地看到了新法也有许多弊端，理想与实现之间差距很大。在新旧交替的转型时期，如果执政者能因势利导，调和矛盾，消弭冲突，统一思想，则王朝的政运或许会有新的转机。但很不幸的是，高太后没有认识到也没有把握好这个历史机遇。在她的治下，整个元祐更化政治上只有政治清算和党争纷扰，经济上也毫无改革可言，只是情绪化的政策复旧，发展建树乏善可陈。新旧之间的党同伐异，以及旧党内部的派系争斗，把政治乱象推向了登峰造极的地步，也为王朝的灭亡埋下了深深祸根。

第三节　绍圣绍述

治大国如烹小鲜。赵宋王朝烤制的小鲜大概七八年要翻转一次，直至"烤煳"为止。高太后走后，哲宗亲政，历史的钟摆又周期性地由右向左回摆了，而且之前回拉得越烈，则反弹得越猛。

哲宗十九岁亲政，正值青春叛逆期，他对高太后、司马光他们自编自演、自以为是的"以母改子"的闹剧很不满，这等于无视他作为皇帝的存在；对那些元祐旧臣眼里只有太后而无视他（总视他为小孩）的行为很不爽，这简直是无视君臣之义；当然对高太后加之于他的种种管束和压制也很反感。因此，他带着"子不改父"的政治理念以及青春的叛逆，开始对元祐时期的政治路线和元祐党人进行了政治清算。

一、拨乱反正，意识形态先行

哲宗亲政，知枢密院韩忠彦委婉劝谏哲宗学习仁宗皇帝当年亲政时禁止群臣议论刘太后的风范，也下令群臣不要非议高太后。但是，哲宗根本不听，还带头发泄对高太后的强烈不满，这等于向群臣表明对高太后没有语言禁区，同时也释放朝政要变局的信息。科举策论向来是引导社会的风向标。哲宗既已放出来了政治风向，朝臣自然就会有所响应。元祐八年年底，中书侍郎李清臣在殿试发策时直接否定元祐政治。可是，偏偏学富五车的宰执大臣苏辙不识相，竟然拿汉昭帝罢去武帝晚年苛政的例子来论证如果前朝做得不好后任者可以进行改变，换句话说，你李清臣借策论题目来批评高太后元祐更化是不对的，高太后没错。苏辙这回摸错了胯子，哲宗很不满意，大骂苏辙把父亲神宗比作武帝。范纯仁一旁劝谏，但哲宗根本不听，还将苏辙贬出朝廷。皇上改年号是一件很慎重的事情，也是对外宣示政治路线的窗口，有很强的指标意义。根据哲宗的旨意，翰林学士承旨曾布建议改元绍圣，绍是继承的意思，圣特指先帝神宗，以此表明继承和发扬神宗的事业，于是元祐九年便成为绍圣元年。哲宗把绍圣的旗帜一举，其拨乱反正的味道就十分浓厚，今后他的施政理念就是按神宗的既定方针办，走改革变法的路，不再走元祐党人的邪路。在意识形态领域，还有一件事值得一提。神宗去世后，朝廷命修《神宗实录》，由元祐党人吕大防、黄庭坚等主修，元祐六年（公元 1091 年）三月，完成编修，正式成书。三年之后，也就是绍圣元年四月，新党对此书进行翻案了，王安石之女婿蔡卞率先发难，他说"先帝盛德大业，卓然出千古之上"，可是编修人员漠视先帝伟业，诋毁先帝新法，篡改史实，搞有选择性的编纂，致使《神宗实录》不实，贻害后世。为此，他建议重新审核刊发。哲宗批准了蔡卞的建议，以蔡卞兼国史修撰，命左仆射章惇提举修《神宗实录》，另外，还同时修订神宗《日历》。这次翻案，朝廷进一步打击了旧党，追究了范祖禹、赵彦若、黄庭坚等修史不实的责任。

二、拨乱反正，平反与追贬并举

绍圣元年四月，朝中重臣冯京去世，哲宗皇帝亲临祭奠，冯京的女婿，即蔡确的儿子蔡渭，在葬礼上趁机向哲宗血泪陈词，哭诉其父当年遭元祐党人围攻打压、迫害致死的冤情。哲宗很重视，第二天就上朝研究，决定对蔡确平反昭雪，并追赠左正议大夫，对其子孙给予相应恩泽。六月中，蔡确灵柩下葬时，朝廷再下诏追复为观文殿大学士。次年十二月，再次追赠太师。蔡确人死后在不到两年的时间里连升三级，算是对其推进变法事业的政治认可。如何评价和对待王安石是这场拨乱反正运动的标志性事件，根据新党人士的提议，哲宗宣布已故宰相王安石配飨神宗皇帝庙，作为故臣，地位已达至尊。与此同时，对旧党头目秋后算账，追夺了司马光、吕公著死后所赠谥号，捣坟砸碑。章惇、蔡卞等觉得这样还不解恨，要求开棺鞭尸。最后，还是有人劝阻，说如今圣上治下是太平盛世，这样做过头了，也非美事。哲宗这才收手作罢。另外，当年对新党疯狂打击迫害的王岩叟，其死后的赠谥也被追夺。

三、拨乱反正，清理整顿队伍

哲宗刚一亲政，就开始大胆启用那些被高太后、司马光所贬弃的而为神宗所重用的新党旧臣。先是章惇还朝，重登相位，吕惠卿、曾布、张商英、李清臣、邓润甫，蔡卞、蔡京、林希、黄履、来之邵等也随之入朝任要职。与此同时，开始贬斥保守派官员，清理整顿朝中干部队伍。一批复职还朝的谏官们闻风起舞，窥探圣意，配合章惇，大肆揭批元祐党人的罪行。特别是侍御史来之邵歇斯底里地在哲宗面前说：那时先帝尸骨未寒，陵土未干，司马光等乱臣就废弃先帝良法，扫除先帝重用的忠臣，现在司马光、王岩叟和朱光庭相继已死，还有刘挚这个坏蛋还活着，这是老天爷专门留下给陛下报仇用的啊！一个谏官如此杀气腾腾，足见其气急败坏到了无视理性、不问是非的地步，真有点"有仇不报非君子"的味道。元祐诸臣活着没死的几乎都被贬官外放，官职越混越小，贬途越走越远。哲宗一下贬掉了韩维、刘奉世、王觌、吕陶、秦观、朱光庭、张耒、晁补之、贾易等三十多人官职，其中重点人物吕大防、苏轼、苏辙、刘挚、梁焘、范纯仁等流放到岭南等边远地方。特别是苏轼，宦海浮沉一生，其命运成了朋党争斗的缩影。富有创奇色彩的一件事是，谏官张商英发现还有文彦博这个漏网之鱼，劾奏文彦博背负国恩，哲宗的贬诏刚下还未送达，九十二岁的文彦博就病死家中。绍圣初，逢郊祀大礼，依例朝廷要大赦，有大臣请示哲宗，可否赦免被贬的元祐旧党官员，哲宗一口回绝，不留余地。由此可见，哲宗对旧党痛恨至深，一个都不宽恕。

历史有着惊人的相似。元祐年间旧党把新党打倒以后，就开始内部新的争斗；现在，绍圣年间，新党把旧党打垮以后，新党也开始分裂了。李清臣因对宰相章惇打击旧党过头有不同看法，在斗争中被章惇斗败，遭弹劾外放；谏臣张商英与来之邵争斗，张败被贬；孙谔斗赢了杨畏，却没斗过蔡京，最后也被罢官；曾布在新党内部左右开弓，左斗吕惠卿，右攻章惇、蔡卞，反复无常，影响很坏。这也说明，党争到后来越来越演变成权力斗争，无关事业也无关是非了。

四、拨乱反正，绍述熙丰新法

哲宗打的是绍圣绍述的旗帜，也就是要沿着神宗的改革路线前进。哲宗亲政期间，先后恢复了免役法、保甲法、青苗法、市易法等，一度被废置的王安石新法基本都得以施行。在教育方面也恢复了被司马光禁止的荆公新学。

元祐时期，高太后和司马光在军事、外交上实行鸵鸟政策，还恬不知耻地标榜"清静为心，仁惠为政"，不仅彻底否定神宗及王安石积极对外的战略思想，而且大大方方地"斥地与敌"，把神宗用鲜血换来的疆土和军事要地拱手送给西夏。然而，退避忍让的绥靖政策并未换来和平，相反仗还越送越打，整个元祐八年当中，双方你来我往，局部拉锯战就没停止过，真是莫大的讽刺。哲宗亲政之后，决定重启河湟之役，在军事战略上对西夏采取积极、强硬的政策。哲宗重用章惇、曾布、吕惠卿、王厚等主战派，按照敢于打仗、敢于胜利的原则，修筑防御工事、训练部队，积极做好战斗准备。绍圣四年，一举击败西夏军的多次进攻，收复今陕西等失地。元符元年（公元1098年）十月，在平夏城决战，打败号称四十万西夏军的进犯，并乘胜进击，至翌年，已经收复今甘肃、青海等边疆重地，扭转了长期以来西北边防被动挨打的局面，迫使西夏求和。应该说，哲宗对其父神宗魂断强军梦作了一个历史交代，王安石的军事变法曲曲折折经哲宗之手也算是正果初成。

宋哲宗是北宋较有作为的皇帝，心志很高，但是老天爷偏偏不给他一个担当大任的身板，年仅二十五岁就英年早逝，撒手归天，在位十五年，亲政不过七年，连一个子嗣都没有留下，这或许就是王朝的宿命。

第四节　党碑风云

哲宗去世后，其弟赵佶即位，是为徽宗。徽宗是一位颇有艺术气质的、还爱折腾的浪荡主儿，颇有点亡国之君李煜的范。后世评论他诸事皆能，独不能为君耳。

徽宗登位时虽有十八岁，但是向太后听政，军国大事他们两人共同处理，同时执政。向太后没有高太后那么强势，但思想上也是属于守旧派的，她一当政就不动声色地实施向右转的干部路线，对一些被贬逐的保守派官员恢复名位，平反昭雪，纷纷召回朝廷当官执政，把保守派头子韩琦的长子韩忠彦提拔为执政，后又升任右相。次年改年号为建中靖国，以示"本中和而立政"，名义上是要调和党争矛盾，搞平衡中立，实质上还是实施政策右转。不过徽宗也没把这新年号的政治含义当回事，右转的政策还没来得及大规模实施，向太后很快就死了，改弦易张，再换个年号也就自然不过了。

第二年改年号为崇宁元年（公元 1102 年），明确宣示放弃调和政策，改为崇法熙宁变法。徽宗想学他哥哥哲宗，绍述其父神宗的事业，但是他哥哥有抱负，是真干；而他只是喊喊而已，政事都交由蔡京去打理，自己在花鸟诗画中独享其乐。蔡京何许人也？就是那个司马光限令五日之内要恢复差役法全国无人能完成而只有他图表现完成了的政治投机分子，熙宁变法时他是护法者，元祐更化他又变身为反对新法的积极分子，绍圣初又转身变为拥护新法，他游走于两派之间，紧跟朝廷，不问是非，政治敏锐性很强。而这也带来了保守派对他大加攻击，徽宗即位后不久就被夺职外贬，闲居杭州。蔡京是《水浒传》中的四大奸臣之一，虽政德差，但很有些歪才，尤其书法一流。幸运的是他在杭州结交了专来此地为皇帝收集书画的宦官童贯，经童贯引荐，得到了志趣相投的宋徽宗的赏识，政治命运从此大转变。崇宁元年（公元 1102 年），徽宗为蔡京铺路先后贬黜左相韩忠彦、右相曾布，而蔡京一路升任执政、右相、左相，三级连跳，位极人臣，从此把持朝政二十余年。蔡京执政无能，但弄权有术，党羽密布，整个徽宗时期始终是他一掌遮天。他的弟弟蔡卞是王安石的女婿，他跟王安石还有点沾亲带故，因此，打着绍述神宗改革的旗号，效法王安石的变法，于公于私对他都是有好处的。不过他心不在改革上，而在笼络皇上、稳住权力上，改革只是作为排斥异己打击反对者的幌子。

　　尽管向太后在新旧党人之间搞调和，也有过短暂的平静，但是徽宗崇宁年间党争再起，最后演变成"党碑"运动，让后世叹为观止。其始作俑者不得不提一下邓洵武这个人。他是熙宁变法时期那个变法阵营中官德极差的邓绾的儿子，时任起居舍人，常伴皇帝左右，元符三年一月，徽宗上位，一年后，也就是建中元年一月，向太后去世，此时的徽宗心态矛盾，一方面自己上位是向太后一手力挺的，心存感激；另一方面对向太后否定其父兄的改革政策也未必认同，而自己的施政方针还没有成型，这一切都被邓洵武看在眼里，记在心里。这年十一月，邓洵武瞅准机会，把平常所做的功课呈献给皇上，这作业就是一份干部花名册，名曰《爱莫助之图》，图中按照"绍述"和"元祐"两列，把朝中一百多名大臣都画了像，排了队。他对徽宗说，皇上您是神宗的儿子，应当绍述您父兄的事业，建议改元崇宁；另外，当今宰相韩忠彦是韩琦的儿子，那可是先帝新法的坚定反对者，您如果要走先帝的改革路线，此人必不可用，为此，他特地推荐蔡京为相。搞政治"黑名单"邓洵武不是首创，元祐更化时期，谏官梁焘、刘安世在打击宰相蔡确时就炮制过王安石集团和蔡确集团的黑名单，邓洵武不过是如法炮制而已。但是，邓洵武的炮弹在恰当的时候打中了徽宗恰当的部位，一度游移的内心顿时定向了，这年年底改元崇宁。崇宁元年（公元1102年）五月，徽宗根据臣僚建议下诏，将苏辙、黄庭坚、范纯礼、程颐等五十七人编入"元祐党籍"，贬黜外放，不得回京。八月，又把那批已经去世、绍圣绍述期间被批判过的、后又被向太后恢复名誉的司马光、吕公著、吕大防、刘挚、苏轼、范纯仁等二十名元祐党人再度拿来进行批判，并限制其后人不得在京城做官。九月，徽宗审定御批"元祐奸党"共计一百一十九人的姓名，并一展他的瘦金体书法才技，御笔亲书，勒刻于石碑之上，竖立在京师端礼门，同时要求全国各地也要刻石树碑，已划清政治界限，肃清流毒。过去搞黑名单只是朝堂内参，这一次是首次立碑对外昭示。后来斗争进一步扩大化，到崇宁三年（公元1104年）六月，被徽宗亲自审定的"元祐、元符党人"达到三百零九人，其中包括故去的旧臣七十四人，由蔡京手书，重新在京城和全国树碑昭示，这叫打翻在地，遗臭万年，永世不得翻身。这三百多人的大名单中，曾任宰臣执政官的有二十七人，以司马光、文彦博等为首；曾任侍制以上官员有四十九人，以苏轼、刘安世等为首；其他官员有一百七十七人，包括秦观、黄庭坚等人；另有武臣二十五人，内臣二十九人；另外，还有两位身份特殊的大官，他们不属于元祐党，是变法阵营里的战将，但被扣上为臣不忠的帽子，他们就是曾任宰臣的章惇、王珪，前者在徽宗登位的问题上明确表示反对，说徽宗轻佻，而后者官德太差，坏事做尽，新旧两边都厌恶。凡入党籍者，就等于判了政治死刑，死了的要批判要削官，活着的那就领受政治折磨吧，而且子孙后代也要连带受罪。

政治斗争迅速向文化领域扩展。朝廷实行"文禁"，禁止元祐党人的学术及诗文艺术等的传播。崇宁二年（公元1103年）四月，下诏禁止周敦颐、程颐、程颢等人的经学，被指有违圣贤学说；焚毁苏轼、苏辙、范祖禹、范镇等人的作品。徽宗是一个很有艺术天分的皇帝，书画造诣一流，可是当地方上把已经死去的苏东坡的书画、碑刻砸毁的时候，他没有半点从艺术和文物的视角去敬重、去珍惜它，而是任其做政治上的宣泄。

朋党恶斗，自古有之，但像宋徽宗和蔡京这样歇斯底里的做法可谓空前绝后。据说，崇宁五年春，彗星自西而来，其长竟天，徽宗深畏星变，以为上天示警。于是，避殿损膳，诏求直言阙失。执政刘逵说党碑有损君德，他接受规劝，迅速整改，连夜拆毁端礼门外的元祐党籍碑，外地碑刻也一律废毁；解除所有对元祐党人的政治禁令，其子女也可以参加科举、入仕为官等；大赦天下，对已经故去的被打倒的元祐党人恢复名义，对削职和开除公职的重新安排工作，对外贬的从轻发落、贬所由远移近，总之，平反工作大呼隆地展开。当年徽宗的父亲神宗帝面对大旱天灾，是大声斥骂王安石；而现在徽宗面对彗星异象搞了个"毁碑"、"平反"，竟然招致蔡京怒吼："石可毁，名不可灭也！"真是王气沉沦，风光不再。

赵宋王朝自庆历新政以降，经熙丰至元祐到绍圣，再到崇宁，每一次围绕变法与守旧的斗争最后都演变成党派和人事之争，而且从先前的君子之争、路线之争、政术之争到后来的权力恶斗、小人内耗，争斗的格调加速下沉。蔡京、高俅、童贯等虽然一个个高喊维护新法的口号，但变法只是成为其揽财害民的器具，新法"名存而实亡者十之八九"，相反还在新法的幌子下把当年神宗和王安石通过新法所积累起来的国力消耗殆尽，因为他们只知道"以天下奉一人"。终于历史走到了公元1127年，金人的铁蹄踏破了汴京的春梦，徽、钦父子二帝被掳，史称"靖康之耻"。由太祖赵匡胤所开创的北宋王朝在忽左忽右的折腾中历经一百六十七年就这样屈辱地收场了。

具有讽刺意味的是，偏安一隅的南宋王朝在只批贪官不批皇帝的原则下，一股脑地把愤怒宣泄到当时执政的奸臣蔡京上头，而蔡京打的是王安石的旗子，因此，王安石是亡国的罪魁祸首。当年那块被彗星毁坏的元祐党人碑上的党人，除章惇等少数与蔡京作对的新党外，一股脑儿都成了大宋王朝的忠臣，而那些或真或假的变法新党分子都成了奸臣，载入史册（比石碑坚硬），至今不能翻身。嗨，历史真是一本糊涂账，没人说得清。

附录一：范仲淹《答手诏条陈十事》^①

伏奉手诏"今来用韩琦、范仲淹、富弼，皆是中外人望，不次拔擢。韩琦暂往陕西，范仲淹、富弼皆在两地，所宜尽心为国家，诸事建明，不得顾避。兼章得象等同心忧国，足得商量。如有当世急务可以施行者，并须条列闻奏，副朕拔擢之意"者。臣智不逮人，术不通古，岂足以奉大对。然臣蒙陛下不次之擢，预闻政事，又诏意丁宁，臣战汗惶怖，曾不获让。

臣闻历代之政，久皆有弊。弊而不救，祸乱必生。何哉？纲纪浸隳。制度日削，恩赏不节，赋敛无度，人情惨怨，天祸暴起。惟尧舜能通其变，使民不倦。

《易》曰："穷则变，变则通，通则久。"此言天下之理有所穷塞，则思变通之道。既能变通，则成长久之业。我国家革五代之乱，富有四海，垂八十年，纲纪制度，日削月侵，官壅于下，民困于外，夷狄骄盛，寇盗横炽，不可不更张以救之。然则欲正其末，必端其本；欲清其流，必澄其源。臣敢约前代帝王之道，求今朝祖宗之烈，采其可行者条奏。愿陛下顺天下之心，力行此事，庶几法制有立，纲纪再振，则宗社灵长，天下蒙福。

一曰明黜陟。臣观《书》曰："三载考绩，三考黜陟幽明。"然则尧舜之朝，建官至少，尚乃九载一迁，必求成绩，而天下大化，百世

---

① 李勇先、王蓉贵校点：《范仲淹全集》，四川大学出版社 2007 年版。

之后，仰为帝范。我祖宗朝，文武百官皆无磨勘之例，惟政能可旌者，擢以不次；无所称者，至老不迁。故人人自励，以求绩效。今文资三年一迁，武职五年一迁，谓之磨勘。不限内外，不问劳逸，贤不肖并进，此岂尧舜黜陟幽明之意耶！假如庶僚中有一贤于众者，理一郡县，领一务局，思兴利去害而有为也，众皆指为生事，必嫉之沮之，非之笑之，稍有差失，随而挤陷。故不肖者素餐尸禄，安然而莫有为也。虽愚暗鄙猥，人莫齿之。而三年一迁，坐至卿监丞郎者，历历皆是，谁肯为陛下兴公家之利，救生民之病，去政事之弊，茸纪纲之坏哉！利而不兴则国虚，病而不救则民怨。弊而不去则小人得志，坏而不茸则王者失。贤不肖混淆，请托侥幸，迁易不已，中外苟且，百事废堕，生民久苦，羣盗渐起。劳陛下旰昃之忧者，岂非官失其正而致其危耶！至若在京百司，金谷浩瀚，权势子弟长为占据，有虚食稟禄，待阙一二年者。暨临事局，挟以势力。岂肯恪恭其职？使祖宗根本之地，纲纪日隳。故在京官司，有一员阙，则争夺者数人。其外任京朝官，则有私居待阙，动逾岁时，往往到职之初，便该磨勘，一无勤效，例蒙迁改。此则人人因循，不复奋励之由也。

臣请特降诏书，今后两地臣僚，有大功大善，则特加爵命；无大功大善，更不非时进秩。其理状寻常而出者，祇守本官，不得更带美职。应京朝官在台省、馆阁职任，及在审刑、大理寺、开封府、两赤县、国子监、诸王府，并因保举及选差监在京重难库务者，并须在任三周年，即与磨勘。若因陈乞，并于中书、审官院愿在京差遣者，与保举选差不同，并须勾当通计及五周年，方得磨勘。如此则权势子弟，肯就外任，各知艰难。亦有俊明之人，因此树立，可以进用。如今日已前受在京差遣已勾当者，且依旧日年限磨勘，其未曾交割勾当。却求外任者，并听其外任。在京朝官到职勾当及三年者与磨勘，内前任勾当年月日及公程日限，并非因陈乞而移任在道月日，及升朝官在京朝请月日，并令通计。其远官近地，劳逸不同，并在假待阙及公程外住滞，或因公事，非时移替。在道月日委有司别行定夺闻奏。如任内有私罪并公罪徒以上者，至该磨勘日，具情理轻重，别取进止。其庶寮中有高才异行，多所荐论，或异略嘉谋，为上信纳者，自有特恩改迁，非磨勘之可滞也。又外任善政著闻，有补风化；或累讼之狱，能辨冤沈；或五次推勘，人无翻讼；或劝课农桑，大获美利；或京城库务，能革大弊，惜费巨万者，仰本辖保明闻奏，下尚书省集议。为众所许，则列状上闻，并与改官，不隔磨勘。或有异同，各以所执取旨，出于圣断。仍请诏下审官院、流内铨、尚书考功，应京朝官选人逐任得替，明具较定考绩、结罪闻奏。内有事状猥滥，并老疾愚昧之人，不堪理民者，别取进止。已上磨勘考绩条件，该说不尽者，有司比类上闻。如此，则因循者拘考绩之限，特达者加不次之赏，然后天下公家之利必兴，生民之病必救，政事之弊必去，纲纪之坏必葺，人人自劝，天下兴治，则前王之业，祖宗之权，复振于陛下之手矣。其武臣磨勘年限，委枢密院比附文资定夺闻奏。

二曰抑侥幸。臣闻先王赏延于世，诸侯有世子袭国，公卿以德而任，有袭爵者，《春秋》讥之。及汉之公卿，有封爵而殁，立一子为后者，未闻余子皆有爵命。其次宠待大臣，赐一子官者有之，未闻每岁有自荐其子弟者。祖宗之朝，亦不过此。自真宗皇帝以太平之乐，与臣下共庆，恩意渐广。大两省至知杂御史以上，每遇南郊并圣节，各奏一子充京官，少卿、监奏一子充试衔。其正郎、带职员外郎，并诸路提点刑狱以上差遣者，每遇南郊，奏一子充斋郎。其大两省等官，既奏得子充京官，明异于庶僚，大示区别，复更每岁奏荐，积成冗官。假有任学士以上官经二十年者，则一家兄弟子孙出京官二十人，仍接次升朝，此滥进之极也。今百姓贫困，冗官至多。授任既轻，政事不举。俸禄既广，刻剥不暇。审官院常患充塞，无阙可补。臣请特降诏书，今后两府并两省官等，遇大礼许奏一子充京官，如奏弟侄骨肉，即与试衔外，每年圣节更不得陈乞。如别有勋劳著闻于外，非时赐一子官者，系自圣恩。其转运使及边任文臣初除授后，合奏得子弟身事者。并候到任二年无遗阙，方许陈乞。如二年内非次移改者，即许通计三年陈乞。三司副使、知杂御史、少卿、监以上，并同两省，遇大礼各奏荐子孙。其正郎、带馆职员外郎，并省府推判官、外任提点刑狱以上，遇大礼合该奏荐子孙者，须是在任及二周年，方得陈乞。已上有该说不尽者，委有司比类闻奏。如此则内外朝臣，各务久于其职，不为苟且之政，兼抑躁动之心。亦免子弟充塞铨曹，与孤寒争路，轻忽郡县，使生民受弊。其武臣入边上差遣，并大礼合奏荐子弟者，乞下枢密院详定比类闻奏。

又国家开文馆，延天下英才，使之直秘庭，览群书，以待顾问，以养器业，为大用之备。今乃登进士高等者，一任才罢，不以能否，例得召试而补之。两府、两省子弟亲戚，不以贤不肖，辄自陈乞馆阁职事者，亦得进补。太宗皇帝建崇文院、秘阁，自书碑文，重天下贤才也。陛下当思祖宗之意，不宜甚轻之。臣请特降诏书，今后进士三人内及第者，一任回日。许进于教化经术文字十轴，下两制看详，作五等品第。中第一第二等者，即赐召试；试又优等，即补馆阁职事。两府、两省子弟，并不得陈乞馆阁职事及读书之类。御史台画时弹劾，并谏院论奏。如馆阁阙人，即委两地举文有古道、才堪大用之士，进名同举，并两制列署表章，仍上殿称荐，以充其职。如此，则馆阁职事更不轻授，足以起朝廷之风采，绍祖宗之本意，副陛下慎选矣。

三曰精贡举。臣谨按《周礼》卿大夫之职，各教其所治，三年一大比，考其德行道艺，乃献贤能之书于王。贤为有德行，能为有道艺。王再拜受之，登于天府。天府，太庙之宝藏也。盖言王者举贤能，所以上安宗社，故拜受其名，藏于庙中，以重其事也。卿大夫之职，废既久矣。今诸道学校，如得明师，尚可教人六经，传治国治人之道。而国家乃专以辞赋取进士，以墨义取诸科，士皆舍大方而趋小道，虽济济盈庭，求有才有识者十无一二。况天下危困，乏人如此，将何以救？在乎教以经济之业，取以经济之才，庶可救其不逮。或谓救弊之术无乃后时，臣谓四海尚完，朝谋而夕行，庶乎可济，安得晏然不救，坐俟其乱哉！

臣请诸路州郡有学校处，奏举通经有道之士，专于教授，务在兴行。其取士之科，即依贾昌朝等起请，进士先策论而后诗赋；诸科墨义之外，更通经旨。使人不专辞藻，必明理道，则天下讲学必兴，浮薄知劝，最为至要。内欧阳修、蔡襄更乞逐场去留，贵文卷少而考校精。臣谓尽令逐场去留，则恐旧人杆格，不能创习策论，亦不能旋通经旨，皆忧弃遗，别无进路。臣请进士旧人三举以上者，先策论而后诗赋。许将三场文卷通考，互取其长。两举、初举者，皆是少年，足以进学，请逐场去留。诸科中有通经旨者，至终场，别问经旨十道，如不能命辞而对，则于知举官员前，讲说七通者为合格。不会经旨者，三举已上即逐场所对墨义，依自来通粗施行。两举、初举者，至于终场日，须八通者为合格。

又外郡解发进士、诸科人，本乡举里选之式，必先考其履行，然后取以艺业。今乃下求履行，惟以词藻、墨义取之，加用封弥，不见姓字，实非乡里举选之本意也。又南省考试举人，一场试诗赋，一场试策，人皆精意，尽其所能。复考校日久，实少舛谬。及御试之日，诗赋文论共为一场，既声病所拘，意思不远。或音韵中一字有差，虽生平苦辛，即时摈逐。如音韵不失，虽末学浅近，俯拾科级。既乡举之处不考履行，又御试之日更拘声病，以此士之进退，多言命运而不言行业。明君在上，固当使人以行业而进，而乃言命运者，是善恶不辨而归诸天也，岂国家之美事哉！臣请重定外郡发解条约，须是履行

北宋变革风云

无恶、艺业及等者，方得解荐，更不封弥试卷。其南省考试之人，已经本乡询考履行，却须封弥试卷，精考艺业，定夺等第，进入御前。选官覆考，重定等第讫，然后开看南省所定等第，内合同姓名偶有高下者，更不移改。若等第不同者，人数必少，却加封弥，更宣两地参校，然后御前放榜，此为至当。内三人已上，即于高等人中选择，圣意宣放。其考校进士，以策论高、词赋次者为优等，策论平、词赋优者为次等。诸科经旨通者为优等，墨义通者为次等。已上进士、诸科，并以优等及第者放选注官，次等及第者守本科选限。自唐以来，及第人皆守选限。国家以收复诸国，郡邑乏官，其新及第人，权与放选注官。今来选人壅塞，宜有改革，又足以劝学，使其知圣人治身之道，则国家得人，百姓受赐。

四曰择官长。臣闻先王建侯，以共理天下。今之刺史、县令，即古之诸侯。一方舒惨，百姓休戚，实系其人。故历代盛明之时，必重此任。今乃不问贤愚，不较能否，累以资考，升为方面。懦弱者不能检吏，得以蠹民；强干者惟是近名，率多害物。邦国之本，由此凋残。朝廷虽至忧勤，天下何以苏息！其转运使并提点刑狱按察列城，当得贤于众者。臣请特降诏书，委中书、枢密院且各选转运使、提点刑狱共十人，大藩知州十人；委两制共举知州十人；三司副使、判官同举知州五人；御史台中丞、知杂、三院共举知州五人；开封知府、推官共举知州五人；逐路转运使、提点刑狱各同举知州五人，知县、县令共十人；逐州知州、通判同举知县、县令共二人。得前件所举之人，举主多者先次差补。仍指挥审官院、流内铨今日以后所差知州、知县、县令并具合入人历任功过、举主人数闻奏，委中书看详。委得允当，然后引对。如此举择，则诸道官吏庶几得人，为陛下爱惜百姓，均其徭役，宽于赋敛，各获安宁，不召祸乱，天下幸甚。

五曰均公田。臣闻《易》曰："天地养万物，圣人养贤以及万民。"

此言圣人养民之时，必先养贤。养贤之方，必先厚禄。厚禄然后可以责廉隅，安职业也。皇朝之初，承五代乱离之后，民庶凋弊，时物至贱。暨诸国收复，天下郡县之官少人除补，至有经五七年不替罢者。或才罢去，便入见阙。当物价至贱之时，俸禄不辍，士人之家无不自足。咸平以后，民庶渐繁，时物遂贵。入仕门多，得官者众，至有得替守选一二年，又授官待阙一二年者。在天下物贵之后，而俸禄不继，士人家鲜不穷窘，男不得婚，女不得嫁，丧不得葬者，比比有之。复于守选、待阙之日，衣食不足，贷债以苟朝夕。到官之后，必来见逼，至有冒法受赃，赊贷度日，或不耻贾贩，与民争利。既为负罪之人，不守名节，吏有奸赃而不敢发，民有豪猾而不敢制。奸吏豪民得以侵暴，于是贫弱百姓理不得直，冤不得诉，徭役不均，刑罚不正，比屋受弊，无可奈何，由乎制禄之方有所未至。

真宗皇帝思深虑远，复前代职田之制，使中常之士自可守节，婚嫁以时，丧葬以礼，皆国恩也。能守节者，始可制奸赃之吏，镇豪猾之人。法乃不私，民则无枉。近日屡有臣僚乞罢职田，以其有不均之谤，有侵民之害。臣谓职田本欲养贤，缘而侵民者有矣，比之衣食不足，坏其名节，不能奉法，以直为枉，以枉为直，众怨思乱而天下受弊，岂止职田之害耶！又自古常患百官重内而轻外，唐外官月俸尤更丰足，簿尉俸钱尚二十贯。今窘于财用，未暇增复。臣请两地同议外官职田，有不均者均之，有未给者给之，使其衣食得足，婚嫁丧葬之礼不废，然后可以责其廉节，督其善政。有不法者，可废可诛。且使英俊之流，乐于为郡为邑之任，则百姓受赐。又将来升擢，多得曾经郡县之人，深悉民隐，亦致化之本也。惟圣慈深察，天下幸甚。

六曰厚农桑。臣观《书》曰："德惟善政，政在养民。"此言圣人之德，惟在善政。善政之要，惟在养民；养民之政，必先务农；农政既修，则衣食足；衣食足，则爱肤体；爱肤体，则畏刑罚；畏刑罚，则

北宋变革风云

寇盗自息，祸乱不兴。是圣人之德，发于善政；天下之化，起于农亩。故《诗》有《七月》之篇，陈王业也。今国家不务农桑，粟帛常贵。浙江诸路岁籴米六百万石，其所籴之价与辇运之费，每岁共用钱三百余万贯文。又贫弱之民，困于赋敛，岁伐桑枣，鬻而为薪。劝课之方，有名无实。故粟帛常贵，府库日虚。此而不谋，将何以济！

臣于天下农利之中，粗举二三以言之。且如五代群雄争霸之时，本国岁饥，则乞籴于邻国，故各兴农利，自至丰足。江南旧有圩田，每一圩方数十里，如大城。中有河渠，外有门闸。旱则开闸引江水之利，涝则闭闸拒江水之害，旱涝不及，为农美利。又浙西地卑，常苦水沴。虽有沟河，可以通海，惟时开导，则潮泥不得而堙之。虽有堤塘，可以御患，惟时修固，则无摧坏。臣知苏州日，点检簿书，一州之田，系出税者三万四千顷。中稔之利，每亩得米二石至三石。计出米七百余万石。东南每岁上供之数六百万石，乃一州所出。臣询访高年，则云曩时两浙未归朝廷，苏州有营田军四都，共七八千人，专为田事，导河筑堤，以减水患。于时民间钱五十文籴白米一石。自皇朝一统，江南不稔则取之浙右，浙右不稔则取之淮南，故慢于农政，不复修举。江南圩田、浙西河塘，大半隳废，失东南之大利。今江浙之米，石不下六七百文足。至一贯文省，比于当时，其贵十倍，而民不得不困，国不得不虚矣。

又京东西路有卑湿积潦之地，早年国家特令开决之后，水患大减。今罢役数年，渐已堙塞，复将为患。臣请每岁之秋，降勅下诸路转运司，令辖下州军吏民各言农桑之间可兴之利、可去之害。或合开河渠，或筑堤堰陂塘之类，并委本州军选官计定工料，每岁于二月间兴役，半月而罢，仍具功绩闻奏。如此不绝。数年之间，农利大兴。下少饥岁，上无贵籴，则东南岁籴辇运之费大可减省。其劝课之法，宜选官讨论古制，取其简约易从之术，颁赐诸路转运使，及面赐一本，付新授知州、知县、县令等。此养民之政、富国之本也。

　　七曰修武备。臣闻古者天子六军，以宁邦国。唐初京师置十六将军官属，亦六军之义也。诸道则开折冲、果毅府五百七十四，以储兵伍。每岁三时耕稼，一时习武。自贞观至于开元，百三十年，戎臣兵伍，无一逆乱。至开元末，听匪人之言，遂罢府兵。唐衰，兵伍皆市井之徒，无礼义之教，无忠信之心，骄蹇凶逆，至于丧亡。我祖宗以来，罢诸侯权，聚兵京师，衣粮赏赐丰足，经八十年矣。虽已困生灵、虚府库，而难于改作者，所以重京师也。今西北强梗，边备未足，京师卫兵多远戍，或有仓卒，辇毂无备，此大可忧也。远戍者防边陲之患，或缓急抽还，则外御不严，戎狄进奔，便可直趋关辅。新招者聚市井之辈，而轻嚣易动，或财力一屈，请给不充，则必散为羣盗。今生民已困，无可诛求，或连年凶饥，将何以济！赡军之策，可不预图？若因循过时，臣恐急难之际，宗社可忧。

　　臣请密委两地，以京畿见在军马，同议有无阙数。如六军末整，须议置兵，则请约唐之法，先于畿内并近辅州府召募强壮之人，充京畿卫士。得五万人以助正兵，足为强盛。使三时务农，大省给赡之费；一时教战，自可防虞外患。其召募之法，并将校次第，并先密切定夺闻奏。此实强兵节财之要也。候京畿近辅召募卫兵，已成次第，然后诸道放此，渐可施行。惟圣慈留意。

　　八曰减徭役。臣闻汉光武建武六年六月诏曰："夫张官置吏，所以为人也。今户口耗少，而县官吏职，所置尚繁。令司隶州牧各实所部。"二府于是条奏并省四百余县，天下至治。臣又观西京图经，唐会昌中，河南府有户一十九万四千七百余户，置二十县。今河南府主客户七万五千九百余户，仍置一十九县。主户五万七百，客户二万五千二百。巩县七百户，偃师一千一百户，逐县三等而堪役者，不过百家，而所供役人不下二百数。新旧循环，非鳏寡孤独，不能无役。西洛之民，最为穷困。臣请依后汉故事，遣使先往西京并省诸邑为十县。其所废之邑，并改为镇，令本路举文资一员，董榷酤、关征之利兼人烟公事。所废公人，除归农外，有愿居公门者，送所存之邑。其所在邑中役人，却可减省归农，则两不失所。候西京并省稍成伦序，则行于大名府，然后遣使诸道，依此施行。仍先指挥诸道防团州已下，有使、州两院者，皆为一院，公人愿去者，各放归农。职官厅可给本城兵士七人至十人，替人力归农。其乡村耆保地里近者，亦令并合。能并一耆保管，亦减役十余户。但少徭役，人自耕作，可期富庶。

九曰覃恩信。臣窃观国家三年一郊，天子斋戒衮冕，谒见宗庙，乃祀上帝。大礼既成，还御端门，肆赦天下，曰：赦书日行五百里，敢以赦前事言者，以其罪罪之，欲其王泽及物之速也如此。今大赦每降，天下欢呼。一两月间，钱谷司存督责如旧，桎梏老幼，籍没家产。至于宽赋敛。减摇役，存恤孤贫，振举滞淹之事，未尝施行，使天子及民之意，尽成空言，有负圣心，损伤和气。臣请特降诏书，今后赦书内宣布恩泽，有所施行，而三司、转运司、州县不切遵禀者，并从违制，徒二年断，情重者，当行刺配。应天禧年以前天下欠负，不问有无侵欺盗用，并与除放，违者仰御史台、提点刑狱司常切觉察纠劾，无令壅遏。臣又闻《易》曰："先王以省方观民设教。"故有巡狩之礼，察诸侯善恶，观风俗厚薄，此圣人顺动之意。今巡狩之礼不可复行，民隐无穷，天听甚远。臣请降诏中书，今后每遇南郊赦后，精选臣僚往诸路安抚，察官吏能否，求百姓疾苦，使赦书中及民之事，一一施行，天下百姓莫不幸甚。

十曰重命令。臣闻《书》曰："慎乃出令，令出惟行。"准律文，诸被制书有所施行而违者，徒二年；失错者，杖一百。又监临主司受财而枉法者，十五疋，绞。盖先王重其法令，使无敢动摇，将以行天下之政也。今觐国家每降宣敕条贯，烦而无信，轻而弗禀，上失其威。

下受其弊。盖由朝廷采百官起请，率尔颁行，既昧经常，即时更改，此烦而无信之验矣。又海行条贯，虽是故违，皆从失坐，全乖律意，致坏大法，此轻而弗禀之甚矣。臣请特降诏书，今后百官起请条贯，令中书、枢密院看详会议，必可经久，方得施行。如事干刑名者，更于审刑、大理寺勾明会法律官员参详起请之词，删去繁冗，裁为制敕，然后颁行天下，必期遵守。其冲改条贯，并令缴纳，免致错乱，误有施行。仍望别降敕命，今后逐处当职官吏亲被制书，及到职后所受条贯，敢故违者，不以海行，并从违制，徒二年。未到职已前所降条贯，失于检用，情非故违者，并从本条失错科断，杖一百。余人犯海行条贯，不指定违制刑名者，并从失坐。若条贯差失，于事有害，逐处长吏，别见机会，须至便宜而行者，并须具缘由闻奏，委中书、枢密院详察，如合理道，即与放罪。仍便相度，别从更改。

北宋变革风云

附录二：王安石《上仁宗皇帝言事书》①

　　臣愚不肖，蒙恩备使一路，今又蒙恩召还阙廷，有所任属，而当以使事归报陛下。不自知其无以称职，而敢缘使事之所及，冒言天下之事，伏惟陛下详思而择其中，幸甚。臣窃观陛下有恭俭之德，有聪明睿智之才，夙兴夜寐，无一日之懈，声色狗马、观游玩好之事，无纤介之蔽，而仁民爱物之意，孚于天下；而又公选天下之所愿以为辅相者属之以事，而不二于谗邪倾巧之臣。此虽二帝三王之用心，不过如此而已，宜其家给人足，天下大治。而效不至于此，顾内则不能无以社稷为忧，外则不能无惧于夷狄，天下之财力日以困穷，而风俗日以衰坏，四方有志之士，谔谔然常恐天下之久不安。此其故何也？患在不知法度故也。今朝廷法严令具，无所不有，而臣以谓无法度者，何哉？方今之法度，多不合乎先王之政故也。孟子曰："有仁心仁闻而泽不加于百姓者，为政不法于先王之道故也。"以孟子之说，观方今之失，正在于此而已。夫以今之世去先王之世远，所遭之变、所遇之势不一，而欲一二修先王之政，虽甚愚者犹知其难也。然臣以谓今之失患在不法先王之政者，以谓当法其意而已。夫二帝三王，相去盖千有余载，一治一乱，其盛衰之时具矣。其所遭之变、所遇之势，亦各不同，其施设之方亦皆殊。而其为天下国家之意，本末先后，未尝不同也。臣故曰当法其意而已。法其意，则吾所改易更革，不至乎倾骇天

---

　　① （北宋）王安石：《王安石文集》，辽海出版社 2010 年版。

下之耳目，嚣天下之口，而固已合乎先王之政矣。虽然，以方今之势揆之，陛下虽欲改易更革天下之事，合于先王之意，其势必不能也。陛下有恭俭之德，有聪明睿智之才，有仁民爱物之意，诚加之意，则何为而不成，何欲而不得？然而臣顾以谓陛下虽欲改易更革天下之事，合于先王之意，其势必不能者，何也？以方今天下之人才不足故也。臣尝试窃观天下在位之人，未有乏于此时者也。夫人才乏于上，则有沉废伏匿在下，而不为当时所知者矣。臣又求之于闾巷草野之间，而亦未见其多焉。岂非陶冶而成之者非其道而然乎？臣以谓方今在位之人才不足者，以臣使事之所及则可知矣。今以一路数千里之间，能推行朝廷之法令，知其所缓急，而一切能使民以修其职事者甚少，而不才苟简贪鄙之人，至不可胜数。其能讲先王之意，以合当时之变者，盖阖郡之间往往而绝也。朝廷每一令下，其意虽善，在位者犹不能推行，使膏泽加于民，而吏辄缘之为奸，以扰百姓。臣故曰：在位之人才不足，而草野闾巷之间亦未见其多也。夫人才不足，则陛下虽欲改易更革天下之事以合先王之意，大臣虽有能当陛下之意而欲领此者，九州之大，四海之远，孰能称陛下之指，以一二推行此，而人人蒙其施者乎？臣故曰其势必未能也。孟子曰"徒法不能以自行"，非此之谓乎？然则方今之急，在于人才而已。诚能使天下之才众多，然后在位之才可以择其人而取足焉。在位者得其才矣，然后稍视时势之可否，而因人情之患苦，变更天下之弊法，以趋先王之意，甚易也。今之天下，亦先王之天下。先王之时，人才尝众矣，何至于今而独不足乎？故曰：陶冶而成之者，非其道故也。

商之时，天下尝大乱矣。在位贪毒祸败，皆非其人。及文王之起，而天下之才尝少矣。当是时，文王能陶冶天下之士，而使之皆有士君子之才，然后随其才之所有而官使之。《诗》曰："恺悌君子，遐不作人。"此之谓也。及其成也，微贱兔罝之人，犹莫不好德，《兔罝》之诗是也。又况于在位之人乎？夫文王惟能如此，故以征则服，以守则治。《诗》曰："奉璋峨峨，髦士攸宜。"又曰："周王于迈，六师及之。"言文王所用，文武各得其才，而无废事也。及至夷、厉之乱，天下之才又尝少矣。至宣王之起，所与图天下之事者，仲山甫而已。故诗人叹之曰："德輶如毛，维仲山甫举之，爱莫助之。"盖闵人士之少，而山甫之无助也。宣王能用仲山甫，推其类以新美天下之士，而后人才复众。于是内修政事，外讨不庭，而复有文、武之境土。故诗人美之曰："薄言采芑，于彼新田，于此菑亩。"言宣王能新美天下之士，使之有可用之才，如农夫新美其田而使之有可采之芑也。由此观之，人之才，未尝不自人主陶冶而成之者也。所谓陶冶而成之者，何也？亦教之、养之、取之、任之有其道而已。所谓教之之道，何也？古者天子诸侯，自国至于乡党皆有学，博置教导之官而严其选。朝廷礼乐刑政之事皆在于学，士所观而习者，皆先王之法言德行治天下之意，其材亦可以为天下国家之用。苟不可以为天下国家之用，则不教也，苟可以为天下国家之用者，则无不在于学。此教之之道也。所谓养之之道，何也？饶之以财，约之以礼，裁之以法也。何谓饶之以财？人之情，不足于财，则贪鄙苟得，无所不至。先王知其如此，故其制禄，自庶人之在官者，其禄已足以代其耕矣。由此等而上之，每有加焉，使其足以养廉耻而离于贪鄙之行。犹以为未也，又推其禄以及其子孙，谓之世禄。使其生也，既于父子、兄弟、妻子之养，婚姻、朋友之接，皆无憾矣；其死也，又于子孙无不足之忧焉。何谓约之以礼？人情足于财而无礼以节之，则又放僻邪侈，无所不至。先王知其如此，故为之制度。婚丧、祭养、燕享之事，服食、器用之物，皆以命数为之节，而齐之以律度量衡之法。其命可以为之而财不足以具，则弗具也；其财可以具而命不得为之者，不使有铢两分寸之加焉。何谓裁之以法？先王于天下之士，教之以道艺矣，不帅教则待之以屏弃远方、终身不齿之法。约之以礼矣，不循礼则待之以流、杀之法。《王制》曰："变衣服者，其君流"，《酒诰》曰："厥或诰曰：'群饮，汝勿佚。尽执拘以归于周，予其杀。'"夫群饮、变衣服，小罪也；流、杀，大刑也。加小罪以大刑，先王所以忍而不疑者，以为不如是不足以一天下之俗而成吾治。夫约之以礼，裁之以法，天下所以服从无抵冒者，又非独其禁严而治察之所能致也。盖亦以吾至诚恳恻之心，力行而为之倡。凡在左右通贵之人，皆顺上之欲而服行之，有一不帅者，法之加必自此始。夫上以至诚行之，而贵者知避上之所恶矣，则天下之不罚而止者众矣。故曰：此养之之道也。所谓取之之道者，何也？先王之取人也，必于乡党，必于庠序，使众人推其所谓贤能，书之以告于上而察之。诚贤能也，然后随其德之大小、才之高下而官使之。所谓察之者，非专用耳目之聪明而听私于一人之口也。欲审知其德问以行，欲审知其才问以言，得其言行，则试之以事。所谓察之者，试之以事是也。虽尧之用舜，亦不过如此而已，又况其下乎？若夫九州之大，四海之远，万官亿丑之贱，所须士大夫之才则众矣，有天下者，又不可以一二自察之也，又不可以偏属于一人，而使之于一日二日之间，考试其行能而进退之也。盖吾已能察其才行之大者以为大官矣，因使之取其类以持久试之，而考其能者以告于上，而后以爵命、禄秩予之而已。此取之之道也。所谓任之之道者，何也？人之才德高下厚薄不同，其所任有宜有不宜。先王知其如此，故知农者以为后稷，知工者以为共工。其德厚而才高者以为之长，德薄而才下者以为之佐属。又以久于其职，则上狃习而知其事，下服驯而安其教，贤者则其功可以至于成，不肖者则其罪可以至于著，故久其任而待之以考绩之法。夫如此，故智能才力之士，则得尽其智以赴功，而不患其事之不终、其功之不就也。偷惰苟且之人，虽欲取容于一时，而顾戮辱在其后，安敢不勉乎？若夫无能之人，固知辞避而去矣，居职任事之日久，不胜任之罪，不可以幸而免故也。彼且不敢冒而知辞避矣，尚何有比周、谗谄、争进之人乎？取之既已详，使之既已当，处之既已久，至其任之也又专焉，而不一二以法束缚之，而使之得行其意，尧、舜之所以理百官而熙众工者，以此而已。《书》曰："三载考绩，三考，黜陟幽明。"此之谓也。然尧、舜之时，其所黜者则闻之矣，盖四凶是也。其所陟者，则皋陶、稷、契，皆终身一官而不徙，盖其所谓陟者，特加之爵命禄赐而已耳。此任之之道也。夫教之、养之、取之、任之之道如此，而当时人君又能与其大臣，悉其耳目心力，至诚恻怛，思念而行之。此其人臣之所以无疑，而于天下国家之事，无所欲为而不得也。

方今州县虽有学，取墙壁具而已，非有教导之官，长育人才之事也。唯太学有教导之官，而亦未尝严其选。朝廷礼乐刑政之事，未尝在于学。学者亦漠然自以礼乐刑政为有司之事，而非己所当知也。学者之所教，讲说章句而已。讲说章句，固非古者教人之道也。近岁乃始教之以课试之文章。夫课试之文章，非博诵强学、穷日之力则不能及。其能工也，大则不足以用天下国家，小则不足以为天下国家之用。故虽白首于庠序，穷日之力，以帅上之教，及使之从政，则茫然不知其方者，皆是也。盖今之教者，非特不能成人之才而已，又从而困苦毁坏之，使不得成才者，何也？夫人之才，成于专而毁于杂。故先王之处民才，处工于官府，处农于畎亩，处商贾于肆，而处士于庠序，使各专其业，而不见异物，惧异物之足以害其业也。所谓士者，又非特使之不得见异物而已，一示之以先王之道，而百家诸子之异说，皆屏之而莫敢习者焉。今士之所宜学者，天下国家之用也。今悉使置之不教，而教之以课试之文章，使其耗精疲神、穷日之力以从事于此。及其任之以官也，则又悉使置之而责之以天下国家之事。夫古之人以朝夕专其业于天下国家之事，而犹才有能有不能，今乃移其精神，夺其日力，以朝夕从事于无补之学，及其任之以事，然后卒然责之以为天下国家之用，宜其才之足以有为者少矣。臣故曰：非特不能成人之才，又从而困苦毁坏之，使不得成才也。又有甚害者。先王之时，士之所学者，文武之道也。士之才，有可以为公卿大夫，有可以为士，其才之大小、宜不宜则有矣，至于武事，则随其才之大小，未有不学者也。故其大者，居则为六官之卿，出则为六军之将也，其次，则比闾、族党之师，亦皆卒两、师旅之帅也。故边疆宿卫，皆得士大夫为之，而小人不得奸其任。今之学者，以为文武异事，吾知治文事而已，至于边疆宿卫之任，则推而属之于卒伍，往往天下奸悍无赖之人。苟其才行足自托于乡里者，亦未有肯去亲戚而从召募者也。边疆宿卫，此乃天下之重任，而人主之所当慎重者也。故古者教士以射御为急，其他技能则视其人才之所宜而后教之，其才之所不能，则不强也。至于射，则为男子之事。人之生有疾则已，苟无疾，未有去射而不学者也。在庠序之间，固当从事于射也。有宾客之事则以射，有祭祀之事则以射，别士之行同能偶则以射，于礼乐之事，未尝不寓以射，而射亦未尝不在于礼乐祭祀之间也。《易》曰："弧矢之利，以威天下。"先王岂以射为可以习揖让之仪而已乎？固以为射者武事之尤大，而威天下、守国家之具也。居则以是习礼乐，出则以是从战伐，士既朝夕从事于此而能者众，则边疆宿卫之任皆可以择而取也。夫士尝学先王之道，其行义尝见推于乡党矣，然后因其才而托之以边疆宿卫之事，此古之人君所以推干戈以属之人，而无内外之虞也。今乃以夫天下之重任、人主所当至慎之选，推而属之奸悍无赖、才行不足以托于乡里之人，此方今所以谔谔然常抱边疆之忧，而虞宿卫之不足恃以为安也。今孰不知边疆宿卫之士不足恃以为安哉？顾以为天下学士以执兵为耻，而亦未有能骑射行阵之事者，则非召募之卒伍，孰能任其事者乎？夫不严其教、高其选，则士之以执兵为耻，而未尝有能骑射行阵之事，固其理也。凡此皆教之非其道故也。方今制禄，大抵皆薄。自非朝廷侍从之列，食口稍众，未有不兼农商之利而能充其养者也。其下州县之吏，一月所得，多者钱八九千，少者四五千，以守选、待除、守阙通之，盖六七年而后得三年之禄，计一月所得乃实不能四五千，少者乃实不能及三四千而已。虽厮养之给，亦窘于此矣，而其养生、丧死、婚姻、葬送之事，皆当于此。夫出中人之上者，虽穷而不失为君子，出中人之下者，虽泰而不失为小人。唯中人不然，穷则为小人，泰则为君子。计天下之士，出中人之上下者，千百而无十一，穷而为小人、泰而为君子者，则天下皆是也。先王以为众不可以力胜也，故制行不以己，而以中人为制，所以因其欲而利道之，以为中人之所能守，则其志可以行乎天下而推之后世。以今之制禄而欲士之无毁廉耻，盖中人之所不能也。故今官大者，往往交赂遗、营赀产，以负贪污之毁；官小者，贩鬻乞丐，无所不为。夫士已尝毁廉耻、以负累于世矣，则其偷惰取容之意起，而矜奋自强之心息，则职业安得而不弛，治道何从而兴乎？又况委法受赂、侵牟百姓者，往往而是也。此所谓不能饶之以财也。婚丧、奉养、服食、器用之物，皆无制度以为之节，而天下以奢为荣，以俭为耻。苟其财之可以具，则无所为而不得，有司既不禁，而人又以此为荣；苟其财不足而不能自称于流俗，则其婚丧之际，往往得罪于族人亲姻，而人以为耻矣。故富者贪而不知止，贫者则强勉其不足以追之，此士之所以重困，而廉耻之心毁也。凡此所谓不能约之以礼也。方今陛下躬行俭约以率天下，此左右通贵之臣所亲见。然而其闺门之内，奢靡无节，犯上之所恶，以伤天下之教者，有已甚者矣，未闻朝廷有所放绌，以示天下。昔周之人，拘群饮而被之以杀刑者，以为酒之末流生害，有至于死者众矣，故重禁其祸之所自生。重禁祸之所自生，故其施刑极省，而人之抵于祸败者少矣。今朝廷之法所尤重者，独贪吏耳，重禁贪吏而轻奢靡之法，此所谓禁其末而弛其本。然而世之识者，以为方今官冗，而县官财用已不足以供之，其亦蔽于理矣。今之入官诚冗矣，然而前世置员盖甚少，而赋禄又如此之薄，则财用之所不足，盖亦有说矣。吏禄岂足计哉？臣于财利固未尝学，然窃观前世治财之大略矣。盖因天下之力以生天下之财，取天下之财以供天下之费，自古治世未尝以不足为天下之公患也。患在治财无其道耳。今天下不见兵革之具，而元元安土乐业，人致己力，以生天下之财，然而公私常以困穷为患者，殆以理财未得其道，而有司不能度世之宜而通其变耳。诚能理财以其道而通其变，臣虽愚，固知增吏禄不足以伤经费也。方今法严令具，所以罗天下之士，可谓密矣，然而亦尝教之以道艺，而有不帅教之刑以待之乎？亦尝约之以制度，而有不循理之刑以待之乎？亦尝任之以职事，而有不任事之刑以待之乎？夫不先教之以道艺，诚不可以诛其不帅教；不先约之以制度，诚不可以诛其不循理；不先任之以职事，诚不可以诛其不任事。此三者，先王之法所尤急也，今皆不可得诛，而薄物细故、非害治之急者，为之法禁。月异而岁不同，为吏者至于不可胜记，又况能一二避之而无犯者乎？此法令所以玩而不行，小人有幸而免者，君子有不幸而及者焉。此所谓不能裁之以刑也。凡此皆治之非其道也。方今取士，强记博诵而略通于文辞，谓之茂才异等、贤良方正。茂才异等、贤良方正者，公卿之选也。记不必强，诵不必博，略通于文辞，而又尝学诗赋，则谓之进士。进士之高者，亦公卿之选也。夫此二科所得之技能不足以为公卿，不待论而后可知。而世之议者，乃以为吾常以此取天下之士，而才之可以为公卿者常出于此，不必法古之取人而后得士也。其亦蔽于理矣。先王之时，尽所以取人之道，犹惧贤者之难进，而不肖者之杂于其间也。今悉废先王所以取士之道，而驱天下之才士，悉使为贤良、进士，则士之才可以为公卿者，固宜为贤良、进士，而贤良、进士亦固宜有时而得才之可以为公卿者也。然而不肖者苟能雕虫篆刻之学，以此进至乎公卿，才之可以为公卿者，困于无补之学，而以此绌死于岩野，盖十八九矣。夫古之人有天下者，其所以慎择者，公卿而已。公卿既得其人，因使推其类以聚于朝廷，则百司庶物，无不得其人也。今使不肖之人幸而至乎公卿，因得推其类聚之朝廷，此朝廷所以多不肖之人，而虽有贤智，往往困于无助，不得行其意也。且公卿之不肖，既推其类以聚于朝廷；朝廷之不肖，又推其类以备四方之任使；四方之任使者，又各推其不肖以布于州郡，则虽有同罪举官之科，岂足恃哉？适足以为不肖者之资而已。其次九经、五经、学究、明法之科，朝廷固已尝患其无用于世，而稍责之以大义矣，然大义之所得，未有以贤于故也。今朝廷又开明经之选，以进经术之士，然明经之所取，亦记诵而略通于文辞者，则得之矣。彼通先王之意而可以施于天下国家之用者，顾未必得与于此选也。其次则恩泽子弟，庠序不教之以道艺，官司不考问其才能，父兄不保任其行义，而朝廷辄以官予之，而任之以事。武王数纣之罪，则曰"官人以世"。夫官人以世而不计其才行，此乃纣之所以乱亡之道，而治世之所无也。又其次曰流外。朝廷固已挤之于廉耻之外，而限其进取之路矣。顾属之以州县之事，使之临士民之上，岂所谓以贤治不肖者乎？以臣使事之所及，一路数千里之间，州县之吏，出于流外者往往而有，可属任以事者，殆无二三，而当防闲其奸者，皆是也。盖古者有贤不肖之分，而无流品之别，故孔子之圣而尝为季氏吏，盖虽为吏而亦不害其为公卿。及后世有流品之别，则凡在流外者，其所成立，固尝自置于廉耻之外，而无高人之意矣。夫以近世风俗之流靡，自虽士大夫之才，势足以进取，而朝廷尝奖之以礼义者，晚节末路，往往怵而为奸，况又其素所成立，无高人之意，而朝廷固已挤之于廉耻之外，限其进取者乎？其临人亲职，放僻邪侈，固其理也。至于边疆宿卫之选，则臣固已言其失矣。凡此皆取之非其道也。方今取之既不以其道，至于任之又不问其德之所宜，而问其出身之后先，不论其才之称否，而论其历任之多少。以文学进者，且使之治财，已使之治财矣，又转而使之典狱，已使之典狱矣，又转而使之治礼。是则一人之身而责之以百官之所能备，宜其人才之难为也。夫责人以其所难为，则人之能为者少矣。人之能为者少，则相率而不为。故使之典礼，未尝以不知礼为忧，以今之典礼者未尝学礼故也。使之典狱，未尝以不知狱为耻，以今之典狱者未尝学狱故也。天下之人，亦已渐渍于失教，被服于成俗，见朝廷有所任使，非其资序，则相议而讪之，至于任使之不当其才，未尝有非之者也。且在位者数徙，则不得久于其官，故上不能狃习而知其事，下不肯服驯而安其教，贤者则其功不可以及于成，不肖者则其罪不可以至于著。若夫迎新将故之劳，缘绝簿书之弊，固其害之小者，不足悉数也。设官大抵皆当久于其任，而至于所部者远，所任者重，则尤宜久于其官，而后可以责其有为。而方今尤不得久于其官，往往数日辄迁之矣。取之既已不详，使之既已不当，处之既已不久，至于任之则又不专，而又一二以法束缚之，不得行其意，臣故知当今在位多非其人，稍假借之权而不一二以法束缚之，则放恣而无不为。虽然，在位非其人而恃法以为治，自古及今，未有能治者也。即使在位皆得其人矣，而一二之以法束缚之，不使之得行其意，亦自古及今未有能治者也。夫取之既已不详，使之既已不当，处之既已不久，任之又不专，而一二之以法束缚之，故虽贤者在位，能者在职，与不肖而无能者殆无以异。夫如此，故朝廷明知其贤能足以任事，苟非其资序则不以任事而辄进之，虽进之，士犹不服也。明知其无能而不肖，苟非有罪，为在事者所劾，不敢以其不胜任而辄退之，虽退之，士犹不服也。彼诚不肖无能，然而士不服者何也？以所谓贤能者任其事，与不肖而无能者，亦无以异故也。臣前以谓不能任人以职事而无不任事之刑以待之者，盖谓此也。夫教之、养之、取之、任之，有一非其道，则足以败天下之人才，又况兼此四者而有之，则在位不才、苟简、贪鄙之人，至于不可胜数，而草野闾巷之间，亦少可任之才，固不足怪。《诗》曰："国虽靡止，或圣或否。民虽靡膴，或哲或谋，或肃或艾。如彼泉流，无沦胥以败。"此之谓也。

夫在位之人才不足矣，而闾巷草野之间，亦少可用之才，则岂特行先王之政而不得也，社稷之托，封疆之守，陛下其能久以天幸为常而无一旦之忧乎？盖汉之张角，三十六方同日而起，所在郡国莫能发其谋；唐之黄巢，横行天下，而所至将吏无敢与之抗者。汉、唐之所以亡，祸自此始。唐既亡矣，陵夷以至五代，而武夫用事，贤者伏匿消沮而不见，在位无复有知君臣之义、上下之礼者也。当是之时，变置社稷，盖甚于弈棋之易，而元元肝脑涂地，幸而不转死于沟壑者无几耳。夫人才不足，其患盖如此。而方今公卿大夫，莫肯为陛下长虑后顾，为宗庙万世计，臣窃惑之。昔晋武帝趣过目前，而不为子孙长远之谋，当时在位亦皆偷合苟容，而风俗荡然，弃礼义，捐法制，上下同失，莫以为非。有识固知其将必乱矣，而其后果海内大扰，中国列于夷狄者二百余年。伏惟三庙祖宗神灵所以付属陛下，固将为万世血食，而大庇元元于无穷也。臣愿陛下鉴汉、唐、五代之所以乱亡，惩晋武苟且因循之祸，明诏大臣，思所以陶成天下之才，虑之以谋，计之以数，为之以渐，期为合于当世之变，而无负于先王之意，则天下之人才不胜用矣。人才不胜用，则陛下何求而不得，何欲而不成哉？夫虑之以谋，计之以数，为之以渐，则成天下之才甚易也。臣始读《孟子》，见孟子言王政之易行，心则以为诚然。及见与慎子论齐鲁之地，以为先王之制国，大抵不过百里者，以为今有王者起，则凡诸侯之地，或千里，或五百里，皆将损之至于数十百里而后止。于是疑孟子虽贤，其仁智足以一天下，亦安能毋劫之以兵革，而使数百千里之强国，一旦肯损其地之十八九，比于先王之诸侯？至其后观汉武帝用主父偃之策，令诸侯王地悉得推恩封其子弟，而汉亲临定其号名，辄别属汉。于是诸侯王之子弟，各有分土，而势强地大者，卒以分析弱小，然后知虑之以谋、计之以数、为之以渐，则大者固可使小，强者固可使弱，而不至乎倾骇变乱败伤之衅。孟子之言不为过，又况今欲改易更革，其势非若孟子所为之难也。臣故曰：虑之以谋，计之以数，为之以渐，则其为甚易也。然先王之为天下，不患人之不为，而患人之不能，不患人之不能，而患己之不勉。何谓不患人之不为而患人之不能？人之情所愿得者，善行、美名、尊爵、厚利也，而先王能操之以临天下之士。天下之士有能遵之以治者，则悉以其所愿得者以与之。士不能则已矣，苟能则孰肯舍其所愿得，而不自勉以为才？故曰不患人之不为，患人之不能。何谓不患人之不能而患己之不勉？先王之法，所以待人者尽矣，自非下愚不可移之才，未有不能赴者也。然而不谋之以至诚恻怛之心，力行而先之，未有能以至诚恻怛之心力行而应之者也。故曰不患人之不能而患己之不勉。陛下诚有意乎成天下之才，则臣愿陛下勉之而已。臣又观朝廷异时欲有所施为变革，其始计利害未尝熟也，顾有一流俗侥幸之人不悦而非之，则遂止而不敢为。夫法度立则人无独蒙其幸者，故先王之政虽足以利天下，而当其承弊坏之后，侥幸之时，其创法立制，未尝不艰难也。以其创法立制而天下侥幸之人亦顺说以趋之，无有龃龉，则先王之法至今存而不废矣。惟其创法立制之艰难，而侥幸之人不肯顺悦而趋之，故古之人欲有所为，未尝不先之以征诛而后得其意。《诗》曰："是伐是肆，是绝是忽，四方以无拂。"此言文王先征诛而后得意于天下也。夫先王欲立法度，以变衰坏之俗而成人之才，虽有征诛之难，犹忍而为之，以为不若是不可以有为也。及至孔子，以匹夫游诸侯，所至则使其君臣捐所习，逆所顺，强所劣，憧憧如也，卒困于排逐。然孔子亦终不为之变，以为不如是不可以有为，此其所守，盖与文王同意。夫在上之圣人莫如文王，在下之圣人莫如孔子，而欲有所施为变革，则其事盖如此矣。

今有天下之势，居先王之位，创立法制，非有征诛之难也；虽有侥幸之人不悦而非之，固不胜天下顺悦之人众也。然而一有流俗侥幸不悦之言，则遂止而不敢为者，惑也。陛下诚有意乎成天下之才，则臣又愿断之而已。夫虑之以谋，计之以数，为之以渐，而又勉之以成，断之以果，然而犹不能成天下之才，则以臣所闻盖未有也。然臣之所称，流俗之所不讲，而今之议者，以谓迂阔而熟烂者也。窃观近世士大夫所欲悉心力耳目以补助朝廷者有矣。彼其意，非一切利害则以为当世所不能行者。士大夫既以此希世，而朝廷所取于天下之士，亦不过如此。至于大伦大法，礼义之际，先王之所力学而守者，盖不及也。一有及此，则群聚而笑之，以为迂阔。今朝廷悉心于一切之利害，有司法令于刀笔之间，非一日也，然其效可观矣。则夫所谓迂阔而熟烂者，惟陛下亦可以少留神而察之矣。昔唐太宗贞观之初，人人异论，如封德彝之徒，皆以为非杂用秦、汉之政，不足以为天下。能思先王之事、开太宗者，魏文正公一人尔。其所施设，虽未能尽当先王之意，抑其大略可谓合矣。故能以数年之间而天下几致刑措，中国安宁，蛮夷顺服，自三王以来，未有如此盛时也。唐太宗之初，天下之俗，犹今之世也，魏文正公之言，固当时所谓迂阔而熟烂者也，然其效如此。贾谊曰："今或言德教之不如法令，胡不引商、周、秦、汉以观之？"然则唐太宗之事，亦足以观矣。

臣幸以职事归报陛下，不自知其驽下无以称职，而敢及国家之大体者，以臣蒙陛下任使而当归报。窃谓在位之人才不足，而无以称朝廷任使之意，而朝廷所以任使天下之士者，或非其理，而士不得尽其才，此亦臣使事之所及，而陛下之所宜先闻者也。释此一言而毛举利害之一二，以污陛下之聪明，而终无补于世，则非臣所以事陛下之义也。伏惟陛下详思而择其中，天下幸甚。

附录三：王安石《本朝百年无事札子》①

　　臣前蒙陛下问及本朝所以享国百年，天下无事之故。臣以浅陋，误承圣问，迫于日暮，不敢久留，语不及悉，遂辞而退。窃惟念圣问及此，天下之福，而臣遂无一言之献，非近臣所以事君之义，故敢昧冒而粗有所陈。

　　伏惟太祖躬上智独见之明，而周知人物之情伪，指挥付托必尽其材，变置施设必当其务。故能驾驭将帅，训齐士卒，外以捍夷狄，内以平中国。于是除苛赋，止虐刑，废强横之藩镇，诛贪残之官吏，躬以简俭为天下先。其于出政发令之间，一以安利元元为事。太宗承之以聪武，真宗守之以谦仁，以至仁宗、英宗，无有逸德。此所以享国百年而天下无事也。

　　仁宗在位，历年最久。臣于时实备从官，施为本末，臣所亲见。尝试为陛下陈其一二，而陛下详择其可，亦足以申鉴于方今。伏惟仁宗之为君也，仰畏天，俯畏人；宽仁恭俭，出于自然，而忠恕诚悫，终始如一。未尝妄兴一役，未尝妄杀一人；断狱务在生之，而特恶吏之残扰。宁屈己弃财于夷狄，而终不忍加兵。刑平而公，赏重而信。纳用谏官御史，公听并观，而不蔽于偏至之谗。因任众人耳目，拔举疏远，而随之以相坐之法。盖监司之吏以至州县，无敢暴虐残酷，擅有调发以伤百姓。自夏人顺服，蛮夷遂无大变，边人父子夫妇得免于

---

　　① （北宋）王安石：《王安石文集》，辽海出版社2010年版。

兵死，之而中国人安逸蕃息，以至今日者，未尝妄兴一役，未尝妄杀一人，断狱务在生之，而特恶吏之残扰，宁屈己弃财于夷狄，而不忍加兵之效也。大臣贵戚、左右近习，莫敢强横犯法，其自重慎，或甚于闾巷之人，此刑平而公之效也。募天下骁雄横猾以为兵，几至百万，非有良将以御之，而谋变者辄败；聚天下财物，虽有文籍，委之府史，非有能吏以钩考，而断盗者辄发；凶年饥岁，流者填道，死者相枕，而寇攘者辄得。此赏重而信之效也。大臣贵戚、左右近习，莫能大擅威福，广私货赂，一有奸慝，随辄上闻；贪邪横猾，虽间或见用，未尝得久。此纳用谏官、御史，公听并观，而不蔽于偏至之谗之效也。自县令京官以至监司台阁，升擢之任，虽不皆得人，然一时之所谓才士，亦罕蔽塞而不见收举者，此因任众人之耳目，拔举疏远，而随之以相坐之法之效也。升遐之日，天下号恸，如丧考妣，此宽仁恭俭，出于自然，忠恕诚悫，终始如一之效也。

然本朝累世因循末俗之弊，而无亲友群臣之议。人君朝夕与处，不过宦官女子；出而视事，又不过有司之细故。未尝如古大有力之君，与学士大夫讨论先王之法，以措之天下也。一切因任自然之理势，而精神之运有所不加，名实之间有所不察。君子非不见贵，然小人亦得厕其间；正论非不见容，然邪说亦有时而用。以诗赋记诵求天下之士，而无学校养成之法；以科名资历叙朝廷之位，而无官司课试之方。监司无检察之人，守将非选择之吏。转徙之亟既难于考绩，而游谈之众因得以乱真。交私养望者多得显官，独立营职者或见排沮。故上下偷惰取容而已，虽有能者在职，亦无以异于庸人。农民坏于繇役，而未尝特见救恤，又不为之设官，以修其水土之利。兵士杂于疲老，而未尝申敕训练，又不为之择将，而久其疆场之权。宿卫则聚卒伍无赖之人，而未有以变五代姑息羁縻之俗；宗室则无教训选举之实，而未有以合先王亲疏隆杀之宜。其于理财，大抵无法，故虽俭约而民不富，虽忧勤而国不强。赖非夷狄昌炽之时，又无尧、汤水旱之变，故天下无事，过于百年。虽曰人事，亦天助也。盖累圣相继，仰畏天，俯畏人，宽仁恭俭，忠恕诚悫，此其所以获天助也。

伏惟陛下躬上圣之质，承无穷之绪，知天助之不可常恃，知人事之不可怠终，则大有为之时，正在今日。臣不敢辄废将明之义，而苟逃讳忌之诛。伏惟陛下幸赦而留神，则天下之福也。取进止。

参考文献

［1］（元）脱脱等:《宋史》,中华书局,出版年不详。

［2］钱穆:《国史大纲》,商务印书馆2010年出版。

［3］邓广铭:《北宋政治改革家王安石》,北京出版社2016年版。

［4］梁启超:《王安石传》,商务印书馆2015年版。

［5］李鹏主编:《细说大宋》,中国华侨出版社2011年版。

［6］柯昆:《宋太祖》,长江文艺出版社2014年版。

［7］赵家三郎:《王安石和他的北宋帝国》,广东旅游出版社2013年版。

［8］刘韶军译注:《宋论》,中华书局2013年版。

［9］叶之秋:《宋史是最好的教科书:变革》,中国发展出版社2014年版。

［10］陈尚君:"五代:政治文化转型的关键时期——五代十国之我见",载《文汇报》2015年6月26日。

［11］范学辉:"宋人本朝军政体制论争试探",载《文史哲》2007年第4期。

［12］郭学信:"范仲淹与庆历新政",载《济宁师范专科学校学报》2005年第2期。

［13］郭文佳:"也谈庆历新政失败的原因",载《商丘师范学院学报》1995年第4期。

［14］范立舟："鄞县经验"，载《光明日报》2015 年 6 月 15 日第 16 版。

［15］虞云国："王安石的'非常相权'与其后的异变"，载《商丘师范学院学报》2014 年第 4 期。

［16］徐程红："论王安石'三不足'的变法思想"，载《黑龙江史志》2015 年第 5 期。

［17］李晓："论均输法"，载《山东大学学报（哲学社会科学版）》2001 年第 1 期。

［18］王兆宁："王安石'青苗法'的经济学分析"，载《河北经贸大学学报》2013 年第 3 期。

［19］傅允生："制度变迁与经济发展：王安石青苗法与免役法再评价"，载《中国经济史研究》2004 年第 2 期。

［20］赵英："试论北宋职役制度"，载《内蒙古大学学报（历史学专辑）》1981 年增刊。

［21］魏天安："宋代市易法的经营模式"，载《中国社会经济史研究》2007 年第 2 期。

［22］胡雪："王安石农田水利法对水利改革的借鉴意义"，载《时代金融旬刊》2012 年第 9 期。

［23］申海伟："论熙丰变法时期的方田均税法"，西南政法大学硕士论文，2013 年 3 月。

［24］赵涤贤："试论北宋变法派军事改革的成功"，载《历史研究》1997 年 6 月。

［25］刘文波："王安石伦理思想及其实践研究"，湖南师范大学博士论文，2004 年 10 月。

［26］牛卫东："王安石'熙宁变法'中科举制度的改革"，载《哈尔滨学院学报》2006 年第 2 期。

北宋变革风云

［27］肖永明："荆公新学的两个发展阶段及其理论特点"，载《湖南大学学报（社会科学版）》2000年3月。

［28］杨世利："北宋官员政治型贬降与叙复研究——以中央官员为中心的考察"，河南大学博士论文，2008年。

千年一叹

　　我不是学历史的，也不是搞研究的学者，而是一位从事地方经济工作三十余年的基层公务员。由于工作的原因，经常在行政学院有一些讲课的任务，内容主要集中在地方经济发展与改革领域。有一次，学校领导要我就改革的问题讲一课。那时改革的议题热的不得了，之前也有不少领导讲过，从外面请学者教授专题辅导也安排了不少，那我讲什么呢？结合地方情况讲一讲，也不是不可以，但估计大多是炒别的领导的剩饭，要讲也讲不出什么新鲜东西来。我跟学校的同志商量能不能不讲，他们说不行，上面有要求，领导要带头讲，不讲的话，年底绩效考评要扣分的，这就没办法了。于是，我提出讲讲历史上的改革情况以及对当下的启示行不行，学校的同志满口同意，还说从来没有什么人讲过这方面的东西，换个角度讲更好。中国历史上改革力度最大、影响最深且离当下又较近的改革非王安石变法莫属，再者，王安石还是我老乡，嫡嫡亲亲的江西老表。就这样王安石变法成了我讲课的主题。

　　第一次讲课，还是比较文，理论性和系统性不够，但是却获得超级好评，被评为那期培训班最受欢迎的课。这里面可能有人情的水分，但主要是让受众措手不及的新风格吧。本以为课讲完了，差也交了，事就此完了。可是，一传十十传百的，后面的培训班都点着要我讲，并且固化为必讲课。这我压力就大起来了。平时虽然也爱看点历史、文学之类的东西，但不成体系，东西细片化，茶余饭后吹个牛还勉强行，真要上课还差得远。于是，我开始买书、上网，聚精会神研究起了王安石变法，并由此而扩展至整个北宋王朝，白天工作忙，晚上一下班就钻到这些故纸堆里，老婆戏称"搬石头"。渐渐地发现自己已然穿越到了北宋，完全出不来了，有点"入戏"太深的味道。我很喜欢我这种自由没有压力的学习状态，既没有领导逼你搞，也不用像学校里的教授一样为评个职称赶着出书出文章，而且老婆还高兴（晚上应酬少了，回家早了），一切都不着急，就像在自家阳台上种菜，浇水就是把玩，把玩就是浇水，不紧不慢，我很愉悦地搬了一年多的"石头"。起初，是把细片化的知识点串起来做成课件，后来，课件就扩展成了这本书。不图别的，就图个开心，累累数篇竟也成了一本书……

邹俊煜

2018 年元月